D1700470

NOUMENON

karl renz

Punkt.

SEI(N), WAS-DU-NICHT-NICHT-SEIN-KANNST.

„KARENZIFIZIERTE"
ÜBERSETZUNG UND BEARBEITUNG
DANIEL HERBST

© Karl Renz 2013
Das Buch stimmt in weiten Teilen mit dem in Indien erschienenen
Titel „Heaven and Hell" überein.

Karl Renz
Punkt.
© Noumenon-Verlag
Daniel Herbst, Hamburg
www.noumenon-verlag.de

Umschlaggestaltung: Astaart
Druck und Bindung:
Finidr, Tschechien

Deutsche Erstausgabe
1. Auflage 2013
ISBN 978-3-941973-15-2

Alle Rechte vorbehalten

Inhaltsverzeichnis

Interview zum Buch – lesen!

Daniel: Es ist keine zwei Monate her, da schrieb ich dir: „Ich weiß nicht, ob du weißt, dass es kein vernünftiges Buch in deutscher Sprache von dir gibt. Jedenfalls habe ich gerade „Heaven and Hell" gelesen und mich über weite Strecken köstlich unterhalten gefühlt." – Sind die Inder wacher, weiter, klüger – oder an was liegt's?

Karl: Ich glaube es liegt daran, das viele der Frager schon bei Nisargadatta Maharaj, Ranjit Maharaj oder bei Ramesh Balsekar waren – also schon sehr vorbereitet sind, und einen ähnlichen Humor wie ich haben.

Daniel: Nisargadatta z. B. sagt: „Truth is the greatest destroyer." Das ist offensichtlich. Du hingegen sagst: „Ich hasse das alles und ich meine das so." Meine Frage: „Warum sollte ich hassen, dass ich mir in Raum und Zeit und damit in begrenzter Form erschienen bin?"

Karl: Ja, die Wahrheit zerstört die Unwahrheit, indem Du die Wahrheit bist, aber nicht kennst.
Ich weise nur darauf hin, dass Frieden, Selbst oder Wahrheit nicht in der relativen Erfahrung der Getrenntheit zu finden oder nicht zu finden ist. Und damit ist eigentlich nicht die Liebe, sondern nur die relative Liebe erfahrbar, in der sich der Liebhaber getrennt vom Geliebten erfährt. Wenn also die Erfahrung der Einheit, die Abwesenheit von Getrenntsein, die Erfahrung der Liebe ist, dann ist das Gegenteil die Erfahrung des Hasses. Und nur ein Hinweis darauf, dass man sich in beiden – in der absoluten Liebe und im absoluten Hass – verwirklicht. Da ist kein Liebender oder Hassender, nur die Verwirklichung deiner Selbst – als Himmel oder Hölle Konzept. Hass ist damit auch nur ein Konzept oder Aspekt.

Nisargadatta nannte es den Ozean des Schmerzes, den keiner ertragen kann oder muss.

Daniel: Und doch entsteht leicht der Eindruck, dass mich der Ozean des Schmerzes erfüllt. Ist es deiner Beobachtung nach ein besonders deutsches Phänomen, sich im „Schmerzkörper", wie Eckart Tolle das nennt, aufzuhalten und ihn als das scheinbare Selbst anzunehmen?

Karl: Ich glaube nicht, dass es ein besonders deutsches Phänomen ist. Wenn Buddha jede Erfahrung von Leben als Erfahrung des Leids bezeichnet, in der Mahabharata die Unvermeidbarkeit von Krieg dargestellt wird, im Christentum der Leidensweg Christi etc., dann ist es immer ein Hinweis darauf, dass es keinen Ausweg gibt. Und in der Ausweglosigkeit ist der Frieden, der du bist. Die Hilfslosigkeit des Selbst in seiner Verwirklichung. Die Leidenschaft des Liebenden, sich mit dem geliebten Selbst zu vereinen. Der relative Gott in der Sehnsucht nach sich Selbst.

Daniel: Die Art, auf die du hier antwortest, unterscheidet sich deutlich von der Art, wie du hierzulande dargestellt und wahrgenommen wirst. Da ist der Karl und da sind seine ewig kichernden Jünger(innen) und Fans. – Ich habe das oft für eine unbefriedigende Art von Selbstbefriedigung, genauer noch für eine Form der Selbstvermeidung gehalten. Kein glücklicher Mensch würde sich je um so etwas wie „Selbsterkenntnis" oder „Befreiung" scheren. – Wenn ich komme, dann hat das (s)einen „Grund". Was habe ich davon, wenn ich für mich daraus eine Kasperleveranstaltung mache? Die dauert ja nur zwei Stunden und danach habe ich mich wieder – Also, warum?

Karl: Es sind kleine Ferien vom Ich. Und warum nicht? Muss ja nicht immer sein. Die Botschaft oder Medizin, die da verabreicht wird, ist mehr als bitter, und nur mit Humor zu nehmen. Galgen Humor. Sich zu Tode zu lachen, ist nicht der unangenehmste Tod oder die schlechteste Todeserfahrung. Eigentlich ist das alles eine Einstimmung in die Göttliche Komödie.

Daniel: Da schließt sich die Frage an: „Sei, was-du-nicht-nicht-sein-kannst" – ein Hinweis, wie z. B. „nach Rom 500 Kilometer". Dumm gefragt: Wohin weist dieser Hinweis?

Karl: Ja, er ist wie ein Verkehrsschild. Selbst oder „DU", (b)ist weder in der Anwesenheit noch in der Abwesenheit zu finden! Und doch bist „DU", mit und ohne, was auch immer „DU" dir vorstellst zu sein oder nicht zu sein: Das, was das Noumenon oder Wesen selbst ist – das Selbst. Und das kannst „DU" nicht nicht sein.

Daniel: Warum hat sich dieses Bewusstsein zu Hans und Franz gemacht? Warum hat es sich mit Karl und Daniel identifiziert?

Karl: Warum nicht? Es hat nichts zu verlieren! Und ein bisschen Spaß muss sein.

Daniel: Aber was, wenn Spaß keinen Spaß macht? Dann sind wir wieder beim Ozean des Schmerzes. Und bei der Suche und der Idee, mich selbst überwinden zu können …

Karl: Genau.
In der Verwirklichung ist das absolute Wissen absolut dumm.
Persönliche Hölle, unpersönlicher Himmel.
Und kein Entkommen.
Bewusstsein ist die Wurzel von allem …
Ständiger Wechsel,
und das ist Selbstverwirklichung
im Angenehmen und Unangenehmen. – Und kein Ende.
Das große Bewusstsein, der ewige Versager.

Daniel: Na, dann hätten wir das geklärt! En(d/t)e[1] schlecht, alles gut! Wir haben aus „Heaven and Hell" im Höllentempo „Punkt. Sei(n), was du-nicht-nicht-sein-kannst" gemacht. Wie hast du die Zusammenarbeit erlebt? Hältst du das Projekt für gelungen?

Karl: Ist wie das HB-Männchen, es ging alles wie von selbst. Die Werkzeuge (Daniel, Karl) haben wie immer sehr gut funktioniert. Es ist das erste Mal, dass ich ein Buch von mir gelesen und daran mitgearbeitet habe, und das Ergebnis lässt sich sehen. Es kann genossen werden …

---

[1] *Karl ist dem eigenen Bekunden nach eine Enten schießende Ente.*

LOBE DEN HERRN –
NUR-FÜR-DEN-FALL

Besucher(in): Wenn du von der „Verwirklichung des Selbst" sprichst, ist das dasselbe wie Maya?

Karl: Maya ist es nur, wenn du dich in der Verwirklichung verwirklichen willst – das ist Maya. Der Traum ist nur, wenn du dich in der Verwirklichung finden willst – das ist Maya.

Wenn sich das Selbst selbst verwirklicht ... das ist nicht Maya?

Nein. Maya ist die Illusion, dass du dich in der Realisation finden kannst – dass du etwas bist, das in dieser Verwirklichung gefunden werden kann. Das ist, was ich Maya nennen würde. Dass du der Erkennende bist, der sich vom Erkannten unterscheidet – das ist Maya.
Wenn du dich in der Verwirklichung findest, wenn du ein Objekt der Verwirklichung bist, das ist Maya. Ansonsten gibt es Maya nicht, nur das Selbst.

Demnach bist du, was Maya ist.

Du bist DAS, was Maya ist, Maya aber nicht kennt. Das, was Unwissenheit ist und nichts von irgendeiner Unwissenheit weiß. Aber wenn du in Maya bist, dann bist du jemand, der Maya kennt und dann gibt es Maya. Es braucht jemanden, der Maya definiert.

Maya zu kennen, ist Maya ...

So sieht's aus. Und da ist ein Wissender, wissend oder nicht wissend – das ist Maya. Wenn ein Definierender irgendwas definiert – das ist Maya. Ansonsten gibt es Maya nicht, nicht einmal das Selbst.

Also gibt es keine andere Verwirklichung des Selbst als das Selbst …

Es gibt nicht einmal Verwirklichung.

Es braucht nicht verwirklichen …

In der Abwesenheit von demjenigen, der etwas definiert, gibt es kein wirklich und keine Verwirklichung.

Weder Wissen noch Nicht-Wissen …

Weder noch. Neti-neti.

Zu sein, was-du-nicht-nicht-sein-kannst, ist das eine Technik oder ein Koan?

Beides! [Lachen] Koan und Technik. Es ist eine vollkommene Technik, etwas, das nicht getan werden kann. Deshalb ist es eine absolute Technik. Es ist wie – versuch mal, nicht zu sein. Und das ist es, was du als Sucher willst – du versuchst, nicht zu sein. Und es gelingt dir nie. Oder doch? [Lachen]
Nein, es ist nur ein Hinweis auf das, was du bist. Das braucht niemals wissen, was-es-ist. Denn es ist von Natur aus was-es-ist. Und was du jetzt zu sein glaubst, wird niemals DAS.
Ich spreche also nicht zu demjenigen, der jetzt eine Technik daraus machen will. Aber sicher, du wirst versuchen, daraus eine Technik zu machen. Was kannst du tun? Du machst daraus wieder ein Konzept. Und danach fragst du: „Wie kann ich wirklich sein, was-ich-nicht-nicht-sein-kann?" So geht das immer wieder. Also, was kannst du tun?
Du wirst überleben!

Du hast mich gestern ausgezogen – [stripped] …

Klingt gut. Das hier ist ein Strip-tease. [Lachen]

Dir gehört die Sprip-tease Bar. [Lachen]

Es ist ein Nightclub. Es ist ein tief-tief Schlaf-Club.

Erst das, was drüber ist, dann die Unterwäsche, und dann alles, was noch übrig ist … [Lachen]

Weggestrippt. Selbst die Nackten werden weggestrippt. Selbst der Stripper wird gestrippt. Der Striptease des Strippers – strippt den Stripper weg. Devotet den Devotee. Stimmt, das alles ist ein Strip, zieht ab, was abgezogen werden kann. Und am Ende wird der Abziehende abgezogen, indem er ist, was er mit und ohne Abziehenden ist. Das kannst du die Grundlage nennen, aber es kennt keine Grundlage oder das vollkommen Abstrakte. Zuletzt abstrahierst du den Abstrahierenden, indem du bist, was-du-nicht-nicht-sein-kannst. Das ist wie eine Übung im Nehmen, Nehmen, Nehmen. Und im letzten Augenblick nimmst du sogar den Nehmenden weg. Der Nehmende wird weggenommen – du hast keine Ahnung.

Demnach bist du der perfekte Bestatter. [Lachen] Der Letzte, den du killst, ist der Killer. Du hast recht, wegnehmen, was weggenommen werden kann. Jemand da, der gern noch einen Striptease hätte? Der eine braucht davor ein Cocktail, der andere was Hartes. Aber das ist nüchtern.

Kannst du uns sagen, wie es zur Gedankenformung kommt? Was ist die Quelle der Gedanken? Von wo kommen sie?

Vielleicht formen sie sich nie. Vielleicht sind sie immer da.

Wo kommen sie her?

Vielleicht kommen sie ja gar nicht.

Wir können nicht kommunizieren, wenn keine Gedanken hier sind.

Wir können. Aber vielleicht sind die Gedanken immer da. Vielleicht ist das nächste Wort, das, was als nächstes gehört wird, schon da. Es kommt nicht. Es muss nicht kommen.

Glaubst du, dass Gedanken da sind …

Nein, ich glaube nicht an Gedanken. Für mich ist das alles eine Reaktion auf was weißt du nicht. Und ich muss nicht wissen, woher was kommt, weil für mich niemals etwas kommt und niemals etwas passiert.

Warum sollte ich wissen wollen, woher es kommt? Wozu sollte das gut sein? Was würde mir das bringen, wenn ich wüsste, woher es kommt? Und wer wäre derjenige, der etwas davon hätte? Wer braucht diesen Vorteil? Fragen über Fragen.

Die Antwort ist immer – „Ich". Und das ist bereits eine Idee!

Wenn wir wissen, woher es kommt, können wir ein bisschen wachsamer sein …

Wo kommt das „Ich" her? Und wer will wissen, woher es kommt? Ich allein!

Das Selbst …

Das Selbst muss nichts wissen, nur das „Ich". Deshalb kreiert das „Ich" die Probleme, die es ohne das „Ich" nicht geben würde. Jetzt erschaffst du das Problem, weil du ohne das Problem nicht existieren würdest.

Eine Idee erschafft die Idee, dass die Idee die Idee kennen und wissen muss, woher sie kommt. Aber ohne die „Ich-Idee" wäre da nicht mal eine Idee. Ein Konzept muss wissen, woher es kommt.

Meine Herangehensweise ist die, dass ich die Wurzel selbst ausreiße.

Aber wer braucht das: Die Wurzel entwurzeln?

Deshalb wollte ich die Wurzel kennen.

Aber wer kennt die Wurzel? Und was ist die Wurzel? Ich sage immer, dass das, was du zu sein glaubst – das „Ich" – Probleme erschafft, die ohne dich gar nicht da wären. Und nur du willst etwas wissen. Und dadurch, dass du Probleme erzeugst, überlebst du. – Das ist alles.

Aus praktischen Gründen ist es notwendig zu wissen … [Telefon klingelt]

Wer ruft jetzt an? [Lachen]. Wo kommt es her?

Die Entität muss aus praktischen Gründen wissen.

Aber ich habe keine praktischen Gründe. Ich bin kein Mechaniker. Ich will kein Auto reparieren. Ich bin nicht hier, um etwas zu reparieren. Und ich muss nicht wissen, warum das Auto fährt, ich fahre es einfach. Ich muss nicht wissen, wer der Mechaniker war und wer fährt und wohin ich fahre und wer das Auto gemacht hat. Volkswagen!

Worauf hat Ramesh hingewiesen, wenn er sagte: „Warum sollte eine kleine Schraube die ganze Maschine kennen?" Und wie kann sie wissen, wer die Maschine fährt und wo diese Maschine herkommt? Jeder hat eine andere Idee. Aber was würdest du damit anfangen, wenn du es wüsstest?

Ich kann ein bisschen aufmerksam sein, ein bisschen sorgsam ...

Und dann?

Kann ich Probleme vermeiden ...

Dann hast du ein anderes Problem. Dann hast du ein Sorgfältigkeitsproblem. Dann musst du dich ständig um etwas kümmern. Sich darum kümmern, und dann willst du es kontrollieren. Aber das, was du kontrollierst, kontrolliert dich – darum geht's.

Du willst die Ideen kontrollieren, deshalb kontrollieren sie dich. Was für eine Idee! Dann kontrollierst du alle Ideen und hast einen friedfertigen Verstand, aber dann kontrolliert dich der friedfertige Kopf!

Für Kontrolle muss es immer zwei geben. Also, was immer du kontrollierst, kontrolliert dich. Es geht nicht nur in eine Richtung. Wenn du das ganze Universum kontrollierst, kontrolliert dich das Universum. Du sitzt im Gefängnis der Kontrolle. Knast, Knast, Knast.

Aber eigentlich sehnst du dich nach Moksha und denkst, dass du dafür deinen Verstand kontrollieren musst [lacht]. Was für eine Idee! Je mehr du den Verstand kontrollieren willst, umso mehr kontrolliert er dich. Verrückt!

Was für eine Idee, dass du für die Freiheit etwas kontrollieren musst! Was für eine Freiheit wäre das – die Kontrolle braucht? Was für ein Wissen wäre das, das etwas wissen muss? Oder etwas verstehen? Nur das relative Wissen, eines relativ Wissenden oder nicht Wissenden – was du Maya nennst. Dann gibt es ein Bedürfnis, ein kleines „Ich", das aus Angst sein Umfeld kontrollieren will. Der Ausgangspunkt ist immer Angst – Kontrolle. Und das kleine „Ich" versucht immer, das „Ich" zu kontrollieren – sich selbst und die Umgebung.

Also, weil es Angst davor hat, von den Umständen kontrolliert zu werden, versucht es die Umstände zu kontrollieren. Und dann wird es wirklich von den Umständen kontrolliert. Du wirst allein schon wegen der Angst, kontrolliert zu werden, kontrolliert.

Meine Art zu kontrollieren besteht darin, nicht zu reagieren.

Dann kontrollierst du die Reaktion. Dann bist du davon gefangen genommen, nicht zu reagieren. Das ist ein anderes Gefängnis – nur ein anderer Name. Reagieren oder nicht reagieren, es braucht jemanden, der reagiert oder nicht reagiert. Das ist bereits einer zu viel. Er will sogar seine Reaktionen kontrollieren. Es wird immer schlimmer.

Dann machst du Vipassana, nur um noch bewusster zu werden. Dann wirst du zu deinem eigenen Wachhund. Dann wirst du wie Bombay, überall Wachmänner, die über alle wachen. Und dann wacht ein Wachmann über den anderen Wachmann. [Lachen] Wachen, wachen, wachen …

Wenn du irgendwo hingehst, dann musst du dich eintragen und ein Wachmann wacht über den anderen Wachmann, ob er dich zum Unterschreiben aufgefordert hat. Denn jeder will kontrollieren und jeder will die Position des anderen. Den Wachmann bewachen. Das ist so offensichtlich in Mumbai, wie viele Wachmänner braucht diese Stadt? [Lachen]

Vielleicht würde einer machen, was einem anderen nicht gefällt, deshalb braucht es Wachmänner. In Amerika sowieso, alles Paranoia. Homeland Security – überall. Dann machst du dir wirklich Gedanken darüber, wer die Homeland Security kontrolliert. Gott? Oh Gott! Es wird albern. Das ist wie ein eifersüchtiger Mann, der Angst davor hat, dass seine Frau immerzu was mit dem Nachbarn hat. Er kann nicht mehr schlafen. [Lachen]

Das ist wie im Innern, wenn du Angst davor hast, dass du etwas tun könntest, das du nicht willst. Du wirst zu deinem eigenen Wachhund. Weil du so oft erlebt hast, dass etwas falsch gelaufen ist. Du hast dir oft etwas versprochen und dann das Gegenteil getan. Dann trinkst du wieder, du rauchst wieder, du tust etwas, was du nicht magst. Dann musst du dich selbst beobachten. Dann entwickelst du einen inneren Detektiv.

Die Idee, zu beobachten und zu kontrollieren, geht auch von der Natur aus.

Ich weiß nicht, ob das natürlich ist. Es ist einfach Angst …

Angst ist Teil der Natur.

Das gesamte Universum ist Angst. Es ist nicht Teil der Natur, das gesamte Universum wird von Angst angetrieben. Wo es zwei gibt, ist Angst. Angst, Angst, Angst … überall! – Alles an Maya ist Angst.

Kannst du das erklären: Alles an Maya ist Angst?

Weil Maya zwei bedeutet. Da bist du und da ist noch jemand. Da sind Gott und der Teufel und Gott und er selbst. Da sind zwei Götter – dann fürchtet sich der eine Gott vor dem anderen. Dann will er Gott kontrollieren. Dann konstruiert er eine Rüstung und eine Verteidigungsstrategie gegen den anderen Gott – aus Angst.

Also, Gott der Gott kennt, das sind zwei Götter und dann fürchtet sich der relative Gott vor dem absoluten Gott – augenblicklich. Wenn Shiva um Shiva weiß, fürchtet er Shiva. Dann wird er zum Jiva. Der große Shiva ist der Shiva, der Shiva nicht kennt. Aber wenn Shiva Shiva kennt, dann fürchtet er sogar sich selbst. Fantastisch. Augenblicklich!

Also, was kann man da machen? Wenn selbst der höchste Allmächtige impotent wird, wenn er sich kennt. Dann will er sich kontrollieren. Verrückt! Vollkommen verrückt!

Nein. Das ist die Basis von Maya. Gott, der Gott kennt, zwei Götter. Und dann ist Maya da, Illusion. Dann ist da Angst – augenblicklich. Die Gnostiker haben dieses Schlangensymbol, in dem der Kopf auf seinen eigenen Schwanz schaut. Und der Kopf denkt, dass der Schwanz eine andere Schlange ist. Sie fürchtet sich vor sich selbst, weil sich der Schwanz bewegt, der Kopf aber nicht. Und dann hat der Kopf vor dem Schwanz Angst. So wird's zur Märchenstunde des Seins. Dann will der Kopf seinen eigenen Schwanz kontrollieren – die andere Schlange. Dann fragt der Kopf, woher die Bewegung kommt. Du bist die Bewegung und du fragst, woher die Bewegung kommt. Was für eine Idee!

Dein Schwanz bewegt sich und du fragst, warum? Und wer bewegt sich da? Kann ich das sein? Nein! Da ist augenblicklich Angst. Du kannst sie nicht vermeiden. Da ist ein Liebhaber und sein geliebtes Ich, in liebender Fürsorge, im besten Fall. Aus liebender Fürsorge wird hassende Liebe, denn da wo Liebe ist, als Erfahrung, braucht es auch das Gegenteil, Hass. Es gibt das Eine nicht ohne das Andere. Zwei Seiten derselben Münze.

Es gibt eine große Bewegung. Der Schwanz bewegt sich überall. Dann sagst du, dass du besser Zeuge bist und nicht das Bezeugte, weil der Zeuge keinen Schwanz hat. Er glaubt daran, keinen Schwanz zu haben.

Du kannst dem nicht entkommen. Es sieht so aus, als ob die ganze Verwirklichung die Erfahrung der Angst ist, die Erfahrung der Qual. Und du kannst sie nicht aufhalten. Alles an der Verwirklichung scheint die Verwirklichung der Trennung zu sein, von Qual und Angst. Die gesamte Gegenwart ist die Gegenwart von Angst und Elend. Und jede Erfahrung ist eine Erfahrung der Trennung, eine Erfahrung von Angst und Elend. Und das wird niemals aufhören.

Du wirst zu einem Sucher, versuchst einen Weg da raus zu finden. Indem du das versuchst, bestätigst du, dass du befürchtest, drinzustecken. Verrückt! Die Falle ist so perfekt, du kannst dir nicht vorstellen, wie perfekt sie ist.

Wozu sind dann die Sinne da? Wir können von den Sinnesorganen Gebrauch machen, die uns von aus Natur gegeben sind. Ich habe Augen. Ich kann nicht die Augen zu machen und dann gehen. Auf dieselbe Weise passe ich auf …

Es ist alles zu spät. Du bist wie ein kleines Kind im Dunkeln.

Es ist zu spät, aber trotzdem gibt es Zeit.

Wo? Niemand konnte sie jemals beweisen. Du wiederholst etwas, was du gehört hast, aber niemand konnte jemals beweisen, dass es Zeit gibt. Zeit bedeutet wieder nur zwei – Trennung. Aber niemand konnte sie jemals beweisen. Die gesamte Quantenphysik, die gesamte Wissenschaft konnte nicht mal Materie finden. Das könnte keine Rolle spielen. Vielleicht gibt es nicht einmal zwei.

Wo ist die Bewegung? Sie können nur sagen, dass es manchmal ein Partikel ist und manchmal eine Welle. Aber sie können die Bewegung nicht ausfindig machen. Wo ist die Bewegung? Was bewegt sich? Und wo? Und wer beobachtet das? Und wer bezeugt es? Wenn du es dir wirklich anschaust, ist es vorbei. Verrückt!

Ja, das stimmt.

Sie ist ein Doktor [Doktor der Physik], eine Physikerin. Es scheint, als ob ich immer aus dem Blauen heraus erzähle. Nein. Ich berichte aufgrund wissenschaftlich geprüfter Tatsachen. [Lachen]

Aber der Augenblick wird dir eine Art von Beweis für die Zukunft liefern.

Aber niemand kennt die Zukunft. Du kennst nicht einmal das Jetzt. Aber du behauptest, die Zukunft zu kennen. Du kannst nicht einmal wissen, ob es überhaupt ein Jetzt gibt. Du kannst nicht einmal beweisen, dass es eine Vergangenheit gibt, du kannst nicht beweisen, dass es ein Jetzt gibt. Aber du glaubst an die Zukunft. Das ist verrückt!

Du kannst nicht einmal das Jetzt finden. Wo ist es? Und ganz im Besonderen kannst du niemanden finden, der im Jetzt ist. Heutzutage weißt du einfach nichts mehr. [Lachen]

Was ich sagen will, ist, dass vergangene Erfahrungen uns Lektionen für die Zukunft aufgeben. Wenn etwas heiß ist, müssen wir es nicht anfassen. Wir wissen bereits, welche Auswirkungen das haben wird.

Vielleicht. Manche sind dumm genug, es anzufassen. Leute heiraten immer noch! [Lachen] Jeder weiß, dass das nicht gut ist, wirklich schlimm, und du verbrennst dich und du bezahlst mehr, um da rauszukommen. Es ist überhaupt das allerschlechteste Investment! Aber du machst es trotzdem – besonders die Männer.

Im Heiraten könnten ein paar gute Erfahrungen stecken. Deshalb heiraten sie ...

Du heiratest nur-für-den-Fall. Es ist nur-für-den-Fall. Nur-für-den-Fall, dass es eine Zukunft gibt, sollte ich vielleicht etwas tun. Vielleicht habe ich eine Zukunft, also sollte ich vielleicht etwas tun – nur-für-den-Fall. Preise den Herrn – nur-für-den-Fall, dass es einen Herrn gibt. Halleluja – nur-für-den-Fall.
Es ist alles nur-für-den-Fall, weil du nicht weißt. Ich weiß auch nichts, ich bin der Gläubige. Das macht dich zum Gläubigen, du glaubst ans Jetzt und du glaubst an ein Davor und ein Danach. Weil du ein Gläubiger bist – nur-für-den-Fall, lobe den Herrn und Shiva und wer sonst noch da ist. Vielleicht.
Ich mag Indien, da gibt es so viele nur-für-den-Fall Götter. [Lachen] Hanuman, Vishnu, Brahma. Wie viele nur-für-den-Fall Götter brauchst du?

Du gehst in die Berge, um Hanuman anzubeten, wenn du am Meer bist, ist ein anderer Gott besser. Es kommt ganz auf die Situation an.

Genau, du brauchst immer einen speziellen Gott. Wie in Griechenland. Im Westen gibt es nur einen, und der ist ganz arm – ganz arm. Dieser Gott ist vollkommen überarbeitet. [Lachen] Morgens stehst du auf uns gehst aufs Klo – nur-für-den-Fall. Manchmal musst du nicht mal pinkeln. Du gehst zur Arbeit – nur-für-den-Fall, dass da Arbeit für dich ist. Irgendwo wartet jemand auf dich.
Frauen machen sich morgens zurecht – nur-für-den-Fall, dass dich jemand anschaut [Lachen]. Nur-für-den-Fall, dass du den Mann deines Lebens heute triffst. Und wenn du kein Make-up trägst, könnte es passieren, dass er dich nicht erkennt! [Lachen]

Und Männer rasieren sich morgens ...

Ja, aber die Heiligen rasieren sich nicht mehr. [Lachen] Verheiratete rasieren sich nicht mehr so oft. [Lachen] Und nach einer Weile isst du, nur-für-den-Fall, dass du Hunger bekommst. Du hast ein spätes Frühstück und dann isst du um zwölf, nur-für-den-Fall, dass du später Hunger haben könntest. Verrückt! Du kaufst sogar Versicherungen für deine Bestattung – nur-für-den-Fall. In Deutschland ist das jetzt sehr beliebt. Sie machen Diamanten aus deiner Asche. Du zahlst fünftausend Euro, damit deine Tochter später einen Diamanten hat – und dich immer am Hals. [Lachen]

Es ist die Rache der Mutter an der Tochter. Eine Erinnerung – nur-für-den-Fall, dass du mich vergisst. Einen Diamanten schmeißt du nicht weg. Vielleicht verkaufst du ihn, aber dann hast du ein schlechtes Gewissen. Ich habe heute meine Mutter verkauft! [Lachen]

Ist nur-für-den-Fall ein Schutzmechanismus?

Nur weil du nicht weißt, was-ist. Dann ist nur-für-den-Fall zur Stelle. Nur-für-den-Fall, dass es dich gibt – gehst du zur Kirche. Vielleicht existiere ich und muss mir Sorgen machen. Du weißt nicht einmal, ob du vorhanden bist, aber nur-für-den-Fall machst du dir Sorgen. Verrückt!

Warum nur-für-den-Fall? Weil ich mir nicht sicher bin, was Ich Bin?

Das weißt du nie. Du bist nur-für-den-Fall, das macht aus dir einen verrückten Fall. In dem Augenblick, in dem du aufwachst – nur-für-den-Fall, verteidigst du dich – nur-für-den-Fall, dass du etwas getan hast. Verrückt. Du rechtfertigst dich für das, was du nicht getan hast – nur-für-den-Fall, dass du es getan hast. Na super!

Ich mag das – nur-für-den-Fall. Du willst erleuchtet sein, weil du denkst: Nur-für-den-Fall, dass ich es brauche. Was du dir auch einbilden magst – nur-für-den-Fall.

Willst du damit sagen, dass wir in einem Mysterium leben?

Du lebst – nur-für-den-Fall. Du weißt es nicht. Also nur-für-den-Fall, dass du bist, tust du alles – nur-für-den-Fall. Du möchtest dich selbst erkennen – nur-für-den-Fall, dass es da jemanden zu erkennen gibt. [Lachen]. Du möchtest glücklich sein – nur-für-den-Fall, dass jemand glücklich sein muss.

Vielleicht gibt es Erleuchtung ...

Klar, nur-für-den-Fall. Ich möchte nicht überrascht werden – ich bereite mich vor – nur-für-den-Fall. Ich weiß nicht auf was, aber nur-für-den-Fall. Niemand weiß, was wann passieren wird. Nur-für-den-Fall, dass ich sterbe und nicht weiß, was danach kommt, muss ich mich jetzt darum kümmern. Ich werde spirituell. Ich geh jetzt darüber hinaus, damit ich das nicht später machen muss. Also sterbe ich besser jetzt, damit ich dann nicht mehr sterben muss – nur-für-den-Fall. Verrückt!
Irgendwas, was nicht nur-für-den-Fall ist?

Erfahrungen haben keinen Wert?

Gott sei Dank sind sie alle leer! Es gibt die Freude der Leerheit, darum sind sie so nett und leer – nur-für-den-Fall.

Alles, worüber du jetzt sprichst, nehmen wir als Erfahrungen für unsere künftigen Leben mit. Es ist also in der Tat hilfreich.

Nein. Was ich sage, ist ganz sicher nicht hilfreich. Gott sei Dank!

Aber ich glaube fest daran ...

Nur-für-den-Fall [Lachen]

Es muss eine Art Reservierung geben.

Siehst du! Es muss eine Reservierung geben. Du kannst dir nicht vorstellen, dass alles für nichts ist. Es ist alles zum Spaß, das kannst du dir nicht vorstellen. Du glaubst, dass es da etwas geben muss, das nicht einfach nur so zum Spaß ist. Nur-für-den-Fall, dass das etwas Ernsthaftes ist. Nur-für-den-Fall, dass da ein Gott ist, der dann fragt: Was hast du getan? Und nur-für-den-Fall, dass es da jemanden gibt und ich antworten muss, muss ich mich jetzt daran erinnern, was ich getan habe.

Bist du nur-für-den-Fall zehn Tage nach Indien gekommen?

Nur-für-den-Fall, dass es da Inder gibt. [Lachen] Stell dir vor, nur-für-den-Fall, dass es da Inder gibt, zu denen ich sprechen kann, nur-für-den-Fall komme ich. Und vielleicht ist jemand gekommen – nur-für-den-Fall.

Der nächste Augenblick kommt von allein, aber nur-für-den-Fall, dass er nicht von selbst kommt, tu ich was. [Lachen]. Der nächste Augenblick kommt von allein, da musst du dir keine Sorgen machen, er kommt sowieso. Aber nur-für-den-Fall, dass er nicht kommt, muss ich mir Sorgen machen. Vielleicht muss ich etwas tun. Wenn ich nichts tue, kommt der nächste Augenblick nicht. Stell dir vor! Ich muss vorbereitet sein. Vielleicht ist der nächste Augenblick nur jetzt! Und vielleicht muss ich darauf vorbereitet sein.

Aber warum kommt diese Angst? Aufgrund vergangener Erfahrungen?

Niemand weiß, woher sie kommt. Sie ist schon da, wenn du aufwachst. Sie kommt nicht, sie ist die Eigenschaft der Zwei. Die Natur des Erfahrenden, der sich von dem unterscheidet, was er erfährt – da ist Angst. Falsche Anzeichen erscheinen wirklich – das nennt man Angst. Das falsche Anzeichen, dass es zwei gibt, scheint wirklich. Das nennt man Angst.

Selbst wenn du sie zu überwinden versuchst, bestätigst du sie dadurch nur. Du musst in der Anwesenheit und in der Abwesenheit der Angst sein, was-du-bist. So wie du in der Anwesenheit und Abwesenheit von irgendwas bist – bist du.

Also ist Angst da. Und du kannst Angst die Anwesenheit der Anwesenheit nennen. Das ist ein falscher Beweis. Eine falsche Erfahrung der Trennung. Aber du kannst sie nicht anhalten. Sie wird immer da sein. In jeder Erfahrung stecken zwei. Also bist du in der Anwesenheit und in der Abwesenheit davon. Deshalb kannst du die Phantom-Erfahrung der Trennung nicht stoppen. Und wer muss sie anhalten?

Dann kannst du fragen, warum sie hier ist. Warum nicht? So erfährst du dich selbst. Und du kannst es nicht ändern. Du versuchst alles, was du kannst. Du willst aus der Trennung heraus Einheit. Und weil du aus der Trennung heraus Einheit willst, bestätigst du das Vorhandensein der Trennung. Darin liegt was Wahres.

Also, alles, was du dagegen tust, trägt dazu bei. Na prima! Diese Falle ist ihrer Beschaffenheit nach so fantastisch und perfekt – so wie du. Absolute Falle! Und kein Weg raus!

Und ich sitze hier und sage dir, dass du zu sein hast, was du bist und dass du es bereits bist, trotz der Anwesenheit oder Abwesenheit von allem. Und das kannst-du-nicht-nicht-sein. Aber die relative Erfahrung der Trennung wird immer da sein – ob du das nun magst oder nicht. Nenn es Hölle, nenn es, wie du willst. Der Himmel der Einheit und die Hölle der Trennung werden als Weg da sein, dich selbst zu erkennen.

Und vielleicht ist die Verwirklichung der Einheitserfahrung angenehmer. Aber die gibt es nur, weil es auch die andere gibt. Und du kannst nicht nur die eine Seite der Medaille haben. Es gibt beides, das Angenehme und das Unangenehme. Das Behagen und das Unbehagen. Und wenn du nicht im Unbehagen der Trennung sein kannst, was-du-bist, wirst du es auch nicht im Behagen der Einheit sein können. Was will man da machen?

Nichts. Du kannst nichts tun.

Du kannst alles tun, aber es funktioniert nicht. Nur-für-den-Fall! Hab einfach Spaß.

„Nur-für-den-Fall" ist das Beste, was ich je über den Nicht-Handelnden gehört habe. Es erklärt das Nicht-Handeln zum ersten Mal aus einem anderen Blickwinkel. Denn das ist der Ausgangspunkt, worum es bei all unseren Absichten geht, nur-für-den-Fall. Und das erklärt tatsächlich die Nicht-Täterschaft, weil du wirklich nicht aus Überzeugung handelst, sondern nur-für-den-Fall. Die gesamte Basis für das Leben ist nur-für-den-Fall. Das ist fantastisch!

Nur-für-den-Fall, das du etwas getan hast. Dann machst du daraus einen Fall. Dann ziehst du dafür vor Gericht – nur-für-den-Fall. [Zeigt auf einige Besucher:] Die waren schon drei Wochen auf Koh Samui. Nur-für-den-Fall sitzen die immer noch hier. [Lachen] Vielleicht verpasse ich es.

Manche haben nebenbei eine zweite Frau – nur-für-den-Fall einer Migräne. [Lachen] Aber es macht Spaß, wenn du siehst, dass alles nur-für-den-Fall ist.

Das Kind weiß nicht, wer es ist, aber sicherlich weiß es nur-für-den-Fall ...

Es ist dem Baby bereits eingepflanzt. Nur-für-den-Fall, dass meine Mutter nicht genug Milch hat, schau ich mich nach einer zweiten um. Du gehst nur-für-den-Fall zur Schule. Du heiratest nur-für-den-Fall. Du hast eine Freundin, nur-für-den-Fall. Oder Freunde, nur-für-den-Fall, dass du sie brauchst, um deine Möbel zu transportieren. [Lachen]

Jetzt schließe ich eine Krankenversicherung ab, nur-für-den-Fall.

Das ganze Leben ist nur-für-den-Fall. Deine gesamte Existenz ist nur-für-den-Fall. Aber es ist einfach ein Spaß.

Wenn man durch die Unannehmlichkeit der Trennung geht, statt zu versuchen, da raus zu kommen, kämpft man nur noch mehr und macht die Dinge nur noch schlimmer. Also sagst du, „sei" in diesem Augenblick ...

Nein, sag ich nicht. Weder „sei" noch „sei" nicht. Wenn du in diesem verfluchten Augenblick bist, bist du bereits verflucht. Im Augenblick verweilen – nur-für-den-Fall. Du willst kontrollieren – nur-für-den-Fall.

Aber ich versuche, da rauszukommen. Ich kämpfe mehr und leide mehr.

Warum nicht? Manche wollen sogar noch mehr leiden, nur-für-den-Fall, dass sie es später brauchen. [Lachen] Die dunkle Nacht der Seele. Erinnerst du dich daran? Sie bilden sich sogar ein, dass sie dafür etwas bekommen – nur-für-den-Fall. Sie gehen an Orte, an denen sie wirklich nicht sein wollen, schauen, ob etwas Schlimmes passiert, nur-für-den-Fall, dass das gut für mich ist.

Weil der Arzt sagt, dass die bittere Pille die Beste ist, geht es mit süßen Pillen nicht.

Die Masochisten ...

Genau. Es ist eine weitverbreitete Idee, dass du wirklicher wirst, wenn du leidest. Dass du wirklich geerdet bist, wenn du leidest. Dann kennst du die Bedeutung des Lebens. Du konfrontierst dich mit deinen Problemen – nur-für-den-Fall, dass es später hilft.

Manche sagen: Versuche zu tun, was du nicht magst. Überwinde deine Vorlieben und Abneigungen.

Das nennt man Schwarzes Tantra.

Sogar in der Gita heißt es: Überwinde deine Vorlieben und Abneigungen.

Nur-für-den-Fall. Du möchtest keine Vorlieben und Abneigungen haben, weil dir das mehr als alles andere gefällt. Die Abwesenheit von Vorlieben und Abneigungen magst du am meisten. Nur-für-den-Fall, dass es dir hilft, möchtest du deine Vorlieben und Abneigungen loswerden.

Wenn du sagst, bezeuge den Augenblick ...

Das sage ich nicht! Du sagst das.

Nein. Ich beziehe das nicht auf dich. Bedeutet das dann auch, dass man versucht, den Augenblick zu kontrollieren?

Natürlich! Du möchtest Unbehagen kontrollieren, indem du dich zum Zeugen machst. Das ist Teil der Kontrolle.

Nisargadatta sagt auch, dass du der höchste Zeuge bist.

Ja, aber du bist nicht der Zeuge. Der höchste Zeuge ist einer, der niemals bezeugt werden kann. Das ist nicht der Zeuge, den du bezeugen kannst. Aber du machst dich zu etwas anderem. Wer ist der Zeuge, der sich vom Bezeugten unterscheidet? Der höchste Zeuge bezeugt gar nichts.

Ja, wer bezeugt dann?

Es gibt kein „wer". Nur-für-den-Fall schaffst du einen höchsten Jemand, nur-für-den-Fall, dass das jemand ist.

Du bist DAS ...

Aber wer ist dieser „wer"?

Ich Bin DAS

Du bist nicht DAS.

Jetzt verwirrst du mich.

Das hoffe ich doch! Derjenige, der sagt „Ich Bin DAS", ist es bestimmt nicht ...

Okay, DAS ist alles ...

Auch das ist Schwachsinn.

Dann weiß ich auch nicht ...

Siehst du, du bist, was das angeht, besser still. Jetzt redest du nur-für-den-Fall. Das ist Schwachsinn aus zweiter Hand. Der hat das und das gesagt und der das, ich hab da etwas gelesen und nur-für-den-Fall, dass es richtig ist ... Wegen des großen Namens ist da vielleicht was dran. Du wiederholst irgendwas – das ist alles. Das nennt man nachplappern.

Und nur-für-den-Fall, dass es richtig ist und niemand etwas dagegen sagt, weil es jemand gesagt hat, der einen großen Namen hat. Nein! Es ist überall derselbe Schwachsinn. Selbst zu sagen „Ich Bin DAS", ist ein Scheiß. Was immer du von dir geben kannst, ist Mist. Nur-für-den-Fall – niemand sagt was dagegen.

Alles, was du benennen kannst, egal was, ist es nicht! Gott sei Dank! Selbst wenn du es das Höchste nennst, machst du es zu einem relativen Objekt. Das Göttliche ist relativ. Alles, was du hervorbringst, ist relativ. Du erschaffst etwas, was sich von etwas anderem unterscheidet. Und du kannst nichts dafür.

Ganz besonders der Zeuge. Jeder nimmt ihn persönlich und stellt sich vor, dass er besser dran ist, wenn er erst Zeuge ist. [lacht] Klingt super! Dann machst du es zu einer Technik, um das Unbehagen zu kontrollieren. Damit ich durch nichts mehr berührt werden kann. Wenn meine Frau mich verlässt, bezeuge ich es und leide kein Stück daran. [Lachen] Nur-für-den-Fall, dass meine Frau geht, übe ich jetzt, Zeuge zu sein. Nur-für-den-Fall, dass in Zukunft was weiß ich nicht, irgendwas passiert, das mir wehtun könnte, versichere ich mich. Ich werde jetzt zum Zeugen, damit ich später nicht verletzt werden kann.

Alle spirituellen Praktiken sind nur-für-den-Fall, dass ich sie später brauche.

Dieses nur-für-den-Fall betrifft sogar Weise. Ramana Maharshi nahm sein Essen und verrührte es nur-für-den-Fall, dass er ein Gericht lieber mögen könnte als ein anderes und ihm die Schüler dann nur noch das geben würden.

Ja. Das ist fabelhaft! Jetzt sage ich niemandem mehr, was ich mag, nur-für-den-Fall, dass ich dann nur noch bekomme, was ich will. Das wäre die Hölle. [Lachen]

Ich weise darauf hin, dass alles spirituelle Suchen und alle spirituellen Praktiken nur-für-den-Fall sind. Alles! Was du auch tust, was du auch nicht tust, was du auch zu verstehen versuchst, jede Kleinigkeit ist nur-für-den-Fall. Du möchtest nicht verletzt werden. Einfach, indem du dich selbst liebst und versuchst, von Geliebten nicht verletzt zu werden – von dir Selbst. Nur-für-den-Fall!

Aber du kannst nichts dafür. Du bist sogar still – nur-für-den-Fall. Da gibt's kein Entkommen. Aber es ist lustig, nur zum Spaß.

Die vier Worte nur-für-den-Fall sind in dir aufgetaucht und jetzt wiederholst du sie ständig. Ist das auch nur-für-den-Fall?

Nur-für-den-Fall, dass das ein Hinweis ist. Und solange der Hinweis funktioniert, wiederhole ich ihn, nur-für-den-Fall. Es ist wie „sei, was-du-nicht-nicht-sein-kannst". Vielleicht schlägt der Hinweis bei jemandem ein, man weiß es nie. Es ist alles nur-für-den-Fall. Ich spreche hier nur-für-den-Fall. Ich erwarte nicht, dass etwas passiert, aber nur-für-den-Fall, vielleicht ist da jemand, der vollkommen wegbricht – als das, was er ist und ist, was-er-ist.

Nur-für-den-Fall. Aber das wird nie passieren. Also ist die ganze Geschichte nur-für-den-Fall.

Aber nur-für-den-Fall wird aus funktionalen Gründen benötigt.

Nein, es funktioniert von selbst. Alles passiert von selbst. Das ist ein automatischer Ablauf von allem, was passiert. Alle Augenblicke kommen von selbst. Nur du stellst dir vor, im Augenblick zu sein, nur-für-den-Fall. Du bist einfach ein hoffnungsloser Fall. [Lachen]

Also passiert alles von selbst ...

Das Problem ist: Es ist nie etwas passiert. Nicht mal von selbst. Jetzt fabrizierst du ein anderes nur-für-den-Fall. Nur-für-den-Fall, dass etwas passiert. Und jetzt willst du verstehen, dass es von selbst passiert, denn nur-für-den-Fall bin ich damit besser dran.

Ich habe nur gesagt, was du gesagt hast.

Ja, aber ich sage das Gegenteil – nur-für-den-Fall, dass es funktioniert.

Du lässt mich nicht aussprechen.

Ich lass dich nicht aussprechen, weil du, nur-für-den-Fall, etwas finden könntest, woran du dich festhalten kannst. Nein!

Die Dinge passieren aus sich selbst heraus und alle Dinge, die wir auf der relativen Ebene tun, passieren auch von allein ...

So wie du es sagst, soll es sein. Ich hab keinen Plan. Du machst daraus ein Konzept und ich will nicht, dass du dich an diesem Konzept festmachst. Ich habe keine Idee – vielleicht, vielleicht auch nicht. Neti-neti ist immer noch das Beste. Keins von beidem. Weder passiert es, noch passiert es nicht.
Wenn du in diesem Konzept bleibst, passiert etwas und du verstehst, dass es von selbst passiert. Du landest in diesem Behagen – nur-für-den-Fall, dass du es brauchst.

Also, was muss getan werden?

Tu alles, was du nicht magst oder mach, was du willst. Aber du magst es nicht, dass du etwas tust oder? Du magst es wirklich nicht, dass du etwas tun musst. Dass du etwas sein musst, magst du wirklich nicht. Frag nicht mich.

Ich habe für nichts ein Rezept. Ich habe Millionen Rezepte, aber keins funktioniert. Gott sei Dank! Du wirst es vermasseln. Jetzt gerade bist du der absolute Misserfolg – du weißt das. Stell dir vor! Es ist nicht dein persönliches nur-für-den-Fall. Es ist ein absolutes nur-für-den-Fall.

Das Absolute stellt sich vor, was es sich nur vorstellen kann – nur-für-den-Fall, dass es sich in einer Vorstellung finden kann. Das Absolute ist, was die eigene Verwirklichung angeht, absolut blöd. Es ist ein absolutes nur-für-den-Fall, immer das Nächste und das Nächste. Anderenfalls kann es dem nächsten Augenblick keine Aufmerksamkeit schenken – und der nächsten Aufmerksamkeit. Aufmerksamkeit, Aufmerksamkeit, Aufmerksamkeit. Selbst nur-für-den-Fall, ist nur-für-den-Fall.

Es zeigt nur, dass es niemals enden wird. Und du kannst dem was als nächstes kommt, egal was es ist, nicht keine Aufmerksamkeit schenken. Weil du DAS bist, egal ob du das magst oder nicht. Und wenn der nächste Augenblick relativ ist, ist er relativ. Wenn es im nächsten Augenblick keine Trennung gibt, sondern Einheit, dann wird Einheit sein. Und wenn die nächste Erfahrung Gewahrsein ist, dann wird die nächste Erfahrung Gewahrsein sein. Und wenn die nächste Abwesenheit ist, dann wird es Abwesenheit sein. Die nächste wird die nächste sein.

Aber du wirst auch immer wieder in diesem hier landen. Du kannst den relativen Weg nicht vermeiden. Das ist einer der absoluten Wege, dich selbst zu verwirklichen. Und wenn du nicht auf diese Weise sein kannst, was du bist, wirst du es auch nicht auf andere Weise sein. Auf keinen Fall!

Setzt sich „nur-für-den-Fall" in „sei, was-du-nicht-nicht-sein-kannst" fort?

Die Verwirklichung geht weiter – nur-für-den-Fall.

Das Potenzial von nur-für-den-Fall transformiert …

Du schaust auf den nächsten Augenblick – nur-für-den-Fall.

Also geht es weiter.

Es geht weiter. Es hat nie angefangen und wird niemals aufhören.

Sei, was-du-nicht-nicht-sein-kannst, heißt nicht, es zu kontrollieren …

Das sind nicht zwei, das ist das Hauptproblem. Ohne zwei gibt es keine Möglichkeit der Kontrolle.

Also ist alles, was passiert, nur-für-den-Fall.

Die eingebildete Energie der Zwei wird aufhören. Und nur-für-den-Fall, dass sie aufhört, passt du immer auf. Nur-für-den-Fall! Aber sie wird nie aufhören. Und jede Nacht bist du von nur-für-den-Fall erschöpft. Dann schläfst du ein. Am Morgen wachst du frisch auf – nur-für-den-Fall, dass was passiert. Aber wieder wird nichts passieren. Und dann bist du abends von diesem nur-für-den-Fall völlig erschöpft und gehst wieder ins Bett – nur-für-den-Fall, dass du etwas träumst, was besser ist. Vielleicht ist die Abwesenheit besser als die Anwesenheit – nur-für-den-Fall.

Erst sagst du, dass etwas passiert und dann sagst du, nichts passiert …

Das ist ein paradox.

Da ist jemand, dem es sehr ernst ist.

Jemand, der vorgibt, ernst zu sein. Da ist niemand, der ernsthaft ist. Es ist eine vorgetäuschte Ernsthaftigkeit, ein so-tun-als-ob. Es ist alles so-tun-als-ob. Du tust-so-als-ob, nur-für-den-Fall.

Es ist nur vorgetäuscht wenn …

Dieses so-tun-als-ob ist immer da.

Aber wenn Leute ernsthaft meinen, dass sie nicht vortäuschen …

Dann täuschen sie vor, nicht vorzutäuschen.

Für sie ist das „Ich" sehr massiv!

Nein, es ist nicht massiv. Wenn es massiv wäre, wäre es auch in der Abwesenheit da.

Die Menschen haben ein so starkes „Ich", dass sie in der realen Welt jeden umbringen könnten.

Welche reale Welt? Welche Menschen? Wovon sprichst du?!

Ich spreche von dort, wo ich herkomme – von dieser Welt.

Welche Welt?

Die Unwissenheit.

Und wer nennt es Unwissenheit?

Ich sehe, dass es unwissende Menschen gibt.

Nein! Es gibt ernsthafte Menschen? Du machst Witze! [Lachen] Du siehst, das ist nur-für-den-Fall in Aktion. Das ist fantastisch! Ganz erstaunlich. In dem Augenblick, in dem du dir bewusst bist, dass du bist, erfährst du andere – nur-für-den-Fall, dass du existierst!

Du machst aus dem ersten nur-für-den-Fall, viele Fälle. Die ganze Welt ist nur-für-den-Fall, dass du bist – nur-für-den-Fall. Dann sind da vielleicht auch andere, nur-für-den-Fall, dass Ich Bin. Dann ist es eine reale Welt voller nur-für-alle-Fälle. Und dich bekümmert alles, was die anderen tun oder nicht tun und wie sie die Welt sehen und wie du die Welt siehst und nur-für-den-Fall ist dir das später nützlich. Vielleicht hast du ein nettes Gespräch mit irgendwem – nur-für-den-Fall.

Ich verstehe das nicht [zeigt auf den Titel vom Buch] Am I – I Am [Bin Ich – Ich Bin].

Du möchtest verstehen, was Meditation ist und dadurch wirst du zu einem Meditierenden. Das ist die Natur von Meditation. Du bist die Frage und die Antwort – Bin Ich? – Ich Bin! Das ist alles. Du bist dem Wesen nach die Frage und die Antwort. Du selbst bist die Antwort auf alle deine Fragen. Bleib bei der grundlegenden Frage Bin Ich? – Ich Bin! Bleib dabei – das ist alles. Das ist das Wesen der Meditation: Bin Ich? – Ich Bin.

Du bist die Frage und du bist die Antwort – ständig. Da lässt sich nichts rauszuholen, weil du DAS bist, was du durch die Frage gewinnen willst. Du bist bereits die Antwort! Bin Ich? – Ich Bin. Das ist fantastisch!

Es ist augenblickliche Erfüllung. Du möchtest zufrieden sein und du bist augenblicklich zufrieden, indem du bist, was Zufriedenheit ist.

Ist das so, wie das Zeugesein?

Nein. In Bin Ich – Ich Bin gibt es keinen Zeugen und nichts, was bezeugt wird. Darin passiert nichts. Nichts ist je in Bin Ich – Ich Bin passiert. Was ist da, um es zu bezeugen? Wo ist die Welt in Bin Ich – Ich Bin? Wo ist das Kommen? Wo ist das Gehen?

Der Zeuge kommt mit der Frage: „Wer Bin Ich?" Und dann wirst du zum Hintergrund, der den Vordergrund bezeugt. Deshalb mag ich die Frage nicht. Und tatsächlich hat Ramana auf Tamil „Bin Ich? – Ich Bin" gesagt. Die Übersetzung war immer „Wer Bin Ich?", aber die stimmt nicht.

Du benutzt den Ausdruck „Auge Gottes". Ist das nicht dasselbe wie der Zeuge?

Nein. Weil da niemand ist.

Doch, Gott …

Aber für Gott gibt es nicht einmal Gott. Glaubst du, Gott würde sich selbst als Gott bezeichnen?

Aber da ist einer …

Da ist nicht mal einer. Da ist nur Wahrnehmung, weil es ohne Wahrnehmung keinen Wahrnehmenden gibt und nichts, was sich wahrnehmen lässt. Es Wahrnehmung zu nennen, ist schon zu viel. Du wirst niemals wissen, was das ist. Wie du es auch bezeichnest, es ist in jedem Fall falsch. Falsch, falsch, falsch. Du kannst nur sagen: Du bist DAS, was-du-nicht-nicht-sein-kannst. Aber du wirst niemals wissen, was das ist. Egal, wie du es nennst. Es ist falsch. Falsch, falsch, falsch!

Selbst wenn du es „das Auge Gottes" nennst, ist es falsch – sicher. Warum sollte es weniger falsch sein als alles andere? Ich sage immer, dass alles, was ich sage, falsch ist. Ich erzähle den ganzen Tag über so viel Blödsinn. [Lachen] Nur-für-den-Fall.

Nein, es ist ganz einfach so, dass du in dem ruhst, was keiner Ruhe bedarf. Und das ist vor und trotz des Wahrnehmenden, der du zu sein glaubst, und geht über ihn hinaus. Und das ist die einzige Schwierigkeit, die du hast. Denn wenn du der Wahrnehmende bist, der Sehende, dann passiert alles nur-für-den-Fall, dass du bist. Weil es eine zweifelhafte Existenz ist. Das, was trotz und vor und jenseits des Wahrnehmenden ist, worin der Wahrnehmende erscheint, die erste Anwesenheit. Aber das, was du bist, ist in der Abwesenheit des Wahrnehmenden – das ist alles.

Das auch nur Wahrnehmung zu nennen, ist nicht richtig. Du bist einfach mit und ohne – was auch immer. Und du bist mit dem Wahrnehmenden und ohne den Wahrnehmenden. Du bist in der Anwesenheit und in der Abwesenheit. Das ist alles. Aber du kannst niemals sagen, was das ist.

Damit es eine Anwesenheit geben kann, musst du sein, was-du-bist. Damit es eine Abwesenheit geben kann, musst du sein, was-du-bist. Aber wie auch immer du das nennst – ist falsch! Egal wie! Das, was den Wahrnehmenden wahrnimmt, ist selbst ein Wahrnehmender, der wahrnimmt, was wahrgenommen werden kann.

Aber bereits diese Erfahrung macht den Eindruck, als ob etwas passiert und bereits das ist falsch. Also muss es falsch sein. Das worum es bei sei, was-du-nicht-nicht-sein-kannst, geht, ist, dass du in jeder Anwesenheit und jeder Abwesenheit bist – du bist. Aber DAS, was ist, DAS kann niemals gewusst und definiert werden. Und egal wie du es nennst – es ist falsch. Und DAS bist du! Das kannst du nicht nicht sein – das ist alles.

Aber bastele da keinen Zeugen rein. Wie auch immer du das nennst, ist Schwachsinn. Du willst es kontrollieren, indem du dem einen Namen gibst – nur-für-den-Fall. Nur-für-den-Fall, dass mich jemand fragt, wer ich bin, kann ich wenigstens sagen, dass ich reine Wahrnehmung bin. [Lachen]

Ich bin trotz, ich bin vor, ich bin jenseits. Also, nur-für-den-Fall, dass mich jemand fragt, wer ich bin, kann ich sagen, ich bin jenseits. [Lachen] Aber stellt dir vor, niemand will das wissen. [La-

chen] Nur-für-den-Fall, dass Gott dich fragt: „Wer bist du?" –
„Ich bin du!" [Lachen] Ich bin das, was du bist. Ah! Da ist einer,
der was verstanden hat. Und jetzt gehst du zurück in die Hölle,
weil da immer noch einer zu viel ist, der verstanden hat. [Lachen]
Es ist immer noch eine Hölle des Verstehens. Egal, was du dir
selbst gibst, definieren tut sich derjenige, der das braucht. Und es
ist nur-für-den-Fall.

Nein! Die Hinweise richten sich an das, was niemals etwas
braucht, nicht einmal eine Selbstdefinition. Es gibt keine Möglichkeit jemals zu wissen, was-du-bist. Niemals! Mit allem, was du
versuchst, wirst du scheitern. Deshalb bezeichne ich dich als tota-
len Fehlschlag. Daneben, daneben, daneben, egal auf welchem
Level. Der absolute Misserfolg – und Buddha war einer der rar
Gesäten, der der absolute Misserfolg war – und es hat es zugege-
ben: „Ich Bin der absolute Fehlschlag." Alles, was ich getan oder
nicht getan habe, tiefere Meditation, andere Erfahrungen, ich bin
daran gescheitert, mich selbst zu kennen. Ich kann das Behagen
dessen, was Ich Bin, nicht erreichen. Ich kann niemals von dem
erreicht werden, was Ich Bin. Ich Bin Scheitern!

Das Behagen, das die Natur des Behagens ist, kann niemals von
jemandem erfahren werden. Und es auch nur Behagen zu nennen, ist zu viel. Und egal wo du ankommst, im Zustand des verfluchten Zeugen oder sonst wo. – Es klingt gut, das ist alles! Und
wer von sich behauptet, im Zustand des Zeugen und damit jenseits oder wo auch immer zu sein – lass ihn glücklich sein. Er
wird früher oder später in die Hölle zurückkommen, weil er immer noch in der Hölle ist! [Lachen]

Es ist schlimm! Das alles ist schlimm! Oder schlimmer.

Warum heißt es, „sei, was du bist", wenn da keiner ist?

Glaubst du wirklich, dass ich mit dir spreche? Ich beziehe niemals
irgendwas auf dich. Du nimmst es persönlich, und du weißt das.
Jetzt nimmst du es persönlich. Ich spreche niemals mit dir. Aber
du kannst es persönlich nehmen und das kümmert niemanden.
Doch wenn du es persönlich nimmst, weißt du, dass du in der
Hölle bist.

Ich muss es persönlich nehmen.

Wie kannst du es anders nehmen? Und du kannst es nicht nicht nehmen. Der Teufel will immer irgendetwas. Weil der Teufel der Besitzer ist und der Besitzer irgendwas nehmen muss. Ohne es zu nehmen, kann er nicht überleben. Dieser nur-für-den-Fall Teufel muss alles nehmen. Und du nimmst es persönlich. Und manchmal nimmst du es unpersönlich. Aber indem du es unpersönlich nimmst, nimmst du es unpersönlich persönlich. Du nimmst es sehr persönlich, dass es unpersönlich ist. Da gibt's keinen Ausweg! Dieser nur-für-den-Fall Teufel versucht alles – nur-für-den-Fall, dass es einen Weg aus der Hölle gibt. Aber weil es einen gibt, dieses nur-für-den-Fall, dieses vielleicht, gibt es die Hölle. Und in jedem Moment, indem du der Hölle entkommen willst, bestätigst du, dass du in der Hölle bist. Aber du versuchst alles – nur-für-den-Fall.

Man muss sagen: Es gibt kein Entkommen …

Kein Entkommen bedeutet, da ist niemand, der entkommen müsste. Da ist ein Phantom, aber wie kannst du ein Phantom töten? Wie kannst du jemanden umbringen, der gar nicht da ist? Den es nie gegeben hat?

Du musst ein Phantom sein, um zu töten.

Nur-für-den-Fall, dass es ein Phantom gibt, versuchst du, das Phantom zu töten. Verrückt! Eine niemals endende Geschichte.

Es ist sehr schwer, dich zu fassen. Entweder bist du ein Teufel oder Gott, ich weiß es nicht. In dem Augenblick, in dem ich dich zu fassen versuche, bist du schon wo anders.

Der Augenblick, in dem du mich als Teufel wahrnimmst, bin ich schon weg.

Wenn ich komme, wirst du woanders sein, wenn ich da ankomme, bis du wieder woanders. Wie dich erfassen?

Fang mich, wenn du kannst. [Lachen] Was ich hier mache ist – Catch me, if you can. Du kommst mir hinterher und kommst so an Orte, an die du normalerweise nicht kommen würdest. Und du versuchst mich zu kriegen und plötzlich bist du, wo niemand sein kann. Und plötzlich bist du vollkommen überrascht!

Kannst du uns eine Technik geben, wie wir dich fassen können?

Aber das ist die Technik. Immer wenn du denkst, dass du mich hast – bin ich verschwunden! Das ist, wie wenn du Gott kennst. Schon ist Gott weg. In dem Augenblick, in dem du weißt wie Gott ist, ist er verschwunden. Dann gehst du zum nächsten. Du machst aus mir diesen Zeugen, in dem Augenblick, in dem du dir einbildest, Gott zu haben, ist Gott schon weg. Dann ist Gott irgendwo anders. Dann musst du dahin. Aber wenn du da bist, ist Gott weg. Es ist verrückt!
In dem Augenblick, in dem du da bist, ist Gott nicht da. In dem Augenblick, in dem du Zeuge bist, ist Gott verschwunden. In dem Augenblick, in dem du über alles hinaus bist, ist Gott weg. In dem Augenblick, in dem du dir was weiß ich nicht vorstellst, ist Gott weg. Verrückt!

Du bist nicht zu fassen.

Du kannst dich selbst nicht fassen, weil da nicht zwei sind. Das ist das Problem. Da ist kein Krieger und es gibt nichts zu kriegen. Noch jemand, der mich kriegen will?

Ist Erkenntnis die Bewegung, die mich fernhält von – Was Ich Bin?

Dich ganz bestimmt. Das gilt nur für „dich", für sonst niemand. Aber du bist immer den Bruchteil einer Sekunde weg von dir. Du bist ganz nah dran, aber nicht nah genug. Aber nur du – exklusiv. Alle haben unterschiedliche Ideen. Manche wollen wissen, wie man mit Emotionen umgehen soll. Und da gibt es viele Rezepte. Nur-für-den-Fall, dass ich eine Emotion habe, was kann ich damit anstellen? Alle haben verschiedene Ebenen, unterschiedliche Sachen.

Es ist unsere Erwartung: Wir wollen zu dir oder einem spirituellen Guru gehen und er soll uns hübsche Dinge erzählen und für unser Wohlgefühl sorgen. Du nimmst uns jegliches Behagen.

Aber indem ich das ganze relative Behagen wegrede, geht damit auch das Unbehagen. Durch das Nehmen von allem, was genommen werden kann, verbleibst du als das, was-du-bist. Und das ist die Natur der Glückseligkeit. Aber dieser relative Komfort, um den es dir geht, erzeugt immer auch Unbehagen. Beides kommt zusammen.

Wie ich es aufzeige, ist beides Unbehagen. Beides ist leer. Neti-neti. Weder dies noch das. Egal, was du tust oder nicht tust. Nichts wird jemals funktionieren. Du wirst immer scheitern. Na und? Dann ist da nur dieser Frieden von – was soll man machen? Du bist bereits DAS, nach dem du suchst. Deine Natur war niemals in dir oder außerhalb von dir. Du bist das, wonach du suchst. Und was kann ich tun? Ich kann nur wegnehmen, was weggenommen werden kann. Alle deine nur-für-den-Fall Ideen. Und ich sage dir sogar, dass nur-für-den-Fall immer da sein wird. So träumt sich der Traum – nimm es, wie auch immer.

Und du musst sein, was-du-bist, statt dieses nur-für-den-Fall Tralala ... Und du bist es sowieso! Du bist DAS, du warst DAS und du wirst DAS sein, was-du-nicht-nicht-sein-kannst. Das hängt nicht davon ab, was passiert oder nicht passiert oder von einer Idee oder Nichtidee. Das alles ist nur, weil du bist! Und du kannst dich selbst nicht nicht verwirklichen. Und jetzt?

Deshalb gibt es kein „warum". Es ist einfach – du verwirklichst dich selbst. Und du bist DAS. Und dann? – Es wird immer alle möglichen Unterschiede geben und alle möglichen nur-für-den-Fall Fälle. Trotzdem bist du das Behagen selbst.

Du sagst also: Du kannst etwas tun oder auch nicht, aber du bist, wer du bist – das ist alles.

Das kannst du sagen oder aber: Das, was du bist, hat niemals etwas getan. Bei allem, was passiert, ist niemals etwas getan worden. Nicht-Täterschaft, das ist der Hinweis, dass niemals etwas von irgendwem getan worden ist. Niemals ist etwas passiert. Trotz der Ereignisse ist niemals etwas geschehen. Es gab darin niemals einen Handelnden oder Nichthandelnden, da du niemals etwas getan oder nicht getan hast. Da von vornherein niemals etwas getan oder nicht getan worden ist, gibt es auch niemanden, der es getan oder nicht getan haben könnte.

Du musst es also abwarten.

Was abwarten?

Dass sich etwas ändert.

Worauf?

Dass etwas anderes passiert, wenn du dich entfremdet fühlst oder ängstlich. Egal was du gerade empfindest, es ist offensichtlich, dass du im nächsten Augenblick anders fühlen wirst.

So ist das immer. Du fühlst dich immer ängstlich oder unbehaglich. In dem Augenblick, in dem du existierst, gibt es das Unbehagen der Existenz. Und dann wartest du auf das Ende, um sein zu können, was-du-bist? Wovon redest du? Nur-für-den-Fall, dass die Veränderung etwas ändert?

Dann wird dir langweilig …

Dir wird immer langweilig sein. Bist du vom Warten gelangweilt oder wartest du, weil du gelangweilt bist?

Beides!

Du kannst nicht darauf warten, dass es zu Ende geht, aber darauf wartest du. Und ich sitze hier und sage dir, dass du für immer warten wirst.

Wenn du versuchst, etwas zu tun, klappt das nicht. Und wenn du nichts tust, wird auch das nicht helfen.

Aber dann musst du nicht warten. Du bist einfach, was-du-nicht-nicht-sein-kannst und da ist kein Wartender. Worauf könnte man warten? Warten ist immer noch hoffen, hoffen auf einen künftigen Moment, damit sich etwas nach deinem Geschmack ändern kann. Aber ich sage dir, du wirst immer scheitern. Es wird immer den nächsten unangenehmen Augenblick geben. Der nächste Augenblick ist so unangenehm wir der davor.

Es gibt alle möglichen Formen von Unbehagen. Und das wird Anwesenheit genannt. Und jede Nacht ist da die Abwesenheit dieses Unbehagens. Also ist die Abwesenheit Behagen und die Anwesenheit Unbehagen. Und in der Anwesenheit wartest du auf das Ende der Anwesenheit und in der Abwesenheit gibt es einfach keinen Wartenden. Es gibt also einen Wartenden und einen Nichtwartenden.

Es gibt alle Variationen von Unbehagen. Das wird Anwesenheit genannt. Und wenn es einen Wartenden gibt, dann ist da die Anwesenheit des Wartenden, der nur-für-den-Fall darauf wartet, dass etwas passiert. Aber es passiert nichts. Dann kannst du es nicht erwarten wieder einzuschlafen, weil in der Abwesenheit des Wartenden das Behagen der Abwesenheit liegt. Deshalb weißt du bereits, was Behagen ist – die Abwesenheit des Wartenden. Und dann taucht der Wartende jeden Morgen wieder auf. Und dann wartet der Wartende auf die Abwesenheit des Wartenden. Ist das nicht verrückt!

Es ist traurig.

Nein. So ist es einfach. Jede Anwesenheit ist unangenehm. Und du weißt bereits, dass die Abwesenheit angenehm ist. Also weißt du schon, wonach du suchst. Du suchst nach der Abwesenheit der Anwesenheit. Und du bist die Anwesenheit der Abwesenheit. Indem du also bist, was-du-nicht-nicht-sein-kannst, wartet wer auf was?

Das Unbehagen endet niemals. Derjenige, der das Unbehagen erfährt, endet – augenblicklich! Du bist nur da, weil dieser eine mit ein bisschen Hoffnung wartet, nur-für-den-Fall, dass das Unbehagen vielleicht eines Tages durch Erleuchtung oder was du dir sonst so vorstellst, aufhören könnte. Das lässt dich wie einen Suchenden warten. Sucher und nur-für-den-Fall, dass man neben dem Großen Knall wartet, Bum, Erleuchtung, Peng, tiefe Einsicht des letztendlichen Verstehens und dann BOOM! Und dann bin ich für immer glücklich oder was?

Bist du immer glücklich?

Ich muss nicht glücklich sein. Ich bin absolut glücklich, dass ich nicht glücklich sein muss, um zum sein, was Ich Bin, sag ich dir. Und ich bin absolut erfreut, dass ich mich nicht erfreuen muss, um ich selbst zu sein. Mehr als erfreut – dass ich nicht erfreut sein muss. Und ich muss keinerlei Wohlgefühl haben, um zu sein, was Ich Bin. Ich Bin im Unbehagen und Ich Bin im Wohlgefühl – DAS, was niemals irgendein Behagen oder Unbehagen braucht. Das ist mehr als angenehm.

Aber für dich gibt es einen Unterschied zwischen Anwesenheit und Abwesenheit. Doch für das, was-du-nicht-nicht-sein-kannst, gibt es zwischen Anwesenheit und Abwesenheit keinen Unterschied. Das, was den Unterschied zwischen Anwesenheit und Abwesenheit ausmacht, ist ein Phantom. Und natürlich ist die Abwesenheit des Phantoms für das Phantom angenehmer als seine Anwesenheit. Also, das „Ich" weiß bereits, dass es ohne „(s)ich" besser dran wäre. Das „Ich" ist die Hölle des „Ichs". Weil du weißt, was besser für dich ist, weißt du, was schlecht und was gut für dich ist. Das ist das Problem. Da ist jemand, der sich selbst kennt. Und jemand, der sich selbst kennt, weiß, was gut und was schlecht für ihn ist – und das ist die Hölle.

Das ist die Natur des teuflischen „Ichs", das weiß. Der kleine Luzifer, der Himmel und Hölle erschafft – nur indem er ist. Der kleine Definierer, der es immer schöner will – weil die Gegenwart ist nicht schön genug, aber die Abwesenheit ist es. Dann wirst du das Nichts. Dann sagst du: „Ich bin nichts." Nichts ist schöner als etwas – als die Anwesenheit.

Also sogar das ist ein Teufel, der behauptet, nichts zu sein. Und von ihnen gibt es viele. Alle die sogenannten Gurus, die „Ich bin Nichts" für sich in Anspruch nehmen. Egal, was du behauptest zu sein oder nicht zu sein, es kann nur derjenige sein, der sowieso zu viel ist.

Und das, was-du-nicht-nicht-sein-kannst, würde nichts behaupten, weil es nichts zu behaupten gibt, weil es keinen Behauptenden gibt. Und all die Reisenden auf den sieben Stufen der Unterschiede sind nichts als imaginäre Reisende auf einer imaginären Reise, auf der man von einem Zustand in einen anderen

Zustand wechselt. Und sie behaupten, zu Hause zu sein – das ist mein Haus und das ist nicht mein Haus.

Alles Phantomgäste dessen, was Zuhause ist. Und ich kann nur sagen: Sei, was-du-nicht-nicht-sein-kannst. Denn das ist die Natur von Zuhause, kein Zuhause zu kennen. Und das, was ein Zuhause braucht und ein Zuhause kennt und die Anwesenheit kennt und die Abwesenheit kennt, ist mit Sicherheit nur ein Gast.

Jetzt, als du das gesagt hast, hat es mir eingeleuchtet.

Siehst du. Manchmal mache selbst ich Sinn. [Lachen] Es ist erstaunlich. Und es tut mir nicht leid, dass ich alles zerstören muss, sage ich dir.

Du zerstörst, trotzdem sagst du, dass alles weitergeht …

Ich sage niemals, dass alles weitergeht. Was ist da, um weiterzugehen? Du wiederholst, was ich nie gesagt habe. [Lachen] Das ist erstaunlich! Du bist wirklich ein kreativer Geist. Nur-für-den-Fall, dass ich etwas gesagt habe. [Lachen]

Sollte ich nicht der Frustrierteste auf Erden sein? Ich sage alles, was Sinn macht und dann kommt der nächste und sagt: Du hast das und das gesagt. Wer will meinen Job haben? Selbst ich will ihn nicht. U.G. (Krishnamurti) saß im Flugzeug und neben ihm saß ein Amerikaner. Der Amerikaner fragte ihn: „Womit verdienen Sie ihren Lebensunterhalt?" Er antwortete: „Ich bin im Ruhestand." „Und wovon?", fragte der Amerikaner. „Vom Ruhestand", erwiderte U.G. [Lachen] Das könnte ich antworten. Du ruhst dich von der Idee aus, dass du jemals ausruhen kannst. Du kannst niemals müde werden, weil es niemanden gibt, der müde werden könnte. Das, was Leben ist, ist niemals müde. Komm! Du würdest dich niemals von etwas zur Ruhe setzen, was-du-bist. Was für eine Idee!

Ramana ist einer der seltenen Fälle, der es Entsagung von der Entsagung nannte. Indem du bist, was-du-bist, entsagst du der Entsagung – das ist alles. Du kannst niemals aufgeben, was-du-bist. Und du gibst die Hingabe hin. Es ist eine Hingabe der Hingabe. Es gibt nichts hinzugeben, weil du DAS bist. Du kannst nicht hingeben, was-du-bist. Was kann man da machen?

Mach einfach, was-du-nicht-nicht-tun-kannst ...

Das wäre zu viel des Guten.

Sei, was-du-nicht-nicht-sein-kannst, mache einfach, was-du-nicht-nicht-tun-kannst ...

Das ist was anderes.

Wenn ich sage, tue, was-du-nicht-nicht-tun-kannst, dann lass einfach passieren, was zu passieren hat. Was kann ich dagegen tun? Ich kann nichts machen, also tu einfach, was-du-nicht-nicht-tun-kannst.

Das ist einfach nur eine weitere Technik.

Natürlich! Ich beziehe das, was du sagst, einfach mit einer Haut. Mache aus einem Konzept eine Handlung.

Es scheint, als könntest du daraus eine Übung machen.

Für mich ist es das, was passieren kann, wenn Frieden da ist. Es beschreibt, was passiert. Es ist nichts, was du tun oder nicht tun kannst.

Gott sei Dank braucht das Leben niemals einen Frieden. Frieden bedarf niemals des Friedens. Die Qualität braucht niemals Qualität und das, was eine Eigenschaft braucht, ist bereits zu viel.
Sei, was-du-nicht-nicht-sein-kannst, ist ein Hinweis auf diese Qualität, die du bist und die braucht keine Eigenschaft. Sie ist niemals nicht, was sie ist. Und das, was eine Eigenschaft des Lebens braucht, versucht wieder etwas angenehmer zu machen, als es ist.
Ein friedvoller Verstand oder ein friedvolles Leben können da sein oder auch nicht. Deine Natur ist ununterbrochen, was sie ist. Und ob Maya in Frieden ist oder nicht ... schon die Idee des Friedens ist Krieg. Nur-für-den-Fall, dass es Frieden gibt – du dafür kämpfst. Nur vielleicht.

Ich habe dich gestern gefragt, ob der Körper wirklich ist. Ist die Welt wirklich?

Ja und nein.

Das höre ich immer wieder ...

Und ich kann es nur wiederholen – ja und nein.

Könntest du das bitte erklären?

Wenn ich sage, dass er nicht wirklich ist, bestätige ich, dass es einen Körper gibt. Egal, was ich sage, er wäre zu viel. Ja und nein – das ist die einzige Möglichkeit. Ja, er ist, aber er ist nicht.

Wenn er wahr wäre, dann wäre er auch im tief-tief Schlaf?

Wenn der Körper wirklich wäre, dann würde er für immer sein. Aber der Körper ist gekommen und er wird gehen.

Aber für eine bestimmte Zeit ist er da.

Aber das kann nicht wahr sein. Wirklichkeit kann nicht manchmal kommen und dann wieder gehen. Ich bitte dich! Nur Schatten, nur phänomenale Erfahrungen können kommen und gehen. Aber nicht, was wirklich ist! Also wenn du mich fragst, ob der Körper wirklich ist? – Ja und nein.
Im Augenblick sieht es so aus, als gäbe es einen Beleg dafür, dass da etwas ist. Aber in Wirklichkeit gibt es keinen Körper. Deshalb, ja und nein.

Er ist da, aber er wird verschwunden sein ...

Aber weil er da ist, ist er nicht.

Das ist nicht die Wahrheit ...

Ich spreche nicht von der Wahrheit, aber weil sie existieren muss, um zu existieren, kann sie nicht wirklich sein. Wie kann die Wirklichkeit von der Existenz abhängen? Weil Existenz sein muss, kann sie nicht wirklich sein. Sie muss in etwas anderem existieren. Und was wäre das für eine Wirklichkeit, die in etwas anderem existieren müsste?
So wie der Körper im Universum sein muss, in der Welt. Und wie kann DAS von etwas abhängen, um wirklich zu sein? Was für

eine Art Wirklichkeit ist das? Diese relative Wirklichkeit, die existieren muss, ist etwas anderes. Sie hängt von etwas ab. Was für eine Form abhängiger Wirklichkeit wäre das? Und was für eine Form der Wirklichkeit ist das?

Es ist eine „vielleicht" Wirklichkeit. Vielleicht ist sie, vielleicht ist sie nicht. Du wirst sie immer anzweifeln. Aber was für eine Art von Wirklichkeit kannst du anzweifeln? Du musst sogar fragen, ob der Körper wirklich ist oder nicht. Schon das ist zweifelhaft. Also kann es nicht Wirklichkeit sein.

Ich frage nur, weil ich mit den Ausführungen von Nisargadatta und Ramesh angefangen habe und hörte, dass der Körper nicht wirklich ist, dass ich nicht der Körper bin. Da spürte ich auch, dass er vielleicht nicht wirklich ist, darum meine Frage.

Für mich ist er beides nicht. Du wirst es sowieso falsch verstehen. Du verstehst es als „mein Körper" und du möchtest ihn wirklich oder unwirklich machen. Und wenn er unwirklich ist, möchtest du daraus einen unwirklichen Körper machen. Das ist zu viel. Ein unendlicher nur-für-den-Fall Fall. Das hört nie auf.

Selbst im tief-tief Schlaf existiere ich nicht und die Welt auch nicht.

Der Körper existiert nicht. Es gibt nicht einmal die Idee von Existenz. Und trotzdem bist du. Das kannst du Wirklichkeit nennen. Sie hängt nicht vom Vorhandensein von Erfahrungen ab.

Aber wenn ich aufwache …

Es gibt kein Aufwachen, wenn du aufwachst. Wenn aufwachen passiert, könntest du sagen. Und dann ist da der Körper und das „Ich" und alles, was du nicht magst, augenblicklich.

Wenn Aufwachen passiert, sagt dieses „Ich", ich habe gut oder nicht gut geschlafen, richtig?

Aber es weiß es nicht, es rät nur. Weil es im tief-tief Schlaf kein „Ich" gab, deshalb rät es. Es bildet sich ein, dass es vielleicht nicht so schlecht war, aber es hat keine Ahnung.

Aber man sagt nach dem Tiefschlaf, dass man gut geschlafen hat. Woher kommt diese Erfahrung?

Die Abwesenheit des „Ich" ist bereits sehr erfreulich.

Also ist meine Anwesenheit selbst im Tiefschlaf vorhanden?

Das, was-du-bist, ist immer noch, was es ist, aber da ist keine Anwesenheit.

Wie kann ich mich dann daran erinnern, gut geschlafen zu haben?

Du erinnerst dich nicht, du stellst es dir vor.

Aber ich spüre, dass ...

Nein, du spürst es nicht. Du spürst, dass der Körper entspannt ist, aber du weißt nie, was passiert ist.

Stimmt, wir spüren einfach, dass sich der Körper wohlfühlt.

Aber du weißt nicht, was währenddessen passiert ist.

Ist das der physische Part, dass die Zellen entspannt sind?

Ja, weil es keinen Kontrolleur gab, weil kein Mindfuck ablief. Dann kann sich der Körper von selbst entspannen. Deshalb fühlst du dich morgens entspannt, weil das Programm des Kontrollfreaks nicht ablief, diese Spannung, diese Energie. Dann fühlst du dich entspannt, aber du weißt nicht, was passiert ist.

Dem Körper geht es absolut gut ohne jemanden, der den Körper hat. Der Körper ist aus sich selbst heraus wirklich wunderbar. Aber sobald er einen Besitzer hat, geht's ihm schlecht. Weil der Besitzer den Körper auf eine Weise gesund haben will, wie er den Körper haben will. Dann ist da ständiger Stress, der den Körper so haben will, wie der Besitzer glaubt, dass der Körper sein sollte – permanenter Stress!

Er ist zu dünn, zu dick, nicht groß genug, weil das Fräulein von nebenan mich nicht mag. Deshalb muss ich etwas mit meinem Körper anstellen oder ich muss hundertzwanzig Jahre alt werden. Immer ist etwas falsch. Ich bin nicht fit genug, ich habe nicht genug Energie … Du nimmst den Körper wie eine Maschine, dann versuchst du ständig, etwas zu verändern.

Trotz Körpers oder keines Körpers: Wenn sich Schmerzempfinden einstellt, ist das augenblicklich leidvoll.

Der Schmerz kommt durch denjenigen, der den Körper hat. Alle psychosomatischen Probleme entstehen durch den Schwachkopf da oben. Er wäre ohne den da oben absolut in Ordnung. Weil es nicht einmal jemanden gibt, der Schmerz empfindet. Frag den Körper, ob er Schmerz empfindet. Wenn dieser Arm Krebs hat, frag den Arm: „Hast du Schmerzen?" Antwortet der Arm dir? Glaubst du, dass der Krebs vom Krebs wissen würde und wüsste, dass etwas nicht in Ordnung ist? Der Körper weiß nicht, wenn etwas falsch läuft.

Glaubst du, dass der Körper bedenken hat, was mit dem Körper passiert? Wer ist um den Körper besorgt?

Der Körper ist besorgt. Deshalb sendet er eine Nachricht ans Gehirn, damit es auf ihn aufpasst.

So ein Quatsch! Niemals. Es ist nur die Seele, der Geist, der Besitzende, der funktioniert und etwas spürt. Der Körper fühlt sich weder gut noch schlecht, er ist einfach da. Wenn der Körper im nächsten Augenblick sterben würde, würde das den Körper nicht kümmern. Frag den Körper, ob er überleben will. Stille! Dein kleiner Finger antwortet dir niemals. [Fragt den kleinen Finger:] Möchtest du überleben? Möchtest du sterben? [Stille] Das ist schlau, das ist Wissen. Antwortet dir nie – Stille.

[Fragt seinen Fuß:] Möchtest du für immer leben? [Stille] Wie geht es dir heute, mein kleiner Fuß? [Stille] Dann kneifst du ihn – los, antwortet mir. Du spürst es hier [im Gehirn], aber der Körper spürt es nicht.

Er sendet Schmerzsignale.

Er sendet keine Signale. Er sendet nur Erfahrungen, aber du machst daraus Schmerz. Du definierst Schmerz, nicht der Körper. Sagt der Arm, jetzt tut es weh? Und du sagst: „Oh ja, ich höre dir zu, armer Arm." Sprichst du dann zu deinem Arm? Wer definiert Schmerz?

Das „Ich".

Eben. Nicht der Körper.

Aber so sind wir gemacht.

Wer ist gemacht?

Der Körper-Verstand Organismus.

Du musst deine Dummheit jetzt nicht entschuldigen.

Angenommen ich gehe eine Straße entlang und trete mir einen Dorn ein. Wie kann das geheilt werden, wenn ich den Schmerz nicht wahrnehme?

Den Körper stört das nicht, er will nichts. Du möchtest, dass er funktioniert, du möchtest, dass die Maschine läuft – für dich. Aber die Maschine hätte nichts dagegen, einfach im nächsten Augenblick zu sterben.
Niemand schert sich darum, ob sie lebendig ist oder nicht. Es ist nichts weiter als eine Idee da oben [zeigt aufs Hirn], es macht sich Gedanken.

Aber warum empfinden alle Menschen den Schmerz? Warum können nicht einige von ihnen genießen?

Weil die Dummheit grenzenlos ist!

Selbst Tiere und alles andere?

Grenzenlose Dummheit. Alles unbegrenztes Bewusstsein.

Gibt es so etwas wie Instinkt?

Jetzt machst du es zu einem kleinen getrennten Leben „meines" Schmerzes. Ramana sagte, diese Krankheit ereignete sich für dich und eines Tages wird sie vorbei sein. Und es ist eine Krankheit, von Anfang an. Jeden Augenblick, in dem du einen Körper hast, bist du in Schmerzen – mehr oder weniger. Wenn du weniger Schmerz hast, nennst du es gesund. So ein Mist!

Dann kümmerst du dich um deinen etwas kleineren Schmerz.

Wissenschaftler sagen, dass Bäume und sogar Grünpflanzen Schmerz empfinden.

Da siehst du, was ich sage. Es ist ein völliger Irrsinn um dich herum. Bewusstsein ist dumm wie Hölle. Es spürt sich selbst in allem.

Werden selbst Tiere verrückt?

Wer nennt Tiere Tiere? Wenn du das Tier nicht Tier nennen würdest, gäbe es kein Tier. Nicht mal einen Baum. Jetzt bildest du dir ein, dass sogar Bäume etwas spüren. Du möchtest einfach nicht allein sein. „Oh, mein kleiner Baum fühlt wie ich." [Lachen] Schau, wie die Monster hier um ihr Überleben kämpfen. [Lachen] Alle miteinander kämpfen sie, als ob es hier etwas zu gewinnen gibt. Sie kämpfen für ihre kleinen Empfindungen und Emotionen und Körper. Meine Güte! Sie sagen sogar, dass sie nicht allein dumm sind, dass auch die Tiere dumm sind und sogar Tiere Körper haben. Oh, mein armes Ich, ich habe einen Körper. Das ist fantastisch! Du kämpfst für dein kleines Auto, den kleinen Fahrer, deinen kleinen Piloten, deinen kleinen Flieger. Ich spüre mein kleines Flugzeug.

Ist der Kontrolleur da, während wir im Schlaf träumen oder nicht?

Natürlich ist das ein anderer Kontrolleur. Manchmal träumst du, dass du ein Adler bist. Im Traum kannst du alles sein. Aber gerade glaubst du, dieser Mist hier zu sein [zeigt auf den Körper]. Es ist wie im Tao: Bist du eine Katze, die jetzt träumt, ein Arzt zu sein oder bist du ein Arzt, der träumt, eine Katze zu sein? [Lachen] Du kannst dir niemals sicher sein, wer dich träumt. Wessen Traum ist das? Wer träumt die Idee, dass der Körper krank ist oder nicht? Wer hat diese kleinen schwachsinnigen Einfälle? Wer träumt sie? Ich mag das: Bist du ein Schmetterling, der träumt ein König zu sein, oder ein König, der träumt, ein Schmetterling zu sein? Was ist wirklich? Ist der Schmetterling wirklich oder der König? Oder sind beide unwirklich? Du rätst immer – nur-für-den-Fall.

Dann wirst du Wissenschaftler – Science-Fiction.

Aber der König erinnert sich, dass er ein Schmetterling ist, doch der Schmetterling erinnert sich nicht daran, dass er König ist.

Das bildest du dir ein! Woher willst du das wissen? Erinnerst du dich, wie es als Schmetterling war?

Wenn ich morgens aufwache, erinnere ich mich, dass ich geträumt habe, ein Schmetterling zu sein.

Du wirst niemals wissen, ob der Schmetterling dich träumt oder du den Schmetterling. Das wirst du nie wissen. Wer träumt was?

Aber ich erinnere mich noch an den Traum.

Nein. Bewusstsein erinnert alles. Und Bewusstsein träumt einen Schmetterling, wie es auch dich träumt. Es spielt alle Rollen. In diesem Fall erinnerst du dich an die Rolle des Bewusstseins als Schmetterling. Aber nicht du bist es, der den Traum erinnert. Du bist bereits eine Erinnerung des Bewusstseins. Du bist bereits eine Erfahrung des Bewusstseins – eine Information.

Aber diese Information ist bereits ein Traum. Du hast keinen Traum. Du bist bereits geträumt. Wer träumt dich? Wer träumt den Träumer? Das ist die Frage. Und nicht so etwas wie „mein Traum". Es ist bereits eine falsche Vorstellung, dass du einen Traum hast. Wer träumt dich?

Was ist der absolute Träumer? Was ist Parabrahman? Was ist das Absolute? Und was träumt das Absolute?

Du würdest es niemals wissen, ob das Absolute der Schmetterling ist oder ob das Absolute der König ist. Glaubst du wirklich, es würde das Absolute kümmern, was es ist? Verstehst du, wir sprechen über diese Unbekümmertheit. Und nicht über einen kleinen Träumer, einen Körper-Verstand Tra-la-la, der von sich behauptet, von einem Schmetterling zu träumen.

Du machst immer wieder denselben Fehler. Als ob es hier wirklich jemanden gäbe, der etwas träumt und nachts schläft. Und diese an den Fäden der Erinnerung hängende kleine Geschichte bewirkt, geboren zu sein und eines Tages zu sterben. Und während man im beeindruckenden was auch immer ist – der nächste Augenblick. Und du ziehst ihn am Faden auf und nennst das dann „meine Geschichte". Die Geschichte „meines" kleinen Körpers, „mein" was auch immer.

Dann wirst du wissenschaftlich. Du bist immer sehr besorgt und richtest deine Aufmerksamkeit auf das, was als nächstes passiert und was davor passiert ist. Denn du kannst nicht existieren, wenn es kein Davor gibt, kein Jetzt und kein Später. Du brauchst die gesamte Geschichte von da nach dort. Vom Anfang zum Ende.

Und du möchtest ständig alle Zwischenräume füllen. Selbst die der Nacht willst du füllen. „Oh, als ich nicht da war, das war schön!"Selbst wenn ich nicht da bin, muss es sehr schön sein. So hat die Geschichte Kontinuität. Ohne kannst du nicht überleben. Du kannst nicht hinnehmen, dass es einen Augenblick ohne dich gibt. Wissenschaftlich!

Wie lange dauert der Tiefschlaf?

Unendlich lang! Es gibt keine Zeit, wie will man da sagen, wie lange tief-tief Schlaf ist. Es gibt nicht einmal Zeit, die du zählen kannst. Jetzt willst du sie zählen. „Oh, mein Körper sagt mir, dass es mindestens fünf Stunden gewesen sein müssen, weil ich nach vier Stunden nicht so entspannt sein könnte." Was für eine Geschichte!

Es gab einen Film mit ähnlichem Konzept, „Inception". Auf der ersten Schicht dauerte der Traum fünfzehn Minuten, in der vierten Schicht wurden daraus fünfzig Jahre …

Und stell dir vor: Für das Absolute ist ein flüchtiger Blick Ewigkeit. Dann willst du deine kleinen Minuten des tief-tief Schlafs zählen. Darum sagen sie, dass die Existenz des gesamten Universums ein flüchtiger Blick dessen ist, was-du-bist.

Die gesamte Existenz ist nur ein Lidschlag dessen, was-du-bist. Nur ein Augen-Blick! Die gesamte Offenbarung ist lediglich ein flüchtiger Blick dessen, was-du-bist. Die gesamte Manifestation ist einfach mit dem Aufwachen da, in einem Augen-Blick. Der flüchtige Blick des absoluten Auges ist die Manifestation von allem, was ist. Dann versuchst du die kleinen Minuten und Sekunden deiner sogenannten Existenz zu zählen. Fantastisch!

Dann wartest du darauf, dass nächstes Jahr was passiert. Auf das Ende dieses Jahres – 2012, darauf warten sie alle.

Nur-für-den-Fall.

[lacht] Nur-für-den-Fall! Und wenn die großen Jungs wie Eckhart Tolle und andere darüber sprechen, muss ja was dran sein. Sie sind so intelligent, sie haben so viele gute Konzepte und es sind so große Meister und sogar sie sprechen darüber. Wenn die Diksha-Leute aus Chennai darüber sprechen und ihr Bhagavan, dann ist da vielleicht was dran. Wir werden es erleben! Das Goldene Zeitalter wird kommen. Am 22. Dezember beginnt der Steinbock und bye-bye Schütze.

Das ist wie bei den Börsengurus. Wenn du zehn Jahre lang sagst, dass die Aktienmärkte dieses Jahr fallen werden, wirst du in einem Jahr recht haben. Aber es ist immer faszinierend, wenn es um den Körper geht, ist jeder hoch engagiert. [Lachen] Meinem Empfinden nach muss da was wahres dran sein, besonders am Schmerz, der wird sehr gern genommen! Du gibst dem Schmerz so viel Aufmerksamkeit.

Aber alle tragen einen Körper …

Man braucht immer Soldaten.

Ich bin, weil der Körper ist.

Weil du von deinem Körper abhängst. Wenn du einen Körper hast, siehst du, dass andere einen Körper haben. Das kommt zusammen. Aber ich sehe überall Zombies. Wandelnde Grabsteine, in diesem Friedhof des Lebens, den du die Welt nennst. Grabsteine! Bereits tot!

Was kann ich als nächstes nicht tun? Vielleicht für den Geist? Den Körper haben wir jetzt. Jetzt kommt der Geist.

Hast du eine spezielle Technik, wie man noch fauler werden kann?

Das ist zu viel Arbeit. Etwas zu tun, um faul zu werden, widerspricht sich selbst. Das ist, wie sich zu wünschen, sich nichts zu wünschen. Was für eine Idee! Du wünschst, nicht zu wünschen. Du hast die Tendenz, keine Tendenzen zu haben. Das hält alle Tendenzen am Leben.

[Krach aus dem Stockwerk drüber.] Das ist wie der Verstand da oben. Immer beschäftigt, immer am Stühle und Möbel rücken. Und du bist hier unten und wunderst dich, was die da oben machen. Warum will der verfluchte Verstand immer noch Möbel arrangieren? Und neue kaufen? Und jetzt willst du es da oben still machen. Aber du bist hier und du hast keine Verbindung nach da oben. Was willst du da oben also bewirken?

Du musst mit und ohne den Lärm sein, was-du-bist. Weil es keine Verbindung gibt. Du hast keinen Einfluss darauf, was da oben passiert. Absolut keinen Einfluss. Um Einfluss zu haben, braucht es zwei. Es gibt den Traum vom Lärm, den Traum von oben drüber und den Traum von unten drunter. Aber du kannst weder hoch noch runter gehen, weil du immer bist, wo du bist, dabei aber nirgendwo. Was will man da machen?

Aber jetzt bildest du dir ein, dass du eine Fernsteuerung hast. Das du durch welche Siddhis auch immer irgendwas ändern kannst. Und du meditierst und versuchst alles. Das ist wie Parabrahman, es [Parabrahman] ist nirgendwo. Es kann seinen eigenen Traum nicht kontrollieren. Was kann es tun? Absolute Hilflosigkeit. Nur in einem Traum gibt es jemanden, der etwas tun könnte. Aber derjenige im Traum hat keine Energie und keine Kraft. Und das, was Kraft ist, Parabrahman, das, was das Allmächtige ist, ist nicht im Traum. Was kann man da schon tun?

Derjenige, der die Welt ändern könnte, ist nicht im Traum und ist nicht interessiert. Das, was im Traum ist und daran ein Interesse hat, hat keine Energie. Beide sind völlig am Ende! Wenn da zwei wären. Das Traumobjekt hat keine Energie und das, was Energie ist, ist nicht im Traum und hat absolut kein Interesse daran. Das, was ein Interesse hat, hat keine Energie. So ein Mist!

Ist das der Grund, warum der, der keine Energie und ein Interesse hat, den anderen anbetet?

Genau. Aber der kann nichts tun, weil er nicht im Traum ist. Also betest du den Allmächtigen an, weil du keine Energie hast. Du betest das an, was Energie ist. Aber das, was Energie ist, kann nichts tun, weil es nicht im Traum ist.

Wenn man die Rolle der Wahrscheinlichkeit versteht, dass man hin und wieder richtig liegen muss, kann man in gewisser Weise davon ausgehen, dass die Gebete hin und wieder beantwortet werden. Wie sieht's damit aus?

Das ist, wie wenn du einen Fernseher mit Fernbedienung ohne Batterien hast. Du wartest auf den Augenblick, in dem das Programm wechselt und genau in diesem Augenblick drückst du und das Programm wechselt.

Du glaubst, es ist nur Wahrscheinlichkeit?

Es ist einfach nur vielleicht – nur-für-den-Fall, dass es im selben Augenblick passiert. Du drückst etwas und etwas ändert sich und du denkst, dass du Energie hast. Aber in deiner verfluchten Fernbedienung steckt keine Batterie. Das nennt man Instinkt, Intuition.

Es gibt Weise, wie z. B. Sai Baba, deren Gebete sehr viel Kraft haben. Was war da los? War es immer wie …

Er war nur eine Marionette, die vom Bewusstsein gespielt wurde, wie jeder. Und für das Bewusstsein ist alles möglich.

Hier zog eher die Marionette die Fäden, als der Puppenspieler.

Er hat niemals die Fäden gezogen.

Aber seine Gebete waren so kraftvoll. Sie wurden fast immer zur Kenntnis genommen. Er betete und es passierte etwas, so einfach war das. Ich spreche hier über das Prinzip.

Aber es ist dasselbe, wie wenn du deinen Arm hebst. Ich habe auch die Macht, meinen Arm zu heben. Das ist dasselbe Prinzip. Aber nicht du bist es, der den Arm hebt und er war es nicht, der dafür gesorgt hat, dass die Lingams rauskommen. Es ist dasselbe Prinzip. Die Worte, die hier gesprochen werden, werden von niemandem gesprochen und die Dinge, die er tat, wurden von niemandem getan. Die Nicht-Täterschaft trifft auf ihn zu, wie sie auf dich zutrifft.

Also, das Wunder, dass du den kleinen Finger heben kannst – niemals warst du es, der den kleinen Finger gehoben hat. Es ist die Totalität, die den Finger hebt oder die das, was passiert, passieren lässt. Und nicht der verfluchte Sai Baba.

Wer lässt die Sonne auf- und untergehen? Und sie geht niemals auf und niemals unter. Wer macht, dass sich die Welt dreht? Niemand. Sie dreht sich einfach – von selbst. Wenn es eine Welt gibt, die gedreht werden muss, dann dreht sie sich von selbst. Und nicht durch jemanden, der sie rotieren lässt. Und wer hat Sai Baba erschaffen?

Sai Baba könnte die Handlung für sich in Anspruch genommen haben.

Ich glaube Sai Baba würde sagen, dass er vom Bewusstsein gespielt wird. Er war nicht so dumm. Er hat nie von sich behauptet, der Handelnde zu sein. So dumm war er nicht. Er hat herumgezaubert und gesagt, dass diese Zauberei der Zauber von dem ist, was DAS ist. Und nicht meine Zauberei. Er war niemals so dumm.

Aber natürlich nehmen es die Leute persönlich und glauben, dass es seine Handlungen waren. Er hat die Leute nach einer Weile sogar zu Ramana nach Tiruvannamalai geschickt und gesagt: „Ich kann euch nicht helfen, versucht es da."

In Mumbai gibt es den Siddhi Vinayak Tempel. Die Leute sagen, dass die Wünsche aller, die dort hingehen, wahr werden. Sie bekommen, was sie wollen.

Ich kann dir sagen, wie das funktioniert.

Wie?

Weil die Erfüllung in der Zukunft passiert, musst du sie dir wünschen. Damit sich dieser Wunsch in Zukunft erfüllt, musst du zu

diesem Tempel gehen und es dir wünschen. Sonst kann sich der Wunsch nicht erfüllen. Die Erfüllung in der Zukunft verlangt von dir, zum Tempel zu gehen und den Wunsch auszusprechen.
Aber die künftige Erfüllung ereignet sich nicht, weil du einen Wunsch hast.

Aber alle, die da hingehen …

Aber in allen Fällen ist es dasselbe.

Sie werden vielleicht nicht erfüllt.

Es spielt keine Rolle. Sie müssen da hingehen, selbst wenn es in der Zukunft keine Erfüllung gibt. Stell dir vor! [Lachen]

Hunderte gehen dahin und der Wunsch von einem wird erfüllt?

Nein. Er ist bereits erfüllt, weil sie hingegangen sind.

Alle hundert?

Ja. Das Bewusstsein erfüllt den Wunsch, dass hundert Menschen dort hingehen sollen. Damit ist der Wunsch erfüllt. Das Bewusstsein erfüllt immer die Wünsche des Bewusstseins. Egal, was das Bewusstsein will, es wird erfüllt. Dass diese hundert Leute dort hingehen, war also der Wunsch des Bewusstseins. Und diese hundert Menschen sind hingegangen und damit war der Wunsch des Bewusstseins erfüllt.

Aber haben sie bekommen, was sie sich gewünscht haben?

Sie bekommen nie, was sie wollen, weil sie nicht wissen, was sie wollen.

Einige wollen Geld …

Wie können sie Geld wollen, wenn sie nicht einmal wissen, was Geld ist? Können sie wollen, was sie wollen? Wer gibt ihnen den Wunsch?

Ich verstehe, dass …

Du verstehst es nicht. Anderenfalls wäre da niemand für dich, der einen Wunsch hat. Also behaupte nicht, dass du verstanden hast.

Du hast gesagt, dass der Wunsch aller erfüllt wird.

Das habe ich nicht gesagt. Ich habe gesagt, dass der Wunsch des Bewusstseins, dass hundert Leute gehen und zwei Wünsche erfüllt werden, bereits erfüllt ist. Aber es gibt keine Leute, die einen Wunsch haben. Das ist, was ich sage. Es ist alles Bewusstsein in Aktion. Das alles ist Wischi-Waschi des Bewusstseins. Und das allmächtige Bewusstsein ist so allmächtig, dass seine Wünsche augenblicklich erfüllt werden.
Manchmal wünschst du dir eine tolle Freundin und der Nachbar kriegt sie. [Lachen] Aber dennoch ist es die Erfüllung des Bewusstseins. Es ist nicht immer so, dass jemand, der sich etwas wünscht, es auch bekommt. Aber trotzdem ist der Wunsch erfüllt.

In einem anderen Körper-Verstand Organismus?

Was auch immer! Du bringst jemanden um und ein anderer wird dafür gehängt. Aber es wird immer der Richtige gehängt. Denn was ist nicht Bewusstsein?
Du hast als das, was-du-bist, nichts getan. Deshalb musst du dafür immer bestraft werden. Es wird immer der Richtige bestraft, von sich selbst.

Eine unschuldige Person wird bestraft.

Nein. Verstehst du, du sprichst immer noch von hundert Menschen und du glaubst, dass hundert Leute gehen. Aus dieser Perspektive hast du immer das Problem.
Was hat dein Meister dir gesagt? Wie viel Jahre bist du zu Ramesh gegangen?

Immer mal wieder …

Alles, was es gibt – ist Bewusstsein. Das verstehst du. Aber trotzdem sind da noch Personen und Wünsche? Wie passt das zusammen? Wenn alles, was es gibt, Bewusstsein ist? Alles, was ist,

ist Aktion und Reaktion. Wo sind da die Personen und wann werden die Wünsche erfüllt und wann nicht? Du hörst, aber du hörst nicht.

Ramesh hat immer gesagt, der Mord ist von A begangen worden und B wird verurteilt ...

Und doch hat es das Bewusstsein getan und das Bewusstsein wird verurteilt.

Stimmt. Aber was ich sage ist: Als bloße menschliche Wesen sehen wir, dass ein Körper-Verstand Organismus es getan hat und ein anderer unschuldig bestraft wird.

Wer ist unschuldig?

Derjenige, der den Mord nicht begangen hat.

Du bist immer der Mörder. Jetzt bist du zum Mörder geworden, weil du geglaubt hast, dass es Personen gibt. Selbst dein Glaube daran, geboren zu sein, hat dich morden lassen. Du hast dich selbst umgebracht. Du hast Selbstmord begangen, indem du geglaubt hast, einen Körper zu haben, was Selbstmord ist. Geboren zu sein, ist Selbstmord.

Also bist du bereits zum Mörder geworden und solltest dafür bestraft werden. Du hast bereits lebenslänglich und die Todesstrafe noch oben drauf. Nur, weil du glaubst, dass du geboren bist. Happy Birthday!

Schau! Augenblickliche Bestrafung! In dem Augenblick, in dem du geboren bist, hast du lebenslänglich bekommen und die Todesstrafe noch dazu. Dann hast du Angst davor, dass dir etwas passieren könnte. Nur weil du Selbstmord begangen hast, indem du glaubst, geboren zu sein, bist du mit einmal lebenslänglich auf dieser verfluchten Erde bestraft worden.

Selbstmord Parabrahmans!

Was für Umstände! Dann bist du bestraft und siehst andere wie dich, die genau so gestraft sind.

Du sagst, dass Parabrahman träumt und alles ein Traum ist.

Ich sagte, dass die gesamte Manifestation in einem kurzen Blick Parabrahmans augenblicklich auftaucht. – Sie liegt in einem kurzen Blick.

Die Manifestation des Bewusstseins ist da ...

Ich habe gerade gesagt, dass die gesamte Manifestation durch einen kurzen Blick Parabrahmans ist. Das gesamte Bewusstsein und die gesamte Manifestation sind augenblicklich da. In einem Lidschlag! Es gibt nicht einmal Zeit.

Aber das ist der Lidschlag des Bewusstseins.

Nein. Es ist der Lidschlag Parabrahmans.

Was ist das Bewusstsein selbst?

Bewusstsein ist eine Vorstellung. Selbst Bewusstsein ist ein Konzept.

Ist Parabrahman auch ein Konzept?

Selbst Parabrahman.

Dann hat also ein Konzept die gesamte Manifestation geträumt?

Genau. Das ist ein nettes Konzept! [Lachen] Aber jetzt, nur-für-den-Fall, dass du mir so zuhörst, als ob du dadurch eine flüchtige Ahnung bekommen könntest. Du möchtest einen Einblick haben. Genau dasselbe nur-für-den-Fall-Wollen hat das göttliche Parabrahman aus seiner absoluten Abwesenheit in diese Anwesenheit gebracht. Es wollte nur einen kurzen Blick auf sich selbst werfen. Und durch den kurzen Blick auf sich selbst – peng – war die gesamte Manifestation da. Stell dir vor!
Jetzt möchte dieser flüchtige Einblick – du – kleine Einblicke haben. Es ist dasselbe Parabrahman, das einen kleinen Einblick, Einblick, Einblick haben möchte. Niemals endend.

Also ist es das Bewusstsein, dass in der Falle sitzt.

Bewusstsein kann nicht gefangen genommen werden. Durch was?

Durch die Wahrnehmung des Körper-Verstand-Organismus.

Du fischst im Dunkeln.

Ich habe keine Ahnung vom Fischen …

Du weißt, wie man fischt, weil du solange ein unwissender Bastard bleibst, wie du im Dunkeln fischst! Du weißt das! Du tust so, als ob es da einen Fisch gäbe, den du fangen kannst.

Aber ich fühle mich gefangen.

Oh! Armes Du! Wozu? Und ich will dir nicht helfen. Glaubst du wirklich, es interessiert mich, ob du dich gefangen fühlst?

Nein …

Siehst du. Ich habe kein Interesse daran, irgendwen irgendwo rauszuholen. Wozu würde es führen, wenn ich dir helfe? Ich würde lediglich bestätigen, dass da jemand ist, dem geholfen werden muss. Ich habe wirklich kein Interesse daran, dir zu helfen. Träum weiter. Hör auf so zu tun, das ist alles, was ich dazu sagen kann.

Aber die Verstellung ist eingebaut …

Entschuldige den Mist nicht noch.

Aber das ist auch etwas, das tagtäglich passiert.

Du täuschst verdammt noch mal nur vor und entschuldigst dich. In diesem Selbstmitleid deiner mitleiderregenden Natur – so allmächtig bist du – spürst du diese jämmerliche Existenz und tust nur so, als ob. Ich kann nichts dafür, armes Ich.
Ich kann mir das nicht mehr anhören. Ich meine das so. Dieses arme „Ich" ist wirklich wie Kotze! Was für ein Witz!

Du hast gesagt, dass wir das Auge des Gottes sind, der sich selbst begrenzen und als alles erfahren wollte – die Begrenzung und die Nichtbegrenzung.

Ich habe nie gesagt, dass er das wollte. Ihr wiederholt ständig, was ich nie gesagt habe. Das ist verrückt. Und dann soll ich hier nicht ärgerlich werden.

Ich habe gesagt, dass deine Natur Hilflosigkeit ist und dass du dich selbst in allem, was ist, verwirklichen musst. Aber jetzt hilft dieses „arme Ich" nicht. Du möchtest etwas in Ordnung bringen, was nicht in Ordnung gebracht werden muss. Das ist alles.

Die Wahrnehmung, die ich in Ordnung bringen muss, ist hier ...

Frag nicht mich, geh zum Arzt. Nimm eine Tablette. Was soll man mit diesem „armen Ich" anstellen? Ich habe nichts damit zu schaffen.

Aber du bist hier, um es zu vernichten.

Ich bin nicht hier, um es zu vernichten. Ich kenne nichts, was ich auslöschen könnte. Wen juckt es, ob du bist oder nicht? Nicht mal dich selbst. Und ob jemand vernichtet werden muss oder nicht, glaubst du wirklich die Existenz würde es kümmern, ob du bist oder nicht? Und glaubst du wirklich, dass dich die Existenz gerne auslöschen würde, damit sie wieder sein kann, was sie ist? Hoffst du, die Existenz zu erlangen, wenn du nicht bist? Glaubst du, dass es jemanden interessiert, ob du ausgelöscht wirst oder nicht? Ob du auch nur atmest oder nicht? Fantastisch!

Dann sagen sie immer: „Da hast du Karl noch nicht gehört." Gott sie Dank, würde ich sagen. Was für eine Geschichte, dass jemand da sitz und denkt, ich muss gehen oder etwas muss sich verändern, oder ich muss vernichtet werden, und die Wurzelvorstellung des „Ichs" muss ausgerissen werden. Stell dir vor: Es gibt für niemanden das Bedürfnis, irgendwas auszureißen. Vielleicht ist das der Weg, um alles zu entwurzeln. Dass es nichts gibt, was irgendwer entwurzeln könnte.

Und niemand ist wichtig genug, damit sich die Existenz darum schert, ob er ist oder nicht. Und die ganze Selbst-Bedeutung und das Selbstmitleid sind ausschließlich wofür? Für mich. Das wird Elend genannt und das Elend möchte unter allen Umständen weitergehen. Was würde das „Ich" ohne Elend machen? Es wird immer ein anderes Elend finden. Auf diese Weise überlebt ein Phantom. Was sollte das Phantom auch sonst tun? Das Phantom wird immer Kummer haben, weil das sein Bereich ist. Der Leider braucht das Leiden, und weiter?

Und du musst sein, was-du-nicht-nicht-sein-kannst, mit und ohne das sogenannte „Ich". Du kannst das „Ich" nicht töten, weil das „Ich" Bewusstsein ist – ein bemitleidenswertes „Ich". Und da erwartest du etwas vom Bewusstsein? Es kann nicht einmal sich selbst helfen. Verrückt!

Letzten Endes müssen wir besiegt werden.

Du befindest dich bereits im Rachen des Tigers – du bist schon tot. Mach dir keine Sorgen. Du wirst besiegt sein, ob du es magst oder nicht. Du hast immer ein Emblem mit einem Verfallsdatum bei dir. Fünfter September 2025 wirst du abgelaufen sein. [Lachen] Soviel ist sicher. Dein Ablaufdatum befindet sich bereits auf deiner Geburtsurkunde. Also mach dir keine Sorgen.

Das ist die Bedeutung von: Du bist bereits im Rachen des Tigers, ob du das nun willst oder nicht. Du bist bereits Geschichte. Sorge dich um nichts. Du bist bereits besiegt, du bist bereits gegangen.

Du meinst also, dass wir unseren Misserfolg feiern sollten?

Du bist weg vom Fenster. Worüber sich also Sorgen machen? Da ist jemand, der es nicht mehr lange macht, mit einem Ablaufdatum. Ich kann nur auf das Ablaufdatum hinweisen. Jeder versteht dieses „dein Kopf steckt im Rachen des Tigers" so, als ob die Gnade hinter ihm her wäre. Nein, du bist bereits abgelaufen. Du bist schon tot.

All deine Sorgen sind schon zusammen mit dem Besorgten abgelaufen. Der Besorgte kam und der Besorgte wird verschwunden sein. Also worüber machst du dir Sorgen? Du bist bereits besiegt. Vollkommen!

Es gibt den Spruch: Wenn Vergewaltigung unumgänglich ist – genieße …

Genieße den Ritt! [Lachen] Es ist erstaunlich, dass alle diesen kleinen Hinweis von Nisargadatta persönlich nehmen. Dass er früher oder später erleuchtet sein wird oder so etwas. Ja! Du wirst untergehen. Das ist alles.

Egal, an was du alles glaubst – du wirst fallen gelassen. Das ist alles.

Ich stand auf einer Sandbank des Ganges und sah, wie eine Frau Selbstmord begann. Als sie an mir vorbei trieb, sahen wir uns in die Augen und ich weiß nicht, wer recht hatte. Sie war so friedlich.

Sie schaute auf den Hinterbliebenen – armes Du! Sie lag richtiger als du. Sie schaute dich an und dachte – armes Du. [Lachen] Steht am Ufer und weiß nicht, ob es springen soll oder nicht. So ist das „Ich". Soll ich, nur-für-den-Fall, vielleicht sollte ich, vielleicht nicht. Und diejenige, die bereits gegangen ist, schaut ihn an.

Vollkommene Annahme …

Das ist wie im Konzentrationslager. Das Buch heißt „Schicksal eines Schicksallosen" glaube ich. Es handelt von jemandem, der keine Zukunft hat – der bereits tot ist. Da ist Frieden.

Vollständige Akzeptanz … Sogar im Konzentrationslager.

Gerade da. Da war ein Junge und es gab keine Zukunft. Alle um ihn herum starben, und er war der nächste. Er war so friedlich und so voller Freude, keine Zukunft zu haben. Unter den unerwarteten Umständen waren Frieden und Freude. Viele Soldaten an der Grenze schreiben dasselbe. Wenn alle um dich herum sterben und du keine Zukunft hast, stellen sich Freude und Frieden ein. Wenn du der Nächste bist, keine Zukunft, keine Vergangenheit. Was dann? Es gibt nicht einmal ein Jetzt.
Keine Angst. Überhaupt keine. Du hast nur Angst, weil in der Zukunft vielleicht was passieren könnte, was du nicht willst. Aber wenn es wirklich passiert, gibt es keine Angst.

Sich zu verteidigen ist Bestandteil der Natur. Wenn dir irgendetwas passiert, würdest du dann nicht zum Arzt gehen?

Ich hasse Ärzte.

Aber zumindest würdest du Erste Hilfe erwarten.

Ich weiß es nicht. Das alles ist Fiktion. Ich weiß nicht, ob ich gehe oder nicht. Vielleicht gehe ich, vielleicht nicht. Das macht keinen Unterschied.

Verteidigung liegt in der Natur selbst.

Nein! Vielleicht gehe ich nicht. Vielleicht bin ich dumm genug, nicht zu gehen oder dumm genug zu gehen. Beides ist dumm. Sollte ich mir jetzt Sorgen machen? [Lachen]

Ich sagte gerade, dass Verteidigung Teil des Prozesses selbst ist.

Es ist bereits beschlossen, warum sollte ich mir darüber Gedanken machen? Es ist nicht meine Entscheidung, es ist bereits entschieden. Warum sollte ich mir Sorgen um etwas machen, was ich sowieso nicht entscheiden kann? Ich habe in der Vergangenheit nie etwas entschieden, ich entscheide jetzt nichts und ich werde künftig nichts entscheiden. Also, was bleibt mir zu entscheiden? Warum sollte ich mir über etwas Gedanken machen, was nicht meins ist?
Mir gehört keine Entscheidung. Mir gehört gar nichts. Warum sollte ich mir um etwas Sorgen machen, was bereits in der Zukunft stattgefunden hat? Ich mach mir nicht einmal jetzt Sorgen.

Auf welcher Grundlage sagst du, dass alles bereits entschieden ist?

Auf der, was vorher passiert ist. Denn es war niemals meine Entscheidung, geboren zu werden. Und was daraus hervorgegangen ist, war auch nicht meine Entscheidung. Ich habe niemals entschieden, wer meine Mutter ist, ich habe nie entschieden, was für einen Körper ich habe.

Aber können wir sagen, dass alles entschieden war?

Es war bereits bestimmt. Du kannst nicht einmal entscheiden, welche Art von Gesicht du bekommst. Denn wenn ich entscheiden könnte, welches Gesicht ich habe, hätte ich mich nicht für dieses Gesicht entschieden.

Es ist ein nettes Gesicht.

Nächstes Mal komme ich vielleicht als Brad Pitt. [Lachen] Manchmal möchtest du das Gesicht deines Nachbarn haben, weil du seine Frau magst.

Du müsstest Angelina Jolie genießen ...

Das wäre die Hölle. Was für ein Brad Pity! [Lachen]

Stimmt es wirklich, dass ich mir meine Mutter nicht aussuchen konnte?

Es spielt überhaupt keine Rolle, ob ich das kann oder nicht. Es hätte auf das, was Ich Bin, absolut keine Auswirkung. Das ist die Hauptsache. Das ist das Einzige, worum es mir geht: Dass alles, was passiert, egal was, keine Auswirkungen auf das hat, was Ich Bin. Also warum sollte ich mir irgendwelche verdammten Sorgen machen, was mit dem Körper passiert?

Meine Entscheidung oder nicht – beides Mist. Das alles hat keine Konsequenz für das, was Ich Bin. Hatte es niemals, wird es niemals haben. Und das Nächste wird immer das Nächste sein. Egal, was es ist. Da alles davor keine Auswirkungen auf das hatte, was Ich Bin und das hier keine Auswirkung hat, hat auch das, was passieren wird keine Auswirkung. Es gibt für die Natur dessen, was du bist, keine Konsequenz.

Und für das Phantom ist es lediglich eine nur-für-den-Fall Konsequenz. Und das ganze „was würdest du tun, wenn dein Körper verletzt ist oder was würdest du tun, wenn ein Kind vergewaltigt wird", ist alles nur-für-den-Fall, was ich tun würde. Sei einfach, was-du-nicht-nicht-sein-kannst. Das hat niemals eine Konsequenz. Das ist niemals geboren worden und wird niemals sterben. Es gibt keine Geburt. Bei der Geburt ist niemand geboren worden und niemand wird im Sterben sterben. Zwischendrin liegen mehr oder weniger intensive Ereignisse. Durch keines von ihnen wurdest du mehr oder weniger, was-du-bist.

Und dafür musst du nichts verstehen. Dafür muss nichts kommen und nichts gehen. Und dafür musst du nicht wissen, ob es Schicksal gibt oder nicht. Der ganze Mist ist nur da, weil es das „Ich" wissen will – nur-für-den-Fall, dass ich es später gebrauchen kann. Meine Güte! Bekloppte ohne Ende!

Du sagst, dass du bist, was-du-nicht-nicht-sein-kannst. Ist das dasselbe wie Ich Bin?

Nein.

Ich denke mir das so.

Du denkst, weil du zweifelst. Wenn das, was-du-nicht-nicht-sein-kannst, das Ich Bin wäre, würdest du es nicht anzweifeln. Weil du das nicht anzweifeln kannst, was-du-nicht-nicht-sein-kannst. Aber das Ich Bin kannst du anzweifeln. Deshalb kann es das Ich Bin nicht sein.

Warum dann dieses Buch „Bin Ich – Ich Bin"?

Weil es das Beste ist, was du tun kannst, aber nicht gut genug. Das ist wie Rameshs Nicht-Täterschaft. Dir zu sagen, dass alles Vorhersehung ist, ist das Maximale, was du verstehen kannst. Aber das, was-du-bist, hat so etwas nie gebraucht. Aber es ist das Beste, was du tun kannst. Trotzdem wirst du dadurch nicht werden, was-du-bist.

Weil du bist, was-du-nicht-nicht-sein-kannst?

Sei, was-du-nicht-nicht-sein-kannst. Und das „Ich Bin" ist bereits zweifelhaft. Dass es überhaupt die Frage geben kann „Bin Ich?" und dann die Antwort „Ich Bin", ist zweifelhaft. Also selbst das kann nicht liefern, wonach du suchst. Aber es ist das Beste, was du tun kannst.

Alle wollen immer das Absolute aus dem ziehen, was relativ ist. Das ist relativ das Beste, was du tun kannst, aber durch nichts davon kannst du erreichen, was-du-bist. Also ja, es ist das Beste, was du tun kannst. Wenn du meditieren willst, dann ist das die beste Methode: Bin Ich – Ich Bin. Aber dadurch kannst du nicht erreichen, was-du-bist.

Also wird es nicht liefern. Danke Gott und sei glücklich, dass du nicht einmal dadurch werden kannst, was-du-bist. Wenn es dich zu dem machen würde, was-du-bist, würdest du von diesem verfluchten Ich Bin abhängen. Dann wärest du wirklich wieder beschissen worden. [Lachen] Verrückt!

Aber trotzdem würde ich sagen, dass es das Beste ist, was du tun kannst. Weil es kein Tun ist. In Bin Ich – Ich Bin, was gibt es da zu tun? Es ist einfach die Natur von Anwesenheit: Bin Ich – Ich Bin. Du bist in der Anwesenheit von Bin Ich – Ich Bin und in der Abwesenheit von Bin Ich – Ich Bin – und zwar das, was-du-bist. Aber in der Anwesenheit ist Bin Ich – Ich Bin das Beste, was du sein kannst. Das, was Ich Bin ist. Also bleibe in diesem Ich-Bewusstsein und in der Anwesenheit des Ich-Bewusstseins. Das ist das Beste, was die Anwesenheit liefern kann. Aber es ist nicht gut genug.

Zu sein, was-ich-nicht-nicht-sein-kann, ist also dasselbe wie Parabrahman?

Benenne es einfach nicht. Vergiss Brahman, Unterwäsche und alles andere einfach. Du kannst es nennen, wie du willst, nenne es ein Plastikwäscheteilchen. Jedes Wort ist gut genug oder nicht gut genug. Ich nenne es den absoluten Bullen! Wenn der Bulle sich kennt, wird er zum Ochsen ohne Eier.

Als das Leben ist er omnipotent. Doch im Traum der Verwirklichung total impotent. Der Schöpfer ist schon Teil der Schöpfung oder des Traums. Ohne etwas Zweites gibt es auch nichts Erstes, was irgendeine Macht oder Kontrolle hat. Also sei das, was weder Erstes noch Zweites und nicht einmal das Selbst kennt.

Mumbai, 6. März 2012

Es fängt falsch an
Es hört falsch auf

Besucher(in): Wie wird man das Körper-Bewusstsein los? Maharaj sagt, dass jetzt ein Zustand erreicht ist, in dem man die Identifikation mit dem Körper aufgeben muss. Die Aktivitäten des Körpers werden solange weitergehen, bis er wegfällt, aber man sollte nicht mit ihm identifiziert sein.

Karl: Aber das ist etwas anderes, als das Körper-Bewusstsein aufzugeben.

Wie gibt man das Körper-Bewusstsein auf?

Er spricht von der Identifikation mit dem Körper, nicht vom Körper-Bewusstsein. Was bedeutet Körper-Identifikation? Dass du dich selbst mit dem Körper identifizierst, dass du mit einem Körper gekommen bist und dass du mit einem Körper gehen wirst. Das heißt Körper-Identifikation – dass du der Körper bist. Es bedeutet nicht, dass du dir des Körpers bewusst bist oder etwas in diese Richtung.

Aber du bist dir aller Dinge bewusst, die der Körper tut …

Aber das, was er meint, ist [deutet auf den Besucher] nicht „dein" Körper, diese Identifikation – „mein" Körper. Dann begrenzt du dich selbst auf den Körper und dann bist du durch ihn begrenzt. Weil du glaubst, dass du geboren bist und sterben wirst – das ist die körperliche Identifikation.

Es geht nicht darum, dass du deinen Körper spürst oder so, es geht nicht um die Sinne. Es geht darum, dass du dich limitierst, wenn du der Körper bist. Und wie wird man das los? Der nächste Schritt ist also, dass du dich mit dem „Ich-Bewusstsein" identifizierst, dem Geist. Du bewegst dich also aus der Identifikation mit dem Körper in die Identifikation mit dem Geist. Und wie machst du das? Indem du im „Ich-Bewusstsein" verbleibst.

Im „Ich-Bewusstsein" bist du mit einem raum-gleichen Geist identifiziert. Du kannst nicht wissen, wo du anfängst und wo du aufhörst, weil der Geist keinen Anfang und kein Ende hat. Vom Begrenzten zum Unbegrenzten. Von, „was angefangen hat, wird aufhören" hin zu, „was nie angefangen hat, wird niemals aufhören". Du bewegst dich einfach vom Relativen zum Nicht-Relativen.

Aber wenn du es sagst, klingt es anderes, als das, was ich im Buch gelesen habe. Da steht, dass die körperlichen Funktionen weitergehen ...

Das alles wird weitergehen, wie zuvor. Er wird alles tun, ohne dich. Es war nie dein Tun. Es war davor ohne dich und es wird ohne dich sein. Da ist einfach kein „Du", niemand, der den Körper in Besitz nimmt und das, was er tut. Also ist es nicht mehr dein Körper, es war niemals deiner.

Wessen Körper ist es dann?

Warum solltest du wissen, wessen Körper das ist? Wen schert es, wessen Körper das ist? Ist es dein Körper? Ist mein Körper dein Körper? Aus diesem Grund heiratest du: Mein Körper ist dein Körper und dein Körper ist mein Körper. Oder gehört dein Körper deiner Mutter? Warum fragst du, wem der Körper gehört?

Ich bin nicht der Körper, aber er gehört mir.

Wenn du einen Weg raus aus diesem „den Körper bedenken" finden willst, aus diesem Kümmer-Business des Handelnden, dann solltest du die Identifikation mit dem Körper aufgeben. Das ist, was er sagt. Es ist ein Elend, es ist ein Elend, einen Körper und eine Krankheit zu haben und davon abhängig zu sein, wie es um den Körper steht.

Ständig davon abhängig zu sein, wie sich der Körper fühlt, wie es dem Körper geht. Wie geht es mir heute? Alles, was damit zusammen auftritt. Die ganze Misere besteht darin, einen kleinen abhängigen Körper zu haben. Dann bist du ständig Arzt einer

Krankheit. Dann rät er dir, die Identifikation mit dem Körper aufzugeben, indem du „Ich-Bewusstsein" bist – im „Ich Bin" zu verbleiben, statt in „ich bin der Körper".

Ist „Ich-Bewusstsein" dasselbe wie die Erfahrung der Einheit?

Nein. In der Einheit ist man eins mit etwas. Aber im „Ich-Bewusstsein" gibt es niemanden, der eins mit etwas sein könnte. Wie kann das Einheit sein? Einheit ist immer noch relativ. Einheit und Trennung finden in der Trennung statt. Es gibt niemanden, der eins mit dem Geist ist. Du bist der Geist im „Ich-Bewusstsein".

[Zur vorherigen Besucherin:] Wenn du glücklich mit deinem Körper bist, behalte ihn. Wenn du Friseure magst, ist es besser, einen Körper zu haben. Wenn du heiraten willst, ist es besser für deinen Mann, einen Körper zu haben. Es heißt einfach, dass du nicht so weit bist, deinen Körper aufzugeben – mein kostbarer Körper.

Ich weiß nicht, wie?

Du bist viel zu sehr in deinen Körper verliebt, und du weißt das. Ich schau dich an und du liebst deinen Körper wirklich. Ich habe kein Problem damit. Aber mit dieser Liebe kommt Hass, das weißt du. Du liebst ihn so sehr, wie du ihn hasst.

In dem Augenblick, in dem alles gut ist und er dich nicht belästigt, liebst du ihn. Aber wenn er sich nicht gut anfühlt und dich nicht in Ruhe lässt, dann hasst du ihn.

Wie kann man das beenden?

Das ist nicht mein Problem. Nisargadatta bietet dir die Lösung für die Liebes-Hass-Beziehung an. Wenn du wirklich genug davon hast, diesen Körper zu haben, komm wieder, denn das sehe ich noch nicht. Du kämpfst immer noch für den Körper – mein geliebter Körper.

Dieses „Ich-Bewusstsein" hält nicht an …

Es ist ununterbrochen.

Für dich …

Für jeden. Ohne das „Ich bin", kannst du dich nicht mit dem Körper identifizieren. Zuerst einmal muss das „Ich Bin" sein und dann der Körper. Es ist nicht so, dass da zunächst einmal ein Körper ist und dann das „Ich Bin" – hör auf!

Was ist mit und ohne Körper? Das „Ich Bin", es ist ununterbrochen. In jeder Anwesenheit ist „Ich Bin" und für fünf oder zehn Prozent des Tages identifizierst du dich mit dem Körperbewusstsein – das ist alles. Die meiste Zeit hast du nicht einmal einen Körper. Du weißt nicht einmal, ob du einen hast oder nicht-hast. Nur wenn etwas Gutes oder Schlechtes passiert, kommt es zum Besitz. Dann geht die Aufmerksamkeit zum Körper. Normalerweise bist du einfach in diesem Raum. Er ist wie Eckart Tolles „Jetzt". Die Kraft der Gegenwart – wenn man drin ist, gibt's kein Problem. [Handy klingelt] Die Kraft des Handys, Vodafone im Jetzt. Darum nennt man es Schmerzkörper.

Wie ist das, was du sagst, praktisch anwendbar?

Ich bin nicht hier, um etwas funktionieren zu lassen. Kein Interesse. Ich bin kein Arzt. [Zeigt auf einen Besucher:] Da ist der Herr Doktor.

Du bist auch eine Art spiritueller Arzt …

Ich bin Zahnarzt. [Lachen] Du bist hier zur Wurzelbehandlung. Du bist für Schmerzen hier. Du bekommst die Behandlung ohne Narkose. Ich weise nur darauf hin, dass das, was-du-bist, nicht irgendwie funktionieren muss. Das, was einer Funktion bedarf, ist eine Fick-tion oder ein Mist-Verstand, der immer alles vermessen will und dabei das Wesentliche vermisst.

Nur Affen müssen im Dschungel des Lebens funktionieren, immer auf die nächste Banane aus und auf die nächste – das ist Affenverstand. Dann will er von mir wissen, wie er die dickste Banane kriegt. Ich bin nicht Tarzan.

Aber so geht das Leben nun mal …

Aber das interessiert mich nicht. Ich habe an dem, was du Leben nennst, kein Interesse. Ich weise immer darauf hin, dass es für das, was-du-bist, keinen Unterschied im Funktionieren oder Nicht-Funktionieren braucht. Es ist gerade jetzt in vollkommener Harmonie und das war es und wird es immer sein, weil es kein zweites Leben gibt.

Es gibt also keine Möglichkeit, das zu kreieren. Gerade jetzt ist Frieden – nichts als Frieden. Und da muss niemals etwas funktionieren. Das ist Nondualität – es gibt kein Zweites. Das bezeichnet man als Frieden. Da ist vollkommener Frieden ohne jede Unterbrechung. Es funktioniert perfekt, und niemand muss sich darum kümmern. Es funktioniert alles von selbst. Niemand muss etwas, das schon da ist, zum Funktionieren bringen. Wer wäre ich, zu versuchen, etwas besser funktionieren zu lassen?

Das Leben wird fruchtiger, spritziger ...

Vielleicht aber auch das Gegenteil. Nein, ich bin nicht für mehr Saft hier. Für mich ist das Leben keine Orange, die du auspressen musst, damit es saftiger ist.

Also, was ist es?

Es ist nicht dazu da, dass du es trinkst. Leben trinkt dich, du kannst nicht das Leben trinken. Leben lebt dich, du lebst nicht das Leben. Und das, was dich lebt, ist in absoluter Harmonie mit sich selbst. Und das, was glaubt, dass es das Leben lebt, hat es nie gelebt. Es ist nicht dein Leben.

Also, was ist dein Leben? Was ist dann saftiger? Glaubst du, dass es saftiger ist, wenn du es kontrollierst oder von ihm bekommst, was du willst? Dass es dann saftiger ist? Aber das Leben wird dir zeigen, was saftiger ist. Du wirst in einem ausgedrückt [pustet in die Luft]. Und du wirst einfach weg sein. Ganz saftig.

Nachdem man dich getroffen hat, wird es definitiv saftiger sein. Ich hatte nur nach einem profunderen Weg gefragt, wie sich der funktionale Aspekt definieren lässt.

Es gibt kein funktionales Leben. Sei einfach das, was selbst lebendig ist und habe es nicht. Das ist alles.

[Ein Besucher bringt Kaffee.] Schau, ich bekomme neuen Kaffee, das ist alles, was ich kriege. Osho bekam einen neuen Rolls-Royce und ich kriege nur einen Kaffee. [Lachen] Das ist mein Schicksal. Als Osho bekam ich einen neuen Rolls-Royce und als Karl kriege ich einen neuen Kaffee. Das ist der Unterschied zwischen mir und Osho. [Lachen]

Aber deine Talks sind besser ...

Darum kriege ich nur Kaffee, keinen Rolls-Royce. [Lachen]

Du hast großes Mitgefühl ...

Wenn ich Mitgefühl hätte, würde ich versuchen, es zu zeigen, aber ich habe kein Erbarmen. Mitgefühl seiend, hat man keine Ahnung, was Mitgefühl und was kein Mitgefühl ist. Das ist alles.

Du sprichst zu uns, das ist großes Mitgefühl ...

Ich spreche zu euch, weil ich einfach nicht anders kann. Wenn ich die Wahl hätte, würde ich nicht hier sitzen. Ich würde nur fernsehen.

Aber das muss Mitgefühl sein ...

Nein. Es ist aus Hilflosigkeit. Wenn ich hier sowieso sitzen muss, dann kann ich wenigstens zu mir selbst sprechen und mich nicht selbst verarschen. Das ist alles. Aber wenn ich eine Wahl hätte, dann wurde ich zu Hause vor dem Fernseher sitzen. Zu niemandem sprechen, niemals wieder, nicht einmal zu mir selbst. Niemand glaubt mir. [Lachen]

Wie kannst du sagen, dass es nicht deine Wahl ist, hier zu sprechen?

Weder habe ich eine Wahl noch habe ich keine. Das ist der nächste Augenblick, der nächste Schluck Kaffee. Aber wenn du fragst, was Karl „ist" – er würde ganz sicher nicht hier sitzen. Er wäre nicht einmal geboren worden.

Zweifelst du an dir selbst?

Augenblick für Augenblick. In jedem Augenblick, in dem es eine Idee von Selbst gibt, zweifele ich.

Wenn du sagst, dass du keine Wahl hast ...

Das habe ich nie gesagt. Ich sagte, wenn ich eine Wahl hätte. Ich sagte nicht, dass ich keine Wahl habe. Ich sagte, wenn ich eine Wahl hätte, aber das heißt nicht, dass ich keine Wahl habe.

Das ist ein Paradox. [Karl lacht] *Aber es ist dasselbe. Du sagst, dass du keine Wahl hast.*

Nein. Es ist nicht dasselbe. Ich habe weder eine Wahl noch keine Wahl. Es gibt keine Möglichkeit, dass dieser Augenblick anders sein könnte.

Das nächste Mal würdest du etwas anderes sagen ...

Ich sage im nächsten Augenblick immer etwas anderes.

Egal, was du in den letzten vier Tagen gesagt hast, morgen erzählst du vielleicht etwas anderes.

In fünf Minuten könnte ich etwas anderes erzählen. [Lachen] Nicht morgen.

Deshalb bist du absolut nicht vorhersagbar.

Ich kann mich nicht einmal selbst prophezeien. Wie kann ich vorhersagen, was ich als nächstes sagen werde? Ich würde immer etwas anderes sagen.

Wenn du sagst, dass du etwas anderes sagst, dann ist das eher ein Hinweis auf die Nutzlosigkeit der Worte, zu versuchen, das auszudrücken, was du sagst. Du weist auf dasselbe hin, aber ständig aus unterschiedlichen Richtungen.

Nein, was ich zeige, ist Hilflosigkeit. Mehr nicht.

Aber auf unterschiedliche Art und Weise. Deshalb klingt es immer anders.

Ja, aber das alles zeigt die Hilflosigkeit. Ich stelle Hilflosigkeit dar. Das ist eine Präsentation der Hilflosigkeit. Und Hilflosigkeit bedeutet, dass ich keine klare Vision habe. Ich springe im Dschungel der Konzepte herum und ich hab nichts dagegen. Das ist alles.

Du weist einfach nur auf die Sinnlosigkeit von Worten und Konzepten hin und versuchst damit zu vermitteln, worauf du hinweist …

Nein. Ich weise nur auf das Entertainment hin. [Lachen] Es ist unterhaltsam, nicht sinnlos.

Ich spreche von den Worten …

Die Worte sind sehr unterhaltsam, weil sie keine Bedeutung haben.

Für dich mag es sinnlos sein …

Du hast es richtig gesagt. Du kannst mich nicht kriegen. Ich springe ständig vom einen Ast zum andern und es macht mir nichts, von einem Konzept zum nächsten zu gehen, weil eins so gut oder so schlecht wie das andere ist. Sie sind sowieso alle falsch. Ich stelle hier eine falsche Behauptung auf und mache da eine falsche Aussage. Falsch, falsch, falsch, falsch. Alles, was gesagt werden kann, was ausgesprochen werden kann.

Ist das Empfinden des „Ich-Bewusstseins" auch falsch?

Vollkommen. Worüber wir sprechen können, ist falsch. Das ist die Unterhaltung. Wenn darin Wahrheit liegen würde, wäre das die Hölle. Wenn Wahrheit wirklich ausgesprochen werden könnte, wenn sie wirklich präsentiert werden könnte … Gott sei Dank kann sie nicht präsentiert werden und niemals von jemandem gekannt werden.

Also, der Zustand, der nicht ausgesprochen werden kann …

Es gibt keinen Zustand. Selbst der unaussprechliche Zustand ist einfach nur falsch. Selbst das Unausgesprochene ist falsch.

Alles, was wir wahrnehmen, ist falsch.

Auch das, was wir nicht wahrnehmen. Stell dir vor!

Wahrnehmen ist auch falsch.

Falsch! Nicht-Wahrnehmen ist falsch, Wahrnehmen ist falsch. Alles falsch.

Wenn ich „Ich Bin" spüre ...

Falsch! Schon falsch.

Warum sagt man dann: Sei im Zustand von „Ich Bin"?

Warum nicht? [Lachen] Wenn alles falsch ist, dann ist es so gut oder so schlecht wie alles andere.

Selbst das Falsche ist falsch?

Selbst das Falsche ist falsch. [Lachen] Was ich sage, ist: Egal, was gesagt wird, es ist Lüge. Und sieh, was alles gesagt werden kann, was alles Lüge ist. Aber selbst zu sehen, dass alles, was gesagt werden kann, Lüge ist – ist eine Lüge. Wohin führt das? Du wärest bei der Abwesenheit von ... Und trotzdem bist du, trotz aller Lügen. Und trotz allem, was du sagst oder nicht sagst. Und selbst derjenige, der das sagt, der Lügner – ist eine Lüge.

Die Abwesenheit ist die Wahrheit?

Selbst die Abwesenheit ist eine Lüge. Wenn es die Abwesenheit wäre, dann wäre es die Anwesenheit nicht. Du machst also ständig Unterschiede. Worauf du hinweist, muss falsch sein. Selbst die Abwesenheit ist falsch. Anwesenheit ist falsch, Abwesenheit ist falsch. Die Abwesenheit der Abwesenheit ist falsch. Die Abwesenheit, Abwesenheit, Abwesenheit, Abwesenheit – reingelegt, reingelegt, reingelegt, reingelegt. Du legst dich selbst unendlich rein. Und du bist dieses absolut dumme Wesen, das von sich selbst reingelegt wird.
Und du kannst nicht anders. Du kannst dich nur selbst reinlegen. Dir vorstellen, was man sich nur vorstellen kann. Du stellst dir die Anwesenheit vor, du stellst dir die Abwesenheit vor, du stellst dir alles vor, was man sich nur vorstellen kann. Was du dir auch vorstellst, es kann nicht sein, was-du-bist. Und trotzdem muss du DAS sein, was-du-nicht-nicht-sein-kannst.

Das ist, worauf ich hinweise: Sei, was-du-nicht-nicht-sein-kannst und das ist keine Vorstellung. Aber was du dir auch vorstellst – ist falsch. Und die Vorstellungen kommen immer aus der „Ich-Vorstellung". Die Wurzel aller Vorstellungen ist derjenige, der sich alles vorstellt. Aber derjenige, der sich alles vorstellt, ist bereits eine Vorstellung.

Es fängt falsch an und es hört falsch auf. Das ist der Wurzelgedanke „Ich", ohne dieses „Ich" gibt es keine Vorstellung. Deshalb ist das kreative „Ich" bereits vorgestellt. Aber du wirst niemals wissen, von wem und wodurch. Aber das ist vielleicht, was-du-bist. Nur wirst du es niemals wissen. Du wirst es niemals erleben. Es wird niemals einen Weg geben, das in Erfahrung zu bringen. Alles, was du dir vorstellst, ist falsch.

Vom Anfang an – bis zum Ende.

Was ist nicht falsch?

Falsch. [Lachen] Selbst das, was nicht falsch ist, ist falsch. Falsch, falsch, falsch. Ich mag falsch.

Die Verwirrung multipliziert sich jetzt ... [Lachen]

Falsch. [Lachen] Es ist eine falsche Verwirrung. Es gab eine falsche Ordnung, jetzt gibt es eine falsche Verwirrung. Was ist besser als falsch? Selbst zu sagen, dass es falsch ist, ist falsch. Falschheit, Falschheit, Falschheit. Absolute Falschheit, absolute Unwissenheit.

Weiß falsch, dass es falsch ist?

Es ist falsch. Das, was alles weiß, ist falsch. Es ist ebenso falsch wie das, was nicht weiß. Ausnahmslos. Aber es ist absolut falsch und der Hinweis ist einfach, dass die absolute Unwissenheit genauso absolut falsch ist, wie das absolute Wissen, nach dem du suchst. Das Absolute ist absolut. Das Absolute ist absolut darin, zu sein, was es ist, nicht einmal wissend, was es ist und was es nicht ist. Es ist so absolut, wie es sein kann. Niemals ist es nicht absolut. Wenn es absolut falsch ist, ist es absolut falsch. Es ist einfach die Natur dessen, was ist – absolut. Und absolut

heißt, es gibt kein zweites. Deshalb gibt es im absoluten „Falsch"
kein zweites Falsch.

Aber meine Angewohnheit, etwas erfassen zu wollen …

… ist falsch.

Ich klammere mich trotzdem noch …

Das ist falsch. Aber keine Gewohnheit zu haben, ist auch falsch.
Was soll's? Eine Tendenz zu haben oder keine Tendenz zu haben, beide Male ist es einer zu viel, der hat und nicht-hat. Deshalb fängt es falsch an und egal, was das falsche „Ich" hat – ist
falsch. Falsche Tendenzen zu haben oder nicht zu haben, ergibt
sich aus einem falschen „Ich", aus falschem Besitz. Was will man
da machen?
Und kein Entkommen. Es war falsch, es ist falsch und es wird
falsch sein. Und aus dem, was falsch ist, kann nicht das hervorge-
hen, was richtig ist. Es ist wie das, was relativ ist: Es war unwirklich, es ist unwirklich und es wird unwirklich sein. Und was auch
immer du wirklich machen willst, wird nicht funktionieren. Aus
dem Unwirklichen wird niemals etwas Wirkliches werden. Und
das, was wirklich ist, wird immer wirklich sein. Es muss nicht
wirklich werden. Dafür gibt es keine Möglichkeit.
Das, was niemals wirklich werden muss, ist das Wirkliche. Und
das, was wirklich wird, wird immer unwirklich sein. Was kann
man da machen? Du versuchst immer das Unmögliche. Das bedeutet, du versuchst aus etwas, das relativ ist, etwas zu machen,
das absolut ist. Aus relativem Wissen, das von einem Wissenden
abhängig ist, versuchst du absolutes Wissen zu machen.
Aber es wird niemals absolutes Wissen sein. Alles, was du erfahren kannst, wird immer relatives Wissen sein. Du kannst aus einer
Erfahrung, die von einem Erfahrenden abhängt, keine absolute
Erfahrung ohne einen Erfahrenden machen. Was von einem
Erfahrenden abhängt, wird immer relativ sein.

Und das ist absolut?

Das ist absolut relativ.

Das ist die Natur des Absoluten?

Das ist die Natur relativer Erfahrung, der absolut relativen Erfahrung. Aber das absolut Relative wird niemals absolut nicht-relativ werden. Es ist immer noch absolut, aber es ist absolut relativ. Es ist die absolute Erfahrung von Unterschieden. Es wird immer Erfahrungen von Unterschieden geben. So war es, so ist es und so wird es sein. Die Erfahrungen, in denen sich der Erfahrende von dem unterscheidet, was er erfährt. Und auf diese Weise geschieht Verwirklichung.

Du kannst nicht anders. Und da, wo es keinen Erfahrenden, keine Erfahrung und nichts zu erfahren gibt, da sprechen wir von Abwesenheit. Aber selbst die unterscheidet sich von der Anwesenheit. Also ist selbst Abwesenheit anders. Die Anwesenheit unterscheidet sich von der Abwesenheit, deshalb ist selbst die Abwesenheit relativ – relativ zur Anwesenheit. – Aber das Absolute ist nicht zu fassen.

Trotzdem genießen wir diesen Witz.

Du bist DAS, und du versuchst, dich selbst zu fassen. Du kannst dich selbst nicht in der Anwesenheit fassen, also versuchst du es in der Abwesenheit. Doch du kannst dich selbst weder durch die Anwesenheit noch durch die Abwesenheit erfassen. Du versuchst es trotzdem. Das ist der Witz.

Das ist es. Aber statt das zu sagen, sagst du „Ich Bin Das". Warum? Stattdessen könnten wir sagen „Das ist es".

Du solltest einfach still sein. Aber kannst du still sein? Unmöglich. Und das, was Stille selbst ist, das, was still ist, muss nicht still werden. Es braucht nie still zu sein. Das, was still sein muss, kann niemals still sein. Es ist verrückt!

Also bin ich Stille?

Das habe ich nicht gesagt. [Lachen] Ich kann dir nicht sagen, was-du-bist. Du bist, was-du-bist, was-du-nicht-nicht-sein-kannst. Aber ich kann dir nicht sagen, was das ist. Du wirst niemals wissen, was das ist. Selbst es das „Absolute" zu nennen, ist ein Absolutes zu viel. Weil das Absolute kein Absolutes kennt und nicht absolut sein muss, um absolut zu sein.

Das, was jetzt absolut sein muss und sich selbst absolut nennt, ist ganz bestimmt nicht absolut. Deshalb bist du lieber, was-du-nicht-nicht-sein-kannst, ohne eine Vorstellung davon zu haben, was-du-bist und was-du-nicht-bist. In dem Augenblick, in dem du dich absolut nennst, bist du bereits relativ. Sogar dich absolut zu nennen, ist relativ.

Du kannst sagen, dass deine Natur das ist, was absolut nicht weiß, was sie ist und was sie nicht ist. Die vollkommene Abwesenheit vom denjenigen, der weiß oder nicht weiß, was man ist oder nicht ist. Du kannst das, was-du-nicht-nicht-sein-kannst nennen. Weil du darin in der Abwesenheit der Anwesenheit des „Ichs" bist, von diesem Wissenden.

Damit bist du in der Abwesenheit des Wissenden und in der Anwesenheit des Wissenden, was-du-bist. Aber du weißt nie, was es ist und was es nicht ist. Weil es da niemanden gibt, der das wissen oder nicht wissen könnte. Und das ist immer zu viel für das kleine … Weil du es wieder haben willst, du möchtest es festhalten, du möchtest es verstehen. Du möchtest es nach Hause bringen, du möchtest, dass es funktioniert. Weil du glaubst, dass du einen kleinen Vorteil hast, wenn du es verstehst und dass du, indem du es verstehst, einen Vorteil hast, es zu sein.

Das funktioniert nicht. Was-du-bist, braucht keinen Vorteil und das, was einen Vorteil braucht, wird immer nach einem Vorteil jagen, will, dass es funktioniert, und möchte es zum Werkzeug für sein kleines Glück machen. Aber du kannst es nicht zum Werkzeug des Glücks machen. Das funktioniert nicht für dich.

Ist das wirklich wahr, dass es für dich nicht funktioniert? Ich empfinde dich glücklicher als die meisten Menschen, die ich kenne. Du siehst Schmerz, du siehst Glück, aber nichts hält sich an dir fest. Diesem Sinn nach ist das ein Werkzeug, das für dein Glück arbeitet.

Nein.

Warum nicht?

Für mein Glück muss nichts arbeiten.

Was auch immer im Positiven funktioniert oder aufgehört hat, sich negativ auszuwirken, es gibt einen Vorteil in deinem Seinszustand, in deinem Zustand von Gewahrsein.

Du kannst sagen, dass der absolute Vorteil, zu sein, was-ich-nicht-nicht-sein-kann, für den Ablauf der Welt vollkommen unerheblich ist.

Für dein Funktionieren in der Welt oder für das Funktionieren der Welt als Ganzes?

Der ganzen Welt. Da besteht keine Verbindung. DAS, was Ich Bin braucht niemals glücklich zu sein, um zu sein, was es ist. Du kannst das nicht zu einer Art Vorteil für den relativen Karl machen. Niemals!

Es sieht wie ein Vorteil aus.

Aber ich sage dir, dass es keiner ist. Ich frage die Leute immer, ob sie rüberkommen und meinen Job machen wollen, niemand will das. Es liegt kein Vorteil darin, dass du jeden Tag über etwas sprechen musst, was keiner wissen will. Alle wollen ein paar Werkzeuge fürs Glück und ich kann nur wiederholen, dass ich nicht hier bin, um euch glücklich zu machen. Und der Ablauf unseres täglichen Lebens wird danach nicht anders sein.
Das Einzige, was vielleicht anders ist, wenn das, was-du-bist, was-du-nicht-nicht-sein-kannst ist, ist, dass es für dich kein alltägliches Leben mehr gibt. Es gab nie eins und es wird niemals eins geben. Und auf das, was ein Alltagsleben hat, wartet der nächste Mist.

Das ist ein großer Vorteil. Das ist, wie wenn du aus dem Gefängnis raus bist, wunderbar!

Aber das ist, was-du-bist. Warum willst du in dieser verdammten Welt funktionieren?

Weil ich momentan in dieser verdammten Welt feststecke. Wenn ich aus ihr raus käme, würde ich mir diesbezüglich keine Sorgen machen.

Derjenige, der aus ihr raus will, wird sie niemals loswerden. Und das, was-du-bist, war niemals in ihr. Also wird es für das, was-du-bist keinen Unterschied geben und für das, was einen Unterschied feststellt, ist es immer nicht gut genug. Dieses Elend wird nie aufhören. Warum sollte es aufhören?

Es wird immer ein „Ich" da sein und wo es ein „Ich" gibt, ist es elend.

Du hast gefragt, wer deinen Job will. Das setzt immer voraus, dass du das Wissen auf einfache Weise vermittelst, die andere verstehen können. [Lachen]

Wie viel einfacher kann ich es noch machen? Das ist der einfachste Hinweis, den ich geben kann. Ich kann nicht unmittelbarer sein. Wie kann es einfacher und direkter sein, als dir zu sagen, sei, was-du-nicht-nicht-sein-kannst?

Es rutscht trotzdem weg ...

Aber du willst es haben. Das ist dein Problem, nicht meins.

Dann bist du erleichtert ...

Ich brauche niemanden, der etwas versteht. Ich bin nicht hier, damit irgendwer irgendwas versteht. Es bringt mir nichts, ob du verstehst oder nicht. Mir ist es wirklich egal, ob du verstehst. Denn was du verstehst, wird zum nächsten relativen Verstehen führen. Du wirst nach Hause gehen und versuchen, es jemandem zu verkaufen.

Was-du-bist, braucht keinerlei Handel und muss nicht gewinnen. Und derjenige, der etwas erreichen muss, ist immer ein Geschäftsmann, der es wieder verkaufen will. Und das ist sein Geschäft. Das Geschäft des Verstandes, der billig einkaufen und teuer verkaufen will, immer ein bisschen Geschäft. Besonders im Sucher-Business nimmt man es umsonst mit und verkauft es für ein bisschen mehr. [Lachen]

Was du von dir gibst, kann niemand kopieren.

Das ist, was ich meine. Das ist nichts, was du von hier nach Hause mitnehmen kannst. Deshalb sind die Leute schlau genug zu sagen, „du könntest gesagt haben", wenn sie wiederholen wollen, was ich gesagt habe. Es gibt kein Dazwischen. Der Geschäftsmann wird immer Geschäfte machen wollen, weil er etwas gewinnen will, aber das, was-du-bist, braucht keine Geschäfte, um zu sein, was es ist. Es gibt dazwischen keine Brücke.

Und ich kann nur auf das hinweisen, was niemals irgendwelcher Geschäfte bedarf. Es gibt nirgendwo etwas zu gewinnen oder zu verlieren. Der Gewinner-Verlierer, der du zu sein glaubst, wird immer versuchen mehr zu gewinnen, als er verliert. Und selbst wenn du verlierst, versuchst du durch das Verlieren etwas zu gewinnen. Durch dein ganzes Tun und Meditieren und dein Verstehen, versuchst du etwas herauszuholen. Es hat viel von einem kleinen Geschäft.

[Zeigt auf einen Besucher:] Du willst es besser funktionieren lassen, es soll saftiger sein. Das ist deine Sache. Ich bin nicht für mehr Saft hier. Wenn ich überhaupt da bin, ist es für den Frieden, der du bist, für das, was-du-nicht-nicht-sein-kannst, deine Natur. Das, was sich am ehesten darüber sagen lässt, ist Frieden, der Frieden ohne ein Zweites. Der Frieden, weder zu existieren noch nicht zu existieren. Der Frieden, nicht einmal zu wissen, ob du bist oder nicht. Die absolute Unabhängigkeit von jeder Idee, zu sein oder nicht zu sein.

Die Zweifellosigkeit dessen, was-du-bist, dieser Frieden ist mit nichts zu vergleichen, was du in deinem sogenannten Leben gewinnen kannst. Einer Freude oder was du sonst durch Verstehen erfahren kannst. Also, verglichen mit dem, was-du-bist, ist alles [pustet in die Luft] – Mist!

Und ich kann nur darauf hinweisen. Es kann nicht gegeben und es kann nicht genommen werden. Zumindest nehme ich alles für eine Weile weg, damit du erleben kannst, dass das, was-du-bist, niemals einer wie auch immer gearteten Anwesenheit eines Verstehens oder was du dir sonst so vorstellst, bedurfte, um zu sein, was-du-bist. Aber vielleicht ist es sogar zu viel, das zu versuchen. Verglichen mit der Zufriedenheit dessen, zu sein, was-du-bist, ist alle relative Zufriedenheit des Verstandes, der Welt, und von allem, was gegeben werden kann [pustet in die Luft]. Es ist Süße, die die Süße dessen, was ist, niemals erfahren muss. Jede andere Erfahrung, die du machst, ist verglichen mit der Süße dessen, was-du-bist, bitter. Jede Glückserfahrung ist wirklich bitter. Die Erfahrung aller Freuden, aller Welten und Dimensionen und von allem, was du erfahren kannst, ist verglichen mit der Süße deiner Natur bitter.

Wir haben das oft von anderen Gurus gehört, aber wir fühlen es nicht – die Süße unserer Natur ...

Auuuuu ... Jetzt gehst du wieder zu weit. Du gieriger Bastard! Du! Gieriger Bastard! Ich will es spüren. Wie gierig kannst du sein? Und durch diese Gier, es haben zu wollen, solltest du für immer gestraft sein. Dieses verfluchte Habenwollen lässt dich für immer leiden. Und du sollst für immer leiden, nur weil du es zu besitzen versuchst. Dafür leidest du bereits.

Ich möchte es spüren. Wie arrogant kannst du sein, dich selbst spüren zu wollen? Aufgrund dieser Arroganz sollst du leiden und gestraft sein, weil du dadurch getrennt von dem bist, was-du-bist. Und deshalb musst du leiden, Augenblick für Augenblick. Aufgrund der dummen Idee, dass du dich selbst spüren musst, um du selbst zu sein, tust du es bereits. Meine Güte!

Aber ich möchte mich selbst spüren, die Meister können mir nicht helfen. Du solltest mir ein paar Werkzeuge geben, damit ich mich selbst spüren kann. Stirb in der Hölle! Brenn in der Hölle, für immer! Aufgrund dieser kleinlichen Gier, dich spüren zu wollen und du selbst zu sein. Meine Güte!

Ist es nicht erstaunlich, dass du, nur weil du dich selbst kennen möchtest, darunter leidest, dich selbst kennen zu wollen und dabei dumm genug bist, es immer beharrlicher zu versuchen? Und dann beklagst du dich sogar darüber, dass dir die Meister nicht geben können, wonach du suchst. Was für eine bescheuerte Idee!

Du wirst für immer gestraft sein, nur dadurch, dass du versuchst, dich selbst zu kennen. Nur um dieses bisschen mehr Vergnügen zu haben, ein bisschen weniger Schmerz, nur dafür leidest du.

Dadurch, dass du der Hölle zu entkommen versuchst, setzt du dich in die Hölle. Was soll man da machen? Ist das nicht lustig? Und das meine ich so. Selbst schuld. Du machst aus dir nur durch den Versuch, dich dir vorzustellen, bereits eine Vorstellung. Und durch diese Vorstellung bist du diese Vorstellung und leidest. Verfluchter Gott! Dann sitzt er hier, dieser verfluchte Gott, voller Selbstmitleid und schreit: „Armes Ich, was kann ich tun?" Wenn du so tust, als ob du dumm wärest, dann macht dich das geradewegs dumm.

Wahrscheinlich beeinflusst uns das, was du sagst dahin gehend, dass wir wirklicher werden ...

Nein, nicht wirklich. Aber du siehst den Witz, dass du versuchst, dich selbst zu kennen. Und indem du dich selbst zu kennen versuchst, leidest du. Das ist wirklich ein Witz. Der Versuch, glücklich zu sein, macht dich unglücklich – sofort. Und der Versuch, Glück zu erfahren, unterscheidet dich vom Glück und macht dich augenblicklich unglücklich. Nur weil du versuchst, glücklich zu sein, bist du augenblicklich unglücklich.

Indem du dir dieses verfluchte Glück vorstellst, diese verfluchte Erleuchtung, diese verfluchte Verwirklichung – ist da augenblicklich Unglück, augenblicklich Leid über ein unerleuchtetes Wesen oder ein unglückliches. Einfach durch die Idee, dass du Glück erfahren kannst, dass du es besitzen kannst. Fantastisch!

Dein Reden ist so süß, wir würden gern mehr davon haben!

Alle Meister, Nisargadatta, Ramana, sagen: Wie konnte das Absolute Selbst anfangen, nach sich selbst Ausschau zu halten? Wie konnte es je zu einem Sucher werden, um das zu suchen, was der Sucher ist? Schau es dir an! Es passiert. Und indem es sich selbst sucht, ist es ständig von Krankheit umgeben. Krank, sich selbst suchend. Aber was soll man machen? Es wird niemals enden.

Wir haben keine Kontrolle ...

Und das ist für mich das Beste. Denn wenn du Kontrolle haben könntest, wären da zwei. Aus diesem Grund sage ich, dass ich hier sitze und Hilflosigkeit darstelle. Hilflosigkeit ist deine verfluchte Natur. Es gibt nicht zwei, Kontrolle ist nicht möglich. Du bist das, was sich selbst auf alle möglichen Weisen verwirklicht. Und du kannst nicht wollen, was du willst und du kannst nicht träumen, was du träumst, bevor du es träumst.

Und für mich ist das mehr als gut. Dass ich mich niemals kennen werde. Weder werde ich mich selbst kennen noch wird irgendjemand sonst jemals wissen, was „Ich Bin". Niemand vor mir und niemand nach mir wird jemals wissen, wer er ist. Es gab niemals jemanden, der vor mir verwirklicht war und es wird niemals einen Verwirklichten nach mir geben. Da das, was „Ich Bin" niemals von jemandem verwirklicht werden kann, nicht einmal von dem, was „Ich Bin". Das meine ich so!

Alle Meister zuvor haben darauf hingewiesen. Alle Buddhas haben darauf hingewiesen, dass niemals ein Buddha auf der Erde gewandelt ist. Niemals zeigt sich ein Buddha und er kann niemals verwirklicht werden. Ramana sagte dasselbe, wenn er gefragt wurde, ob er verwirklicht habe. Er sagte: „Das, was du Ramana nennst, wird niemals das verwirklichen, was das Selbst ist. Und die Natur Ramanas, das Selbst, ist immer selbstverwirklicht. Und dazwischen gibt es keine Brücke."

Er wies darauf hin, dass es niemals einen Meister gab. Es gab niemals einen Guru, der verwirklicht war. Danke Gott und lobe den Herrn und Halleluja, nur-für-den-Fall! Und du wirst nicht der Erste sein, dass sage ich dir, weil niemand vor dir je verwirklicht hat. Es gab niemals jemanden vor einem von euch, nicht in der gesamten Menschheitsgeschichte, im gesamten Universum und im gesamten Bewusstsein, der seine wahre Natur verwirklicht hat. Egal wer von sich behauptet, seine wahre Natur verwirklicht zu haben, er ist ohne Frage ein Lügner.

Alles Lügner! Eine absolute Ahnenreihe von Lügnern.

Wie steht's mit dir?

Gott sei Dank muss ich mich nicht kennen, um ich selbst zu sein.

Lügst du auch?

Ich bin einer der größten Lügner. [Lachen] Alles, was gesagt werden kann, ist Lüge, das sagte ich bereits. Und ich sage viel! Und es spielt keine Rolle.

Nein, ich kann einfach hier sitzen und dasselbe sagen, worauf schon Buddha und Ramana hingewiesen haben: In Wirklichkeit gibt es keinen Meister und keinen Schüler. Ich kann darauf nur hinweisen. Und kein Meister kann dir jemals geben, was-du-bist. Kein Wort, kein Meister oder etwas, das gesagt werden kann, kann dir liefern, wonach du suchst. Alle diese Meister können sich nicht einmal selbst helfen.

Selbst Krishna sagte: „Ich als der Ursprung der gesamten Manifestation, habe alles erschaffen, aber selbst ich kann darin keine Kleinigkeit verändern." Der gesamte Traum ist geträumt, alles in seiner Gesamtheit ist erledigt. Die Manifestation ist da und vielleicht bin ich das, was allmächtig ist, das Allmächtige, und doch bin ich vollkommen ohnmächtig, irgendetwas zu ändern.

Das ist Freiheit. Das ist Frieden. Aber in jedem Augenblick, in dem du denkst, dass du einen Unterschied machen musst, dass du die Kraft hast, einen Unterschied zu machen, dass etwas in deiner Hand liegt, befindest du dich in der Hölle – in der Hölle des Täters. In der Hölle, glücklich sein zu wollen oder Frieden zu wollen. Ich will Frieden. Dann wirst du geradewegs zum Friedenskämpfer. Ich möchte zufrieden sein. Dann bist du bereits unzufrieden, sofort. Du kämpfst und kämpfst und kämpfst! Verrückt! Und selbst der Versuch, das zu beenden! Du möchtest, dass etwas aufhört, was niemals angefangen hat. Du möchtest etwas beenden, weil du glaubst, dass du davon abhängig bist, dass es aufhört. Fantastisch!

Und ich sitze hier und sage euch, dass das Elend niemals aufhören wird.

Es ist wie ein Rätsel lösen zu wollen, indem man zunächst einmal davon ausgeht, dass es ein Rätsel gibt.

Du möchtest das Puzzle beenden, du möchtest es fertig haben. Du, als der Puzzler, möchtest außerhalb des Puzzles sein und da du draußen bist, leidest du darunter und verpasst dich immer selbst. Dir fehlt immer das letzte Teil.

Und jede Nacht wird der Puzzler zum Puzzle und jeden Morgen wacht der Puzzler wieder auf und unterscheidet sich wieder von dem Puzzle und ist durch das Puzzle ganz durcheinander. Deshalb bist du durcheinander und nicht-durcheinander DAS, was-du-bist.

Problem und kein Problem ...

In dem Augenblick, in dem Anwesenheit ist, gibt es ein Problem. Abwesenheit – kein Problem, Anwesenheit – Probleme. Das ist alles. Abwesenheit – Behagen. Anwesenheit – Unbehagen. Es gibt beide Seiten und beide sind die absoluten Seiten dessen, was-du-bist. Die absolute Anwesenheit des Unbehagens und die absolute Abwesenheit der Glückseligkeit.

Also verwirklichst du dich in der Abwesenheit im unbeschwert Sein und in der Anwesenheit im schweren Sein. Weil die Anwesenheit immer die Erfahrung von Trennung ist, von Anfang an. Selbst Gewahrsein bedarf einer Erfahrung. Anwesenheit – Trennung, Abwesenheit – keine Trennung. Himmel und Hölle. Und in beidem verwirklichst du dich selbst.

Und dann hast du eine Vorliebe. In dem Augenblick, in dem du eine Vorliebe für die Abwesenheit hast, hängst du von der Abwesenheit ab und dann ist da ein „Ich", das eine Vorliebe für die Abwesenheit hat. Dann bist du in Schwierigkeiten. Und ich sitze hier und sage dir, dass du immer das sein wirst, was eine Anwesenheit der Qual und eine Abwesenheit der Nicht-Qual „hat". Und du kannst das nicht ändern. Du bist DAS, was „Ich Bin Das" ist.

Ich bin das Wesen der Anwesenheit und das Wesen der Abwesenheit, das Wesen an sich. Aber ich bin nicht die Anwesenheit und ich bin nicht die Abwesenheit. Deshalb bin ich nicht die Anwesenheit, die sich von der Abwesenheit unterscheidet. Aber in dem Augenblick, in dem die Abwesenheit besser für dich ist als die Anwesenheit, wirst du zum kleinen Wesen. Die erste Vorliebe!

Von dem Augenblick an, wo du als „Ich" hier bist, meditierst du, um zu verschwinden. Dann wird jeder Augenblick, in dem du existierst, unerträglich, weil es besser ist, nicht zu existieren als zu existieren. Dann willst du zum Nichts werden. Dein ganzes Verstehen versucht dich verstehen zu lassen, dass du Nichts bist. Nichts – kein-Ding. [No-thing] Ich bin – kein Ding. [not a thing] Jeder macht das so. Ich bin kein Ding. Das alles sind Objekte, aber ich nicht.

Du trennst dich wieder, weil das Nichts – kein-Ding [no-thing] von allem getrennt ist. Aber das ist besser als das andere. Dann musst du in diesem „kein-Ding" verbleiben, in der Abwesenheit – die „ganze Zeit" über. Also hängt dein Glück von deiner Abwesenheit ab, nicht von der Anwesenheit. Was für ein Glück ist das, das davon abhängig ist, dass du abwesend bist? Dass du abwesend sein musst, damit es Glück geben kann? – Wieder ein relatives Glück.

Ich mache das Bild wirklich schwarz, schwarz, schwarz, kein Weg raus. Jede Anwesenheit wird ein Erleben von Qual sein und jede Abwesenheit wir ein Erleben von Nicht-Qual sein. Aber das ist, was-du-bist. Was kannst du machen? Kannst du das nehmen?

Nein, als relatives „Ich" kannst du es nicht nehmen. Als das, was-du-bist, hast du kein Problem damit, dich im Angenehmen wie im Unangenehmen zu verwirklichen. In diesem Sinne möchte ich es unerträglich machen.

Und zwischen diesen beiden gibt es keine Verbindung?

Sie müssen nicht verbunden werden. Es sind nicht zwei, das ist es, was ich sage. Du bist die Anwesenheit, wenn Anwesenheit ist und du bist die Abwesenheit, wenn Abwesenheit ist. Aber du bist nicht die Anwesenheit und du bist auch nicht die Abwesenheit.

Wenn es in der Anwesenheit oder der Abwesenheit eine Wirklichkeit gäbe, wäre das wieder die Hölle, weil es dann zwei wären.

Das ist es, was du meinst, wenn du sagst, dass Verstehen nicht funktioniert.

Es hat nie funktioniert und es wird niemals funktionieren. Wenn du bist, was-du-nicht-nicht-sein-kannst, gibt es weder Anwesenheit noch Abwesenheit.

Keine Zeit, das zu erinnern ...

[Karl lacht] Mit Sicherheit ist da niemand, der sagen kann: Ich hab's auf meine Weise gemacht. Das ist es, was ich sage: Für das, was ist, was-du-nicht-nicht-sein-kannst, gibt es weder Anwesenheit in der Anwesenheit noch Abwesenheit in der Abwesenheit. Aber wenn du „einer" bist, der die Anwesenheit und die Abwesenheit erfährt, dann ist das bereits ein relativer Jemand – ein relativer Erfahrender.

Das ist bereits eine Einbildung. Das ist der Wurzelgedanke „Ich" – der Erfahrende, der die Anwesenheit und die Abwesenheit erfährt.

Aber das, was beide träumt, das, was sogar den Träumer träumt, der niemals das [macht eine Geste der Anwesenheit] oder das [macht eine Geste der Abwesenheit] machen kann, das kannst-du-nicht-nicht-sein. Und du beginnst immer damit, dich als den Verwirklichenden zu verwirklichen. Als den Verwirklichenden, der die Anwesenheit oder die Abwesenheit erfährt. Es bedarf bereits eines Erfahrenden, das ist bereits Einbildung. Das ist der Wurzelgedanke „Ich" – der Definierende.

Die erste Vorliebe ist da, wenn sich jemand als Anwesenheit oder Abwesenheit erfährt.

Einfach zu sein ...

Einfach zu sein, ist schon zu viel.

Dann sprich es einfach nicht aus.

Selbst das ist zu viel. [Lachen] Weil es jemanden braucht, der es ausspricht oder nicht ausspricht. Das, was sich weder im Aussprechen noch im Nichtaussprechen ausspricht, weiß nicht einmal, was Aussprechen oder Nichtaussprechen ist und was der Aussprechende. Das hat niemals ein Problem.

Und von diesem Augenblick an macht der Aussprechende oder Nichtaussprechende, aussprechend oder nicht aussprechend immer einen Unterschied und möchte sich einen Vorteil verschaffen. Aber weil es da jemanden gibt, der einen Vorteil braucht, ist es immer ein Nachteil. Vom Augenblick deines Existierens an gibt es nur Nachteile. Selbst einen Vorteil zu haben, ist ein Nachteil, weil du einen brauchst!

Dass die Abwesenheit besser ist als die Anwesenheit und die Abwesenheit ein Vorteil ist, ist bereits ein Nachteil, weil es jemanden gibt, für den die Abwesenheit besser ist als die Anwesenheit. Von Anfang an bist du der Dumme.

Selbst das Bin Ich – Ich Bin, das als Beschreibung für alles, was einen ausmacht, herangezogen wird, ist Mist.

Ja. Aber das ist gut.

Aber zu wissen, dass es Mist ist, ist gut.

Ja. Dass selbst das Beste nicht gut genug ist. Es ist das Beste, was du kriegen kannst, aber das Beste, was du kriegen kannst, ist immer noch Mist. Ich spreche nicht darüber, still zu sein. Das ist derselbe Mist. Reden, nicht reden, es ist zu spät. Darum sage ich, dass es zu spät ist. Verwirklichung ist die Wirklichkeit, die sich als wahre Lügen verwirklicht. Aber auch als wahre Lügen bleiben sie doch Lügen.

Du belügst dich selbst. In dem Augenblick, in dem du was sagst, lügst du. In dem Augenblick, in dem du nichts sagst, lügst du. Du wirst aufgrund des Wurzelgedankens „Ich" immer lügen. Er ist eine Lüge. Der Lügner wird immer lügen. Das Falsche kann nur Falsches hervorbringen. Und es ist sogar falsch, zu existieren. Diese Existenz-Vorstellung ist falsch. Die Vorstellung der Anwesenheit ist falsch und die der Abwesenheit ist falsch. Weil es für die Anwesenheit jemanden braucht und für die Abwesenheit jemanden braucht. Sogar dieser eine ist bereits falsch. Das kannst du dir nicht vorstellen … Verrückt!

Der subtilste Bezugspunkt, den du kriegen kannst, ist bereits eine falsche Referenz. Was soll man da machen? Wenn das schon falsch ist und alles davon abhängt, weil es ohne diesen einen Bezugspunkt nicht einmal eine Vorstellung von Anwesenheit und Abwesenheit gibt? Und das, was ist, ist nicht einmal eine Idee von Anwesenheit oder Abwesenheit, es ist nicht einmal eine Erfahrung von Anwesenheit oder Abwesenheit. Alles hängt von der Anwesenheit des kleinen „Ich" ab. Es ist der Wurzelgedanke aller Probleme, aller Unterschiede und von allem, was sein kann. Dieses kleine, erste, kreierende „Ich".

Gott, der sich seiner Selbst gewahr ist, seiner Anwesenheit oder Abwesenheit. Die Anwesenheit oder Abwesenheit Gottes ist bereits die Anwesenheit oder Abwesenheit eines relativen Gottes. Es ist bereits Brahman, nicht Parabrahman. Wenn Brahman sich als Brahman kennt oder nicht kennt, gibt es bereits ein Brahman zu viel.

Mit Brahman selbst fängt die Lüge an.

Brahman selbst ist die Lüge. Für Brahman ist Brahman eine Lüge. Für das Leben ist das Leben eine Lüge.

In dem Augenblick, in dem Brahman um sich selbst weiß, ist es eine Lüge.

Es wir zu einer Lüge, es belügt sich selbst. Dann verlässt es sich auf sich selbst.

In dem Augenblick, in dem du um das Gewahrsein „Ich" weißt, ist es eine Lüge.

Der Augenblick, in dem du weißt oder nicht weißt, ist es eine Lüge.

Was ist die Wahrheit?

Selbst die Wahrheit ist eine Lüge. [Lachen] Woher kommt sie? Die Idee der Wahrheit? In dem Augenblick, in dem Wahrheit hier ist, ist Lüge hier. Wo es Wahrheit gibt, gibt es Unwahrheit. Brahman und Nicht-Brahman erscheinen zusammen, Anwesenheit und Abwesenheit. Wer macht den Unterschied? Wer bezeichnet etwas als Anwesenheit und was ist dann Abwesenheit?

Es braucht immer jemanden, und dieser Jemand ist bereits eine Lüge. Ich weiß, dass das alles zu viel ist. Ich versuche dir nur zu zeigen, dass du zum Reinsten des Reinsten gehen kannst, aber es wird nie rein genug sein. Du kannst so klar sein, wie Klarheit klar sein kann, aber selbst Klarheit ist nicht klar genug für das, was-du-bist. Und Wahrheit ist nicht ehrlich genug für das, was-du-bist.

Nichts ist gut genug oder nicht gut genug für das, was-du-bist, nicht einmal dein Selbst. Nicht einmal dein Selbst ist gut genug für dich. Das ist erstaunlich, nicht einmal dein Selbst! Selbst Brahman ist nicht gut genug für Brahman.

Es gibt das Wort „brahm", das besser ist. Es bedeutet „nicht wahr". Deshalb ist jedes bekannte Brahman brahm. Brahman ist „nicht wahr".

Brahman ist brahm. Brmmm… brmmm… [Lachen] Verstehst du, da ist immer eine Freude – auf diese Freude, die niemals so etwas wie Freude kennt, weise ich hin. Der Frieden, der vollkommen unabhängig von der Anwesenheit oder Abwesenheit von allem ist, was ist oder nicht-ist, der durch nichts gestört wird. Für DAS gibt es keine Möglichkeit der Störung.

Aber es gibt die Notwendigkeit der Zweifellosigkeit …

Nein. Selbst die Zweifellosigkeit ist bereits zu viel. Du kannst sagen, dass die Zweifellosigkeit oder Wunschlosigkeit die reinste Form ist, aber das Reinste ist nicht rein genug, weil du es von etwas anderem unterscheiden kannst. Die Wunschlosigkeit unterscheidet sich von etwas anderem. Die Wunschlosigkeit unterscheidet sich vom Wunsch und vom Nicht-Wunsch.

Damit ist selbst der Ursprung nicht der Ursprung. Der Ursprung von etwas, das du dir vorstellen oder nicht vorstellen kannst, ist nicht der Ursprung. Er ist nicht ursprünglich.

Er muss nicht das Ursprüngliche sein …

Das, was das Ursprüngliche ist, muss nicht das ursprüngliche sein. Das, was ursprünglich sein muss, ist nicht ursprünglich.

[Lachen] Ich liebe es, sag ich euch. Ich sage, dass ich absolut glücklich bin, nicht glücklich sein zu müssen.

Du kannst es nur in absoluten Worten darstellen. Du kannst es die absolute Anwesenheit jeder Abwesenheit nennen, Anwesenheit, Abwesenheit, Anwesenheit von allem, was du dir vorstellen oder nicht vorstellen kannst. Auf das hinzuweisen, was nie-nie ist, auf alle diese Paradoxien kannst du hinweisen. Aber du kannst es niemals festmachen. Du kannst nicht sagen, dass es da und da ist oder dass du es dort finden kannst.

Deshalb sage ich, dass du es nicht nicht sein kannst. Das ist alles. Du kannst es nicht nicht sein. Sei, was-du-nicht-nicht-sein-kannst. Aber egal, was du dir vorstellen kannst, selbst den absoluten Anfang, die reinste der reinen Klarheiten – es muss eine Vorstellung sein. Wahrheit, alles, was ist und nicht-ist, muss vorgestellt sein.

Vorstellungen passieren, ich stelle sie mir nicht vor ...

Ich sage nicht, dass du sie anhalten kannst. Ich sage nur, dass du durch keine Vorstellung, so rein sie auch sein mag, dass du durch keine von ihnen erreichen kannst, was-du-bist.

Du kannst das, was-du-bist durch all das nicht erreichen, nicht durch die reinste aller Vorstellungen, wie rein sie auch sein mag. So rein oder klar das sein kann, durch nichts davon kannst du erreichen, was-du-bist. Du kannst nicht werden, was-du-bist.

Diesem Sinne nach haben Nisargadatta und Ramana nur die absolute Schau vermittelt, ohne Kompromisse. Sie haben immer darauf hingewiesen, dass du durch das, was du in diesem relativen Leben tust, ein besseres und erquicklicheres Leben haben kannst. Das ist es, was für dich mehr oder weniger Glück bedeutet.

Aber durch das alles wirst du niemals erreichen, was-du-bist. Und die Kostbarkeit besteht darin, zu sein, was-du-nicht-nicht-sein-kannst. Und der Rest – ist der Rest. Und das ist sogar vollkommen unabhängig davon, unabhängig zu sein. Du musst nicht einmal unabhängig sein, damit du sein kannst, was-du-bist.

Ob es ausgesprochen wird oder nicht ...

Ausgesprochen oder nicht, du kannst es nicht verlieren. Du kannst es niemals verlieren, da du es niemals erreichen kannst. Du hast es niemals verloren, deshalb kannst du es nicht erreichen. Aber egal was du gewinnst, auf welcher Ebene auch immer ...

Zu versuchen ...

Du kannst nicht nicht versuchen. Versuchen wird passieren, untersuchen passiert, Mist passiert.

Schlafen passiert, aufstehen passiert ...

Genau, sei glücklich.

Ich versuche gar nichts, daraus ergibt sich alles. Was kann ich machen?

Mach dir Sorgen und sei glücklich.

Also kann man nicht nicht versuchen?

Da ist ein kleines Selbst, das nicht nicht versuchen kann. Da ist ein kleines Selbst – „ich" – das immer versuchen wird, das „Ich" loszuwerden. Es gibt kein Entkommen. Immer ist es Bewusstsein. Bewusstsein ist bereits der kleine Eine und Bewusstsein will immer Bewusstsein kennen und es loswerden.

Und manchmal ist es ein kleines Bewusstsein und manchmal ist es das kosmische Bewusstsein. Aber selbst das kosmische Bewusstsein unterscheidet sich vom anderen Bewusstsein. Sogar das Bewusstsein probiert alle möglichen Wege aus – und es ist zu spät. Bewusstsein? Vergiss es!

Und deshalb hat Nisargadattas Buch den Titel „Bewusstsein und das Absolute" und nicht „Bewusstsein ist das Absolute". Bewusstsein ist bereits ein Traum.

Ich versuche alles wegzunehmen ... selbst die unsichtbaren Böden ziehe ich weg oder versuche es. Denn das, was du bist, braucht keinen Landeplatz und kein Zuhause oder sonst was. Die Erfüllung dessen statt, was-du-bist, findet ununterbrochen statt. Es ist niemals voll oder leer oder sonst was. Es gibt nicht-etwas, das voll sein kann oder leer und das, was etwas sein kann – ist immer unwissend. Egal, was gewusst werden kann, es ist immer falsch.

Während du sprichst, vervielfältigen sich auch die Zweifel.

Ja. Sie kommen und dann gehen sie.

Ich vermute, dass sich in dir jemand versteckt. Du bist ein Mystiker.

Meine Natur zeigt sich niemals. Ich bin das Mysterium selbst und das Mysterium wird sich nie selbst zeigen. Du hast recht. Ich bin der Schüchternste der Schüchternen – werde mich niemals zeigen. Selbst wenn ich versuchen würde, dir mein Gesicht zu zeigen, könnte ich es nicht. Egal, was ich dir zeige, es ist eine Vorstellung dessen, was „Ich Bin". Selbst wenn ich dir zeigen wollte, was „Ich Bin", könnte ich es nicht.

Wie können wir dann deinen Duft mitnehmen? In dem Augenblick, in dem wir gehen, könnten wir vergessen ...

Ich weise auf das hin, was „Ich Bin" und was-du-bist, weil das ist, was-du-nicht-nicht-sein-kannst. Und das kannst du nicht schmecken. Das, was niemals geschmeckt oder nicht geschmeckt werden kann.

Dann ist es für dich in Ordnung, wenn wir alles vergessen?

Ich zerstöre das Konzept, dass du irgendein Konzept zerstören musst, damit du sein kannst, was-du-bist. [Lachen] Ich zerstöre die Vorstellung, dass etwas für dich zerstört werden muss, damit du sein kannst, was-du-bist. Nichts muss verändert werden, nichts muss kommen und nichts muss anders sein, damit du sein kannst, was-du-bist.
Deshalb zerstöre ich die Idee, dass etwas zerstört werden müsste. Das zerstört deine Vorstellung, dass etwas zu viel ist – „du". Du bist für niemanden zu viel. Das Ego kann für immer bleiben, das kümmert niemanden. Niemand braucht es, dass das Phantom verschwindet. Nur ein Phantom will, dass das Phantom verschwindet. Das, was deine Natur ist, hat nicht das Bedürfnis, dass

irgendwas kommt oder geht, damit du sein kannst, was deine Natur ist.

Und das, was das Bedürfnis hat, dass etwas kommt oder geht, damit es sein kann, was es ist, ist eine Lüge. Es ist ein Phantom. Und es wird immer versuchen, zu überleben.

Also kommen wir wieder und wieder und wieder und haben denselben Spaß?

Ich habe meinen Spaß mit Phantomen. Besonders mit dem Karl Phantom. [Fun-Tom]

Und du hältst uns zum Narren?

Genau. Ich halte alles zum Narren, was genarrt werden kann, weil das, was-du-bist, nicht genarrt werden kann. Deshalb verwirre ich, was verwirrt werden kann. Ich verwirre euch bis aufs Äußerste. Aber durch diese vollkommene Verwirrung ist das, was-du-bist, weder verwirrt noch nicht verwirrt.

Ich kann deine Natur nicht verwirren. Ich kann nur das Phantom verwirren, bis es nicht mehr geht. Du könntest nur für den Bruchteil einer Sekunde erkennen, dass es nicht deine Geschichte ist. Es ist die Geschichte von jemandem, der etwas braucht, die Geschichte eines Phantoms. Dann ist das, was du bist, vielleicht Parabrahman, das nicht um sich selbst weiß. Und Brahman, das um sich selbst wissen kann, ist das Phantom, und das ist die Geschichte eines Phantoms.

Dann siehst du Gott als Gott – als Phantom. Und du bist das, was-du-nicht-nicht-sein-kannst. Das ist der einzige Hinweis, den ich geben kann. Und das braucht niemals Frieden, Verstehen oder irgendwas. Für das, was-du-bist, gibt es keine Notwendigkeit. Das Nächste kann so wie das Nächste sein und alles kann sein, wie es war.

Für das, was-du-bist, hat das, was passiert oder nicht passiert keine Konsequenz. Es hat für deine Natur keine Konsequenz. Hatte es nie und wird es niemals haben. Das alles hat überhaupt keine Auswirkung. Hat weder eine noch keine. Das ganze famose Verstehen oder die kostbaren Worte der Weisheit – das alles ist nur Spaß. Und Gott sei Dank brauchst du sie nicht. Wenn sie niemals wiederkehren würden, würde das niemanden kümmern. Verrückt!

Das, was die Wissenschaftler aller Zeiten verstanden haben, ist für das, was-du-bist, nichts als Science-Fiction. Es ist alles Fiktion. Alles, was die wertvolle und überaus tiefgründige Quantenphysik herausfinden kann und alle Erfindungen und alles, was die Meister und Mystiker über die tiefste Verwirklichung herausgefunden haben – ist Einbildung. Alles Fiktion. Das ist zu viel.

Du versuchst jetzt schon seit so vielen Jahren zu zerstören, indem du sagst, dass du nichts zerstören musst, um zu sein, was-du-bist ...

Ich zerstöre die Idee, dass etwas zerstört werden muss.

Du versuchst seit vielen Jahren diese Vorstellung zu zerstören, aber es passiert einfach nicht. Die Vorstellung wird nicht zerstört.

Wie ich sagte, sie muss nicht zerstört werden. Du bist sowieso was-du-bist.

Aber es besteht weiterhin die Vorstellung, dass etwas zerstört werden muss ...

Du hast nicht zugehört. Hast du zugehört?

Ich glaube ...

Du glaubst, aber du hörst nicht zu.

Also, was wird dabei übersehen?

Wie ich schon sagte: Nichts muss kommen, nichts muss gehen, damit du sein kannst, was-du-bist. Aber du behauptest immer noch, dass etwas gehen muss. Spreche ich zu einem Schneemann, in dem irgendwo eine Karotte steckt? Hast du zugehört? Wie kannst du dann sagen, dass etwas gehen muss, wenn ich sage, dass nichts kommen und nichts gehen muss, damit du sein kannst, was-du-bist?

Es ist erstaunlich. Ich bin vollkommen verblüfft. Du bist ein Arzt.

Ich sagte nur, dass die Vorstellung vorhanden ist.

Nein!

Vielleicht weiß ich nicht, wie ich dich fragen soll?

[Karl lacht] Klingt gut, Ich bin immer verblüfft. Ich sage dir was und trotz allem, was ich gesagt habe, sagst du das Gegenteil. [Lachen] Das ist fantastisch. Ich bin total baff! Aber ich kenne es nicht anders. Wenn ich es nicht gewohnt wäre, und es euch wirklich geben würde, würde ich euch alle umbringen. [Lachen]

Als Buddha Neti-neti sagte und alles zurückwies, warum hat er dann Vipassana, Sadhana und 365 Regeln übermittelt?

Aus demselben Grund, aus dem Nisargadatta gesagt hat, frage dich „Wer Bin Ich?" Warum dir Nisargadatta „Wer Bin Ich?" gegeben hat? Warum er dir ein paar Werkzeuge gegeben hat? Warum nicht?

Wenn du mich fragst, wie du zu einem friedlicheren Verstand kommen könntest, kann ich dir zu „Bin Ich? – Ich Bin" oder zu sonst was raten. Frage dich „Wer Bin Ich?" Vielleicht hast du dann ein sogenanntes friedvolleres relatives Leben. Wenn du mich also auf dieser Ebene fragst, dann kann ich dir ein paar Werkzeuge geben und Buddha ist auf dieser Ebene gefragt worden.

Wenn du mich also fragst, was du in diesem sogenannten Leben tun kannst, kann ich dir Rezepte geben. Aber wenn du mich fragst, ob es dem hilft, was-du-bist, dann muss ich sagen: „Nein!" Durch all das kannst du nicht erlangen, was-du-bist. Also ja, du kannst etwas tun und dafür habe ich viele Rezepte und sie sind alle dämlich, wie jedes Rezept.

Also funktioniert keines der Rezepte?

Sie funktionieren alle – das ist das Problem. Weil sie funktionieren, sind sie falsch. Und nur das Relative braucht etwas zum arbeiten. Nur der relativ Kranke kann gesund werden. Weil du dadurch gesund werden könntest, könntest du einen friedvollen Verstand erlangen. Weil es funktioniert, brauchst du es.

Das ist ja schrecklich ...

Furchtbar, sag ich dir. Weil es funktioniert, ist es schrecklich. Weil du Erfolg hast, wirst du immer mehr zum Nachfolger. Und du nuckelst immer mehr am Nachfolgenden. Aber was kann man schon machen?

Es ist schlecht, weil es funktioniert. Deshalb ist alles, was funktioniert, falsch. So ist das.

Aber wenn du mich fragst, was du für ein friedvolles Leben und einen friedlichen Verstand tun kannst? Okay, verbleibe im „Ich-Bewusstsein". Warum nicht? Werde zum Zeugen, der wie ein Bildschirm ist, auf dem alle Projektionen tanzen. Aber dadurch wirst du nicht erreichen, was-du-bist.

Das alles wird relativ sein, ein relativer Frieden. Aber wenn das das Ziel ist, dann kannst du was tun.

Die Meinungen und Ansichten werden wiederkommen …

Du wirst aus all dem zurückkommen und hier sitzen und fragen: „Wie kann ich werden, was ,Ich Bin'?" [Lachen] Das meine ich so. Wie viele Leben haben wir in dieser Ewigkeit hier gesessen und darüber gesprochen? Das ist nicht das erste Mal, dass wir reden, sage ich dir.

Einer sitzt hier und sagt: „Du kannst nicht", und du sitzt da und fragst: „Aber was kann ich tun?" Es ist erstaunlich. Da sitzt immer einer, der Hinweise gibt und sagt: „Du kannst nicht werden, was-du-bist." Und da ist immer jemand, der fragt: „Aber was kann ich tun?"

Dann gibt man dir natürlich ein Rezept, damit du still bist und gehst. Geh nach Hause und frage dich: „Wer Bin Ich?" Sie geben dir vielleicht nur ein Rezept, um dich loszuwerden, wer weiß? Vielleicht hat Ramana dem Fragenden, nur um ihn loszuwerden, irgendein Rezept gegeben und ihn gebeten nach Hause zu gehen und zu meditieren. Vielleicht hat Osho die Dynamische Meditation und das alles nur verabreicht, um seine Schüler loszuwerden. [Lachen]

Ich denke, ich glaube das. Er hat diese Techniken nur gegeben, damit er die Schüler los wird, um sie für diesen Augenblick loszuwerden, damit sie ihn nicht belästigen. Und wie kannst du erreichen, dass dich jemand alleine lässt? Gib ihm was zu tun! Wenn du in diesem Augenblick siehst, dass er in diesem Augenblick nicht bereit ist. Wenn ich ihr ganz direkt sage, dass nichts kommen und nichts gehen muss, um zu sein, was-du-bist, wird sie immer noch sagen, dass etwas gehen muss. [Lachen] Dann sage ich zu ihr: „Geh nach Hause kochen." [Lachen]

Was soll ich machen? [Lachen]

Geh nach Hause und erfreue deinen Mann. Aber du würdest sagen – ich habe keinen Mann. Dann würde ich sagen: Stell dir einen vor. [Lachen]

Selbst Vivekananda sagte, dass es den Armen und Bedürftigen hilft, das Selbst zu verwirklichen.

Hilf dir selbst. Denn du bist der Arme und Bedürftige. [Lachen] Schau in den Spiegel und du wirst einen sehen. Wenn du einen Bettler in deinen Augen sehen willst, dann schau morgens in den Spiegel und sieh in deine Augen. Dann wirst du einen Bettler sehen, der arm und bedürftig ist. Deshalb helfe dir selbst.

Du glaubst also, dass auch er die Leute loswerden wollte?

Natürlich. Wenn du siehst, dass jemand nicht reif ist, versuchst du nicht, ihn reif zu machen. Du sagst einfach, komm nächstes Mal. Bis zum nächsten Mal und dann vielleicht. Du ziehst nicht am Gras, damit es schneller wächst. Wenn du siehst, dass es im Augenblick nicht geht, okay, komm das nächste Mal. Und in der Zwischenzeit kannst du kochen, was Sinnvolles tun. Aber geh mir nicht auf die Nerven.

Was hat Nisargadatta gemacht, wenn jemand acht Tage da war? Er sagte, wenn du es in acht Tagen nicht mitgekriegt hast, wirst du es hier auch nicht in achtzig Jahren kriegen. Geh nach Hause und komm wieder, wenn, was auch immer …

Es ist keine Frage von Zeit. Wenn es nicht passieren soll, wird es nicht in achtzig oder achttausend Jahren passieren. Wenn es zu passieren hat, passiert es augenblicklich. Aber nicht durch Verstehen oder dadurch, dass man versucht, es passieren zu lassen.

So gesehen hätte ich lieber Spaß. Für mich kann es sowieso niemand kriegen.

Deshalb versuche ich ärgerlich zu werden, aber das ist echt schwierig. Ich versuche ärgerlich zu sein, aber es klappt nicht mehr. [Lachen] Ich muss alles vortäuschen.

Du bist so aalglatt, weißt du.

Ich bin ein Fisch und du kannst mich nicht kriegen.

Kannst du uns sagen, wie man dich fassen kann?

Warum willst du das? Ich stinke bereits, schließlich bin ich ein Fisch. Da willst du mich kriegen? Es ist eine fischige Angelegenheit.

Ich glaube, dass niemals jemand bereit dafür war. Du bist nicht bereit für das, was-du-bist und du wirst für das, was-du-bist nie bereit sein. Egal, was du verstehst oder nicht verstehst. Da kannst du schlau wie Hölle sein. Du kannst der größte aller Gelehrten und Pundits aller Zeiten sein. Du kannst der größte Egal-Was sein und trotzdem bist du der Dümmste von allen.

Niemand hat es je gekriegt. Und du wirst nicht der Erste sein, das sage ich immer wieder. Da es vor dir niemals einen Buddha gegeben hat und niemals jemanden, der verwirklicht hat, wirst du nicht der Erste sein.

Aber trotzdem musst du dich selbst verwirklichen und das kannst du nicht verstehen. Du musst dich selbst verwirklichen, weil du DAS bist, was sich selbst verwirklicht, Augenblick für Augenblick. Das war niemals nicht verwirklicht. Aber DAS zu verwirklichen, was sich selbst verwirklicht, ist unmöglich.

Ja, du musst dich selbst verwirklichen. Der nächste Augenblick wird der nächste was auch immer sein. Er wird da sein, als Anwesenheit oder Abwesenheit oder sonst wie. Und du bist das, was-du-nicht-nicht-sein-kannst. Aber du wirst niemals das verwirklichen, was sich selbst verwirklicht. Und ich kann es nur wiederholen: Ich weiß, dass du es persönlich nehmen möchtest. Aber das ist nicht möglich.

Wenn man seine Begrenzungen versteht, den Wunsch nach Größe oder die Gier, sollte man dann nicht versuchen, das zu überwinden?

Du kannst nichts dafür. Du wirst immer ein Sklave von dir selbst sein. Das ist absolute Sklaverei und du wirst immer Sklave und Herr sein. Du bist das Begrenzte und du bist das Unbegrenzte. Und du kannst es nicht vermeiden, dich begrenzt zu erleben. Du kannst es nicht vermeiden, dich als unbegrenzt zu erleben. Du kannst keine einzige Erfahrung vermeiden.

Man kann sich selbst nicht bezwingen?

Gibt es zwei Selbste? Ein Selbst bezwingt das andere Selbst. Sind da zwei Selbste?

Nein.

Wenn es also keine zwei Selbste gibt, wie kann dann das eine Selbst das zweite Selbst bezwingen? Und wie kann das Selbst das Selbst verlassen? Wenn du DAS bist, was das Selbst ist und das Selbst nicht kennst …

Also muss ich damit leben …

Du musst dich selbst verwirklichen. Du bist Leben, das sich selbst auf alle möglichen Weisen leben muss. Du bist das, was Leben ist, das auf alle möglichen und unmöglichen Weisen leben muss. Ob du willst oder nicht. Und du kannst nicht entkommen. Also, aus dem, was-du-nicht-nicht-sein-kannst, gibt es kein Entkommen. Und du bist das, was du Leben nennen könntest. Und Leben kann Leben nicht verlassen.

Das Leben hat das Leben als Leben zu leben, da Leben für immer lebt, immer und ständig. Es hat nie angefangen und wird niemals aufhören. Du bist Leben, das Leben auf allen möglichen Wegen lebt. Aber das, was Leben ist und Leben lebt, ist seiner Natur nach nichts anderes als das, was lebt und was gelebt wird.

Dann ist es nicht mein Problem …

Es ist dein absolutes Problem, aber es ist kein Problem. [Lachen] Wenn du das Problem bist, hat das Problem kein Problem. Du bist das Problem. Jetzt will das Problem das Problem lösen. Was für ein Problem! Niemals endendes Problem.

Du hast gesagt, dass du Sklave deiner selbst bist.

Ja. Du erlebst dich selbst als Sklaven und du erlebst dich als Herrn.

Aber was ist daran verkehrt?

Es ist alles verkehrt. Du kannst nichts dafür.

Ich kann nichts dafür ...

Aber es ist falsch.

Ich muss mir selbst helfen ...

Nein! Du musst dich selbst als Herrn erleben, das ist nicht gut. Du musst dich selbst als Slaven erleben und das ist nicht gut.

Warum?

Wenn das gut wäre, wäre etwas anderes schlecht. Es ist alles schlecht.

Aber ich habe nichts dagegen, in die Hölle zu gehen und in ihr zu brennen. Was ist falsch an der Hölle?

Es ist alles falsch.

Ich sollte mich nicht verbrennen lassen?

Genau. Weil das, was-du-nicht-nicht-sein-kannst, in keiner Hölle verbrannt werden kann. Und das, was verbrannt werden kann, ist schon eine Vorstellung. Wer geht also?

Lass das Konzept gehen ...

Das Konzept gehen zu lassen, ist schon zu viel.

Lass das „Ich"-Konzept gehen, was ist falsch daran?

Wenn das „Ich" gehen könnte, würde es wirklich sein und als getrenntes, zweites „Ich" existieren. Das wäre wirklich schlecht.

Für meine Wirklichkeit ist es schlecht ...?

Es ist immer schlecht. Weil du bist, was das Schlechte ist. Du weißt das.

Ich nehme an, dass ich mich selbst als sehr schlecht kenne ...

Dich selbst zu kennen, ist schlecht, dich nicht zu kennen, ist schlecht. Beides ist schlecht. Dass es da jemanden gibt, der sagt, dass du dich selbst kennst oder nicht kennst, ist bereits schlecht. Und von diesem Schlechten kommt nur Schlechtes.

Lass es kommen. Wen kümmert's?

Dich kümmert es! Jetzt kümmert es dich, dass es dich nicht kümmert. Du musst dich kümmern und das ist schlecht. Du kannst dich selbst nicht nicht lieben, ich bitte dich. Versuche, dich selbst nicht zu lieben. Zu versuchen, dich nicht zu lieben, geschieht aus Liebe zu dir selbst. Du tust alles aus Selbstliebe.

Alles passiert.

Alles ist dumm und Dummheit ereignet sich, weil du dich selbst liebst. Und Liebe macht dich dumm, du weißt das. Und nur Liebe kann dich so dumm machen, dass du nach dir selbst suchst, also bitte. Was anderes kann dich so dumm machen, dass du Leidenschaft für dich selbst hast?
Nur in der Liebe für dich selbst liegt Leidenschaft für dich selbst. Liebe ist wirklich schlecht.

Wenn ich auf mich schaue, werden mich die Leute für verrückt halten und in die Klapsmühle stecken.

Schau mich an, ich tue das ununterbrochen. Ich bin in der Irrenanstalt. [Lachen] Die ganze Welt ist eine Irrenanstalt. Sie ist eine mentale Konstruktion, sie ist ein mentales Krankenhaus. Das ist bereits ein krankes Haus. Ich muss da nicht erst reingehen, ich bin da bereits drin. Du wirst dahinein geboren.

Das ist nicht mein Fehler.

Aber es ist schlecht. Jetzt bist du verrückt und willst aus der Anstalt raus. Aber aus der Anstalt raus zu wollen bestätigt nur, dass du verrückt bist. Verrückt! Es ist wirklich verrückt, nicht mental sein zu wollen. Nicht verrückt sein zu wollen, ist verrückt. Du bist so verrückt nach dir selbst. Du bist so in Liebe, so in Sorge um deine kleine mentale Gesundheit. Die mentale Gesundheit ist die mentale Hölle.

Für mich spielt das keine Rolle.

Aber spielt es eine Rolle, dass es keine Rolle spielt?

Das tut es.

Ja. Es spielt eine Rolle, dass es keine Rolle spielt. So viel weiß ich. Trau demjenigen nicht, der „ist mir doch egal" sagt.

„Spielt keine Rolle", ist eine Lüge.

Eine absolute Lüge. Du lügst und lügst und lügst.

Ich möchte verstehen, was „sei, was-du-nicht-nicht-sein-kannst" bedeutet.

Was gibt's da zu verstehen? Wenn du verstehen würdest, wärest du nicht mehr da. Versuche nicht zu verstehen. Indem du zu verstehen versuchst, versuchst du, nicht zu verstehen. Du versuchst weiterhin so zu tun als ob. Also tust du so, als ob du nicht verstehen würdest und indem du so tust, überlebst du als jemand, der nicht versteht. Und das wirst du immer versuchen. Dein Überlebenssystem läuft auf Hochtouren.

Was soll das heißen „nicht-nicht-sein-kannst"?

Die entspannteste Zeit ist jede Nacht im tief-tief Schlaf. Da ist eine vollkommene Abwesenheit der Anwesenheit jeglicher Erfahrung. Und trotzdem bist du als das, was-du-bist. Mit und ohne Wissenden bist du, was-du-bist. Und das kannst-du-nicht-nicht-sein. Und jetzt bist du in der Anwesenheit desjenigen, der irgendwas weiß oder nicht weiß.
Also bist du in der Anwesenheit und in der Abwesenheit desjenigen, der verstehen will. Was-du-bist, ist ohne dein schwachsinni-

ges Verstehen oder Nicht-Verstehen, was-es-ist. Und DAS muss niemals verstehen, was-es-ist, um zu sein, was-es-ist.

Zu sein, was-du-nicht-nicht-sein-kannst, muss niemals verstehen, was-es-ist. Aber du kannst das, was etwas verstehen muss, als Phantom bezeichnen. Und ob das Phantom versteht oder nicht – das Phantom kannst du vergessen.

Es ist ganz einfach. Du bist in der Anwesenheit und du bist in der Abwesenheit. Und das kannst-du-nicht-nicht-sein. Das verlangt von der Anwesenheit niemals, dass sich etwas ändern muss, damit es ein kann, was-es-ist. Nichts! Und ob du das verstehst oder nicht [pustet in die Luft]. Das kümmert niemanden, nicht einmal dich selbst.

Das Verstehen, das dir jetzt kommen mag, wird früher oder später sowieso nicht mehr sein. So, wie es gekommen ist, wird es verschwinden. Also, was kann man damit anfangen? [pustet in die Luft]. Bye-bye.

Du sprichst von zwei Dingen. Tiefschlaf und tief-tief Schlaf.

Der tief-tief Schlaf ist die vollkommene Abwesenheit jeglicher Anwesenheit. Tiefschlaf ist die Anwesenheit von Gewahrsein. Das ist Tiefschlaf – Gewahrsein, „Ich-Bewusstsein", dann kommt die Welt. Aber tief-tief Schlaf ist die Natur des Tiefschlafs. Die Abwesenheit desjenigen, der schläft oder nicht schläft. Die vollkommene Abwesenheit der Anwesenheit desjenigen, der ist und nicht ist – das ist tief-tief Schlaf.

Dich als DAS zu kennen, was sich niemals kennen muss, um es selbst zu sein – das ist der Hinweis. Was-du-nicht-nicht-sein-kannst benötigt also kein Verstehen oder Wissen irgendeiner Art – was auch immer gewusst werden kann, um zu sein, was-es-ist.

Das wird als das Wissen des Herzens bezeichnet. Das, was-du-bist, was sich selbst niemals kennen muss, um es selbst zu sein. Das, was sich kennen muss, um es selbst zu sein, ist ein Phantom. Und das wird immer wissen oder nicht wissen oder mehr oder weniger wissen. Was mehr oder weniger gewusst werden kann, ist eine Eigenschaft des relativen Wissens, aber es ist nicht die Art von Wissen, die es wert ist zu sein.

Seiner Natur nach muss Wissen niemals irgendetwas wissen, um zu sein, was-es-ist. Es ist mit und ohne einen Wissenden, was-es-ist. Und der Wissende ist relativ, egal was er weiß oder nicht weiß, und er verbleibt immer im Traum des Wissenden. Und wenn dieser Körper nicht mehr ist, wird alles Wissen, das du jetzt zusammen mit dem Wissenden erfährst, mit ihm gegangen sein. Es kam mit der Geburt und wird mit was auch immer verschwinden. Also ist es nichts wert. Es ist ein flüchtiger Schatten des Wissens – Schattenwissen. Selbst das Licht des Gewahrseins ist Schattenwissen. Selbst Gewahrsein wird zum Schatten. Was-du-bist, braucht niemals auch nur gewahr zu sein, um Gewahrsein zu sein. Das, was Gewahrsein benötigt – Selbst-Gewahrsein ist bereits ein Selbst zu viel.

Also, das Gewahrsein des Gewahrseins braucht kein Gewahrsein, um zu sein, was-es-ist. Und das, was Gewahrsein braucht, um sein zu können, ist ein Phantom. Damit ist die Anwesenheit des Gewahrseins bereits ein Phantom-Gewahrsein. Weil die Natur des Gewahrseins nicht gewahr ist oder sein muss, um zu sein, was-sie-ist. Hinweise! Was will man machen? – Was auch immer du tust oder nicht tust, ist vergeblich.

Also ist der tief-tief Schlaf eine vollkommene Abwesenheit des ...

Und das ist, was-du-bist, hier-jetzt. Weil du das nicht-nicht-sein-kannst. So wie du in der Abwesenheit bist, was-du-bist, bist du jetzt in der Anwesenheit, was-du-bist. Egal was in der Anwesenheit passiert, es kann nichts bewirken. Es gibt für dich keine Konsequenz, weil wenn das [zeigt auf den Körper] verschwunden ist, dann bist du immer noch in der Abwesenheit dessen, was-du-bist.

Also, was auch immer in der Anwesenheit des Lebens passiert, egal, wie es ist, es hat nicht den geringsten Einfluss auf das, was-du-bist. Was du als Wissen oder Verstehen erlangst, ist alles ... [pustet in die Luft] ... kommt und geht. Es wird verschwunden sein, es ist schon verschwunden. Das, was gekommen ist, ist bereits gegangen. Es ist alles tot.

Alles Kommen, all die flüchtigen Schatten, Erfahrungen, Empfindungen tiefsten Verstehens und all das, ist alles ... [pustet in die Luft] Unterhaltung! Nur zum Spaß.

Was haben Nirvikalpa Samadhi und tief-tief Schlaf gemeinsam oder was unterscheidet sie?

Tief-tief Schlaf ist das, was Samadhi ist, und in diesem Samadhi ist niemand. Aber im anderen ist jemand in Samadhi. Im tief-tief Schlaf schläft niemand.

Das andere ist Savikalpa Samadhi. Nirvikalpa ist tief-tief Schlaf.

Und die anderen Samadhis sind alle relative Samadhis. Aber das, was Samadhi ist, weiß nichts von Samadhi.

Das höhere Samadhi, Nirvikalpa Samadhi, geht ursprünglich zurück auf ...

Zu sein, was-du-nicht-nicht-sein-kannst hängt von keiner Anwesenheit oder Abwesenheit ab. Das ist nicht das Samadhi, in das du dich hineinbegeben kannst. Es ist das Samadhi, das du bist! Es ist deine eigentliche Natur, dein natürlicher Zustand. Deine Natur selbst, die Samadhi ist, Nirvikalpa. Und alles andere sind unterschiedliche Weisen, Samadhi zu erfahren, aber nicht das Samadhi selbst.

Jede Bewegung in Nirvikalpa ist eine Lüge.

Jede Vorstellung.

Von der Bewegung des ersten kleinen Atoms an, ist es Lüge. Dennoch ist es Wirklichkeit, die sich selbst verwirklicht.

Es ist Wirklichkeit, die sich auf unendlich viele Weisen selbst verwirklicht. Aber durch keine Art der Verwirklichung wird sie mehr oder weniger wirklich. Diese Wirklichkeit wird nie mehr oder weniger, als sie ist. Das ist deine Natur, die durch nichts etwas zu gewinnen oder zu verlieren hat. Und trotzdem musst du alle möglichen Arten zu gewinnen und zu verlieren erleben.

Aber in allem Gewinnen und Verlieren gibt es keinen Gewinner und keinen Verlierer. Es gab niemals einen Gewinner, es gab niemals einen Verlierer. Durch das, was du verloren hast, bist du niemals zum Verlierer geworden. Und die Abwesenheit des Verlierers führt nicht zum Gewinner.

Das alles ist gewinnen und verlieren ohne Ende. Aber im Verlust wird nichts verloren und im Gewinn nichts gewonnen. Trotzdem musst du alle möglichen Arten des Gewinnens und Verlierens erleben. Und trotzdem wird beim Verlieren nicht verloren und beim Gewinnen nichts gewonnen. Deshalb ist nie etwas passiert.

Das ist die Bedeutung von „nichts ist je passiert". Es gibt unendlich viele Erfahrungen des Verlierens, Wege, dich selbst zu verwirklichen. Aber durch keine Erfahrung ist etwas passiert. Durch keine davon bist du zum Wissenden geworden. Durch all das Wissen, durch die verschiedenen Wege, dich selbst zu kennen, ist es niemals zu einem Wissenden gekommen.

Das ist Nisargadattas „Ultimative Medizin". Du wirst keinen Wissenden finden. Du wirst genauso wenig den Verlierer finden, wie du den Finder findest. Es gab vor allen Dingen keinen Verlierer. Also kannst du daraus, dass du keinen Verlierer findest, keinen Gewinner machen.

Ich kann immer nur wiederholen, wiederholen, wiederholen.

Auf welcher Grundlage sagen wir, dass unsere Natur ungeboren, nicht erschaffen und ewig ist?

Selbst das Ungeborene ist zu viel. Es ist eine Lüge. Wenn du das Ungeborene wärest, wärest du immer noch zu viel. Dann gibt es trotzdem noch einen, der ungeboren ist und dann alles erlebt, aber nicht involviert ist. Dann bist du in dieser Welt, aber nicht von dieser Welt und das alles. Aber du bist immer noch einer zu viel. Der, der nicht involviert ist. Das alles ist [pustet in die Luft]
...

Klingt gut!

Klingt gut, funktioniert aber nicht. Vielleicht funktioniert es, weil du dich dann gut fühlst. Doctor Fell Good. [Lachen] Aber wer muss sich gut fühlen? Also selbst das „Ungeborene" zu sein, ist ein Ungeborenes zu viel. Was auch immer du als dich definierst, selbst das Ungeborene – es ist einer zu viel. Egal, wie du das findest.

Du unterscheidest immer. Du musst unterscheiden, aber wo ist die Unterscheidung ohne den Unterscheider? Wer nennt sich selbst ungeboren? Und wer nennt sich selbst irgendwie, bevor er geboren wurde? Da ist ein Phantom, das sich selbst geboren nennt, und es gibt ein Phantom, das sich selbst ungeboren nennt.

Ach du meine Güte! Ein ungeborenes Phantom! [Lachen] Klingt gut! Ich bin das ungeborene Phantom. Das klingt wirklich gut, sehr tiefsinnig. [Lachen] Ich hinterlasse euch meinen Traum. Wisst ihr, wer das gesagt hat? [Lachen]

Darum sage ich: Einst gab es „Osho" und jetzt ist da „No-show". Aber es ist trotzdem eine Show. Und ich habe euch meinen Traum hinterlassen – klingt gut! Niemals geboren, niemals gestorben. – Klingt gut und du kannst das verstehen. Du sagst wirklich – ja, ich auch! Und es gefällt dir. Ja! Ich bin das Ungeborene. Das ist eine große Karotte – ich will auch das Ungeborene sein. Ich auch! Bitte ich auch! Ich will wie Osho sein – niemals geboren, niemals gestorben – ICH!

Niemand hat ein Problem mit dem Geborenwerden aber viele haben ein Problem mit dem Tod. Darum möchten sie ungeboren sein, damit sie nicht sterben müssen.

Ich glaube, dass sie mehr Angst vor dem Leben haben, als vor dem Tod.

Viele aus dem Publikum: Ja!

Sie machen sich vor dem Leben in die Hosen und nicht, weil sie Angst vor dem Tod haben. Eigentlich haben sie sehr viel mehr Angst, dass das Leben niemals zu Ende gehen wird. [Lachen]

Davon weiß ich nichts. Leute nehmen jede Menge Medikamente, um länger zu leben. Es wird viel geforscht. Menschen lassen ihre Gehirne einfrieren, damit sie zurückkommen können …

Sie haben nur davor Angst, wie sie sterben, nicht vor dem Sterben selbst.

Ich spreche von Kryogenik. Nachdem du stirbst, präparieren sie dein Gehirn und die Organe, damit sie, wenn die Wissenschaft weiter ist, wieder Leben können.

Sie wollen nur nichts an ihre Kinder vererben. Sie sind zu knauserig. Sie wollen ihren Kindern nicht ihr Geld überlassen, weil sie wissen, dass ihre Kinder es nicht verdient haben. Wer will schon Kindern Geld geben? Du weißt, dass sie es für Dinge ausgeben werden, die sie nicht brauchen. Und du arbeitest dafür das ganze Leben und sie geben es einfach so weg, den Bettlern.

Ist in der reinsten Ahnung des Gewahrseins Mind?

Es ist der Anfang von Mind. Das ist der Wurzelgedanke – die Wurzel aller Probleme. Da fängst „du" an, das Relative beginnt. Selbst in der reinsten Vorstellung nimmt das Relative seinen Anfang.

In dem von dir erwähnten Buch ist vor dem Mind Mind. Hinter dem Mind ist Mind.

Die Vorstellung von „dahinter", kann nur im Mind sein. Es kann nur der Mind sein, der hinter dem Mind ist. Deshalb ist sogar das, was vor dem Mind ist, Mind. Auch die Vorstellung von „davor" ist Mind. Selbst das Ungeborene ist Mind. Es gibt also einen ungeborenen Mind und einen geborenen Mind. Es ist alles Mind!

Maharaj sagt, dass hinter dem Mind Bewusstsein ist.

Aber Bewusstsein ist Mind.

Bezeichnest du die Vibrationen im Bewusstsein als Mind?

Ich bezeichne alles als Mind. Alles, was bezeichnet werden kann, ist Mind, alles. Du möchtest immer was erschaffen, was nicht Mind ist.

Selbst den Körper bezeichnest du als Tendenzen, du verwendest nicht das Wort „Körper".

Ich bezeichne ihn als einen Knäuel energetischer Tendenzen.

Und das ist wiederum Teil des Mind?

Es ist alles Mind. Teil des Mind? Alles ist Mind! Selbst No-mind ist Mind. Also mach Dir nichts draus.

Ist in Babys auch Mind am Werk?

Du könntest sagen No-mind Mind. Das mein ich so … ich meine es. [Lachen] Wie ich schon sagte: Auch No-mind ist Mind.

Wäre es rein hypothetisch möglich, die Babys in diesem Zustand zu belassen, ohne sie zu konditionieren?

Versuch's und erzähle es uns später. [Lachen] Woher soll ich das wissen? Werde Wissenschaftler, hab ein Baby und belasse es im No-mind. Jeden Tag gehst du zum Baby und sagst ihm: „Du bist nicht das Baby." [Lachen]

Sich um die Bedürfnisse des Kindes kümmern, ohne es zu konditionieren.

Versuch's! Und dann? Dann ist das Baby wie ein Stuhl? Der Stuhl, der nichts von einem Stuhl weiß und dann ist das Baby besser dran? Was willst du dadurch erreichen? Er will einen Vorteil. Er will glauben, dass das Baby ohne Konditionierung besser dran wäre. Die Ärzte haben nicht einfach nur eine Frage. [Lachen] Es steckt immer etwas dahinter. Sie fragen dich nicht einfach so, wie's dir geht. Sie wollen aus dir einen Patienten machen. [Lachen]

Manchmal erlaubst du es mir nicht, meine Frage zu beenden.

Ich möchte aus dir keinen Patienten von mir machen. Ich habe kein Interesse daran, hier einen Schüler zu haben, der was versteht. Das mag ich an Nisargadatta. Ich bin nicht hier um Schüler heranzuzüchten, die etwas verstehen oder nicht verstehen. Ich habe absolut kein Interesse daran, jemanden dadurch zu erfreuen, dass er irgendwas versteht.

Also bist du hier, um Gurus zu machen, wie er sagt?

Ich spreche zu dem, was „Ich Bin" und das bedeutet Gurus zu machen. Und das ist von „Ich" zu „Ich", das Absolute spricht zum Absoluten. Hier spricht nicht eine Ebene zu einer anderen, einer, der versteht, zu jemandem, der nicht versteht.

Was-du-bist, muss niemals etwas verstehen. Ich spreche zu dem, was-du-nicht-nicht-sein-kannst, von dem, was-ich-nicht-nicht-sein-kann. Und es gibt keine Notwendigkeit zu verstehen und dafür muss ich deine Frage nicht beantworten.

Das ist gut ... [Lachen]

Anderenfalls könnte ich den Job hier nicht machen. Wenn ich hier wäre, um dich zu erfreuen, wäre ich allein schon durch die Vorstellung erschöpft, dass ich hier sitze und versuchen muss, dich verstehen zu lassen. Ich wäre erschöpft wie Hölle, allein schon davon, morgens aufzuwachen. Mir vorzustellen, dass ich hier sitzen und mit dir sprechen muss. Stell dir vor, ich müsste mit dir reden! Das wäre die Hölle!

Wir sind hier, um konfrontiert zu werden ...

Du? Wer will dich konfrontieren?

Du.

Nein. Ich habe hier keine Grenze. Es gibt hier nichts, wofür ich kämpfen müsste. Warum sollte ich dich konfrontieren? Mit was? Was hätte ich davon? Was würde ich bekommen, wenn du hier etwas mitbekommst? Mehr Spenden? [Lachen]

Ich weiß es nicht ...

Das wäre der einzige Grund, warum ich dich etwas verstehen lassen würde. Welchen anderen Grund sollte ich haben? Der einzige Grund wäre, mehr Geld zu machen. Wenn du etwas verstehst, müsstest du das Doppelte zahlen. Das meine ich so.

Es gibt einen anderen Grund. Du kannst nichts machen ...

[lacht] Mal schaun.

Wahrscheinlich hat die Natur dieses Instrument ausgesucht, damit es die Nachricht an andere Elemente weitergibt.

Die Natur braucht so etwas nicht. Die Natur bedarf keiner Instrumente, um Nachrichten zu verbreiten. Ich bin kein Messias. Jesus war es, nicht ich und nur Jesus musste gekreuzigt werden. Ich hoffe, dass ich nicht in diesem Geschäft bin. Das Instrument muss gekreuzigt werden.

Die Natur muss dich bereits als Instrument zum Sprechen ausgesucht haben.

Das ist nicht notwendig, dafür gibt es keinerlei Notwendigkeit. Leben lebt das Leben nicht aus einer Notwendigkeit heraus. Es lebt einfach das Leben, wie es das Leben lebt, auf welche Weise auch immer. Aber nicht, weil es einer besonderen Art zu leben bedürfte.
Der nächste Schluck Kaffee, das nächste was auch immer, so lebt das Leben das Leben. Und das Leben unterscheidet nie zwischen mehr und weniger Leben. Das Leben unterscheidet nicht.

Es regnet vorbehaltlos.

Er regnet für alle.

Ja. Auf dieselbe Weise kann es passieren ...

Nein! [Lachen] Es regnet in der Hölle. Nein, ich habe keine Nachricht. Wenn du mich fragst, wie du werden kannst, was-du-nicht-nicht-sein-kannst, dann habe ich keine Ahnung.

Kannst du mit dem Reden von dir aus aufhören?

Nein. Ich habe niemals angefangen. [Lachen] Wie kann ich anhalten, was ich niemals angefangen habe? Die Existenz hat niemals angefangen zu sprechen und kann das Sprechen niemals beenden. Schau – das gesamte Universum tauchte aus dem ersten Wort auf – der verdammte Gott wachte auf. Der Erste, um etwas auszusprechen, war Gott, und es war gut.
Seither spricht er nur mit sich selbst. In dem Augenblick, in dem er aufwacht, spricht er zu sich selbst. Er spricht sich selbst aus. Der Aussprechende wir ausgesprochen und spricht aus, was aus-

gesprochen werden kann. Er kann nicht aufhören zu sprechen. Er spricht immer mit sich selbst. In allen Sprachen und auf alle möglichen Weisen spricht er mit sich selbst.

Er spricht sogar als Sonne zu sich selbst, als Mond, als Universum – alles spricht zu ihm. Der Baum spricht in an, die Blumen, alles, was dich anspricht. Und du entsprichst dem. Es ist wie eine vollkommene Konversation mit sich selbst, unendliches Sprechen mit dir selbst – Selbstgespräch.

Jeden Morgen wachst du in einer relativen Erscheinung auf. Ich spreche zu ihr: Wie geht es mir? Wie geht es dir? Schon fragst du dich, wie's dir geht! Was passiert? Schön geträumt? Sollten wir mal auf die Toilette gehen? Oder im Bett bleiben? Sprechen ereignet sich. Sollten wir heute still sein? Vielleicht ist es besser, nicht zu sprechen.

Dann besprichst du mit dir, dass es vielleicht besser ist, nichts zu besprechen. Vielleicht habe ich heue einen No-mind. Vielleicht ist es besser, nicht zu sprechen, vielleicht sollte ich heute still sein. Immer am Diskutieren mit dir selbst. Liebevoll, dich immer um das kümmernd, was-du-bist und immer als dein eigener innerer Arzt und dein eigener Patient unterwegs, der versucht, sich selbst zu heilen.

Was können wir heute machen? In dem Augenblick, in dem du da bist, nennst du es Gott, der allein ist. Er versucht, nicht allein zu sein. Allein Zuhause. Und dann bildest du dir die ganzen Gäste ein. Alles, was du dir vorstellen kannst. Selbst Eva denkst du dir aus, also wirst du zum Adam. Damit beginnt die Eva-lution.

Dieses erste Gewahrsein – Lingam, Gott, um sich selbst wissend, wie ein Penis. Dann kommt die Yoni, die unendliche Vagina, der Raum. Das Licht selbst, der Lingam, vibrierendes Gewahrsein. Dann kommt die Yoni als unendlicher, nicht-vibrierender Raum, die Abwesenheit von Zeit, die Abwesenheit von Schwingung. In diesem unendlichen Raum beginnt der Lingam zu vibrieren. Der Penis durchdringt den Raum, er erschafft das gesamte Universum – nur durch Vibration im nicht Vibrierenden.

Das alles ist die Vibration des Lichts, das du bist. Stell dir vor! Darin ist die indische Mythologie sehr klar. Die Natur des ersten

Penis besteht darin, dass er alles durchdringt. Deshalb versuchst du ständig, dich selbst zu durchdringen, bei jeder Gelegenheit, wodurch auch immer.

Zunächst durchdringst du den Raum, die Yoni. Du durchdringst die kosmische Vagina auf der Suche nach dem Ende des Lichts im unendlichen Raum. Und du kannst das Ende des Lichts nicht finden, aber du vibrierst auf unendlich viele Arten, um den Raum zu erfüllen. Dadurch erfüllst du das gesamte Universum, alle Milchstraßen. In allem, was da ist, versuchst du dich selbst zu durchdringen und du versuchst, dich im unendlichen Raum zu finden.

Alles ist absolut. Das absolute Licht, der absolute Raum und die absoluten Möglichkeiten aller möglichen Schwingungen dieses Lichts. Das alles ist, was-du-bist. Also zu sein, was-du-nicht-nicht-sein-kannst, ist DAS und DAS ist Nisargadattas „Ich Bin DAS". Und DAS hat kein Zweites. Und du kannst nicht nicht sein, was-du-bist. Das ist die Art, auf die du dich selbst lebst.

Du bist Licht, dass auf alle möglichen Weisen des Lichts lebt und in alle Richtungen vibriert. Vibrierend und nicht vibrierend, wissend und nicht wissend, alles, was ist! Aber durch nichts von alledem wirst du um deine Natur wissen. Du kannst deine Natur nicht kennen, egal, was du auf der relativen Ebene tust oder nicht tust, weißt oder nicht weißt. Es ist die Verwirklichung dessen, was-du-bist, aber es ist nicht, was-du-bist. Was soll man da machen?

Jetzt nähere ich mich der Sache auf andere Weise und zeige dir, warum du den gesamten Traum erfährst, den Traum deiner Verwirklichung. Aber vielleicht ist es nicht einmal ein Traum. Der Hinweis ist immer: Du kannst nicht verlassen, was-du-bist. Und das ist nie gekommen und es wird niemals gehen. Da ist nur Stille, die Stille dessen, dass niemals etwas geschehen ist. Nichts ist je gekommen und nichts wird jemals gehen.

Durch alle Bewegungen, durch alles vorgestellte Kommen und Gehen, ist niemals etwas gekommen und wird niemals etwas gehen. Nichts ist je geboren worden und nichts wird jemals sterben. Im Geborenwerden ist kein Geborenwerden und im Tod kein Tod. Das Einzige, was sterben kann, ist die Idee des Todes. Was gibt es, das geboren ist? Wovor sollte man Angst haben? Also, was soll man machen?

Du musst der Natur folgen. Wenn dir nach sprechen ist, musst du sprechen.

Du hast niemals angefangen zu sprechen. Das ist das Problem. Wie kannst du mit etwas aufhören, wenn es niemanden gibt, der überhaupt mit dem Sprechen angefangen hat? Was Ich Bin, hat niemals gesprochen. Was Ich Bin, hat niemals ein Wort gesagt. Aber ich muss mich als Walkie-Talkie verwirklichen. Doch das, was Ich Bin, hat nie auch nur ein Wort gesagt.

Dieses Paradox kannst du nicht kriegen. Durch alle Worte ist nie etwas gesagt worden. Durch alles zuhören ist nie etwas verstanden worden.

Du musst uns eine Technik geben, wie wir unser Verstehen verbessern können.

Nur ein Phantom, das seine Existenz beweisen muss, muss etwas verbessern. Und indem es etwas verbessert, beweist es sich seine zweifelhafte Existenz.

Selbst in der Gita sagte Krishna, als Arjuna seine wahre Natur sehen wollte, dass sie sich nicht mit den gewöhnlichen Augen sehen lässt. Also gab er ihm eine Technik, damit er seine Gestalt sehen kann. Ebenso kannst du uns eine Technik geben, damit wir verstehen können. [Lachen]

Wir haben über das dritte Auge gesprochen, das Auge Gottes. Ich kann es nicht geben. Ich kann nur zu dem sprechen, was Verstehen ist. Es muss niemals verstehen. Ich spreche zu dem Wissen, das niemals wissen muss. Ich versuche das immer, aber es liegt nicht in meiner Hand.

Es ist kein relatives Sehen. Es ist das dritte Auge, der innere Gott, der niemals etwas sehen muss, um zu sein, was er ist. Es ist kein relatives Sehen. Später sagt man dann, ich war blind und jetzt kann ich sehen. Nein. Ich bin kein Augenarzt.

Niemand kann dir helfen, nicht einmal du selbst. Du wirst niemals gesund sein. Was du siehst, ist die Hölle, egal, was du siehst, weil du zwei siehst. Selbst wenn du dich selbst sehen möchtest, machst du daraus zwei. Verrückt! Und dann bist du in der Hölle, du weißt das. Es macht dich zum Teufel, zum Bösen, dass du dich selbst kennen willst. Im Wunsch, dich selbst kennen zu wollen, ist bereits die Hölle der Trennung. Und von diesem Augenblick an bist du in der Hölle. Was soll man da machen?

Was du von diesem Moment an tust, ist falsch, egal was. Egal, was du tust, was du zu verstehen versuchst, es bestätigt, dass es jemanden gibt, der verstehen muss. Es ist eine dermaßen perfekte Falle. Und du kannst ihr nicht entkommen, weil du sie in jedem Augenblick bestätigst, in dem du ihr entkommen willst. Kein Entkommen.

Selbst wenn man etwas versteht, bestätigt das nur denjenigen, der verstehen muss. Auch eine tiefere Einsicht, durch Meditation, selbst die Erfahrung von tiefstem Frieden, ist eine Falle. Von dir selbst für dich selbst gemacht.

Der tiefere Frieden, ein tieferes was auch immer, die Wahrheit, die du erfahren kannst, lässt dich glauben, dass du dich eines Tages vielleicht verstehen kannst, dass du dich selbst kennen kannst. Das wird immer mehr zur Falle.

Dann triffst du immer auf Meister, die von sich behaupten, dass sie es erreicht haben. Dann willst du es auch haben. Deshalb wird die Karotte immer da sein und du wirst immer nach ihr schauen – versprochenes Land. Das versprochene Land – eines Tages wirst du für immer glücklich sein.

Und ich sitze hier und sage dir – Niemals! Du wirst niemals glücklich sein.

Was ist der ursprünglichste Drang in uns? Ist es der Drang, uns selbst zu kennen, das Selbst, das nicht gefunden werden kann, oder geht es um die Suche nach Glück?

Es ist immer Glück.

Also ist der Drang, uns selbst zu erkennen, nicht der grundlegende Drang?

Nein. Das Selbst ist für dich nur ein Synonym für Glück.

Also ist es eigentlich dasselbe. Du bist auf der Suche nach dir selbst und du suchst Glück. Eigentlich ist beides dasselbe.

Du suchst dasselbe, du gibst ihm nur zwei verschiedene Namen, aber es ist dasselbe.

Weil das Glück dahinter auch Frieden ist?

Es wäre das Wohlgefühl der Abwesenheit. Du suchst immer nach diesem Wohlgefühl der Abwesenheit.

Alle suchen Glück auf unterschiedliche Weise. Manche suchen Glück durch Geld.

Aber es ist einfach, herauszufinden, dass es nicht durch Geld kommt. Das ist das Einfachste. Geld ist leer. Die, die noch daran glauben, dass die Welt, Beziehungen, Familie, Geld etc. sie glücklich machen können, werden nicht zu mir kommen. Ich bin meistens mit denen konfrontiert, die an alldem schon verzweifelt sind. Und dann wenden sie sich nach innen. Der Geist wendet sich sich selbst zu, weil er glaubt, dass es nicht außerhalb ist, dass es innen sein muss. Dann hast du diese Tendenz nach innen – die innere Richtung.

Also ist selbst die Suche durch Geld, auch wenn sie eine Sackgasse und der falsche Weg ist, im Grunde genommen die erste Bewegung hin zur Selbsterkenntnis. Du gehst den falschen Weg, kommst zurück und versuchst etwas anderes …

Nein. Das erste sind die Brüste deiner Mutter. Nicht Geld, zuerst die Milch. Später, wenn du deine Mutter und deinen Vater kennst, lernst du fürs Leben und dann weißt du, dass Geld alles bedeutet. Aber als Baby kommt die Befriedigung des Körpers zuerst.

Ich versuche nur herauszufinden, ob jemand, der dem Geld hinterher ist, auch wie jemand ist, der sucht.

Das ist alles dasselbe. Alles für das Glück. Spirituell oder Geld oder sonst was. Es ist alles ein sehnen danach, was man ist. Es ist die eigene Vorstellung vom Glück – was soviel bedeutet wie das

Nichtvorhandensein von allem Quälenden. Und du glaubst, es durch Geld erreichen zu können oder durch Erfahrungen spiritueller Erleuchtung oder durch spirituelles Verstehen. Das alles ist eine Tendenz zum Glück. Und Glück bedeutet die Abwesenheit desjenigen, der unglücklich ist.

Deshalb möchtest du das Ego loswerden. Durch Geld oder durch irgendwas, indem du ins Bordell zu einer Prostituierten gehst, indem du das unbefriedigte „Ich" loszuwerden versuchst – den Unglücklichen.

Und ich sitze hier und sage dir, dass du das niemals loswerden wirst. Das kannst du bist zum Jüngsten Tag versuchen. Jede Anwesenheit ist die Anwesenheit eines Phantoms, das als Unzufriedenheit erfahren wird. Deshalb wird das Unbehagen nicht aufhören. Es hat nie angefangen, so wie du. Das ist eine Art, dich selbst zu verwirklichen und du kannst es nicht beenden.

Das ist Buddha: Vierzig Jahre lang zu versuchen, die Qual der Anwesenheit zu beenden, um sich dann einzugestehen, dass er ein vollkommener Fehlschlag ist. Ich habe alle möglichen Wege ausprobiert, den achtfachen Pfad, alle Wege. – Er hat sie alle ausprobiert und ist daran gescheitert.

Und indem er an all dem scheiterte und an allen möglichen Orten und Nicht-Orten nicht fand, wonach er suchte, scheiterte er vollkommen. Indem er der absolute Misserfolg ist und in diesem absoluten Misserfolg ruht, kann er sich selbst niemals kennen und niemals einen Weg aus dem herausfinden, was-er-ist.

Nisargadatta würde sagen, dass du alle sieben Zustände transzendieren musst, einfach, indem du bist, was-du-bist. Vielleicht musst du in alle Zustände reinschauen. Und dadurch, dass du in keinem von ihnen Glück findest und nicht dadurch, dass du in einem von ihnen Frieden findest, scheiterst du daran, das zu finden, was-du-bist.

Und das Scheitern daran, in einem von ihnen zu finden, was-du-bist, ist die Ultimative Medizin für alle Krankheiten. Die Krankheit ist, dass du davon ausgehst, dich in irgendetwas finden zu können. Wenn das passieren soll, wird es passieren. Alles zu transzendieren, was transzendiert werden kann, bedeutet zu sein, was-du-nicht-nicht-sein-kannst. Und es gibt Abkürzungen und längere Wege.

Die Abkürzung wäre Ramanas direkter Weg, zu sein, was sich selbst verwirklicht, was-du-nicht-nicht-sein-kannst. Das-zu-sein, was du im tief-tief Schlaf bist, das, was du hier und jetzt bist. Das wäre der direkte Weg. Dich selbst als DAS zu kennen, was sich selbst niemals kennen muss. Das wäre der direkte Weg, wenn du den gehen kannst ... Okay!

Anderenfalls musst du durch alle sieben Phasen gehen und durch alle Samadhis. Es ist ein langer Weg zurück nach Hause, besonders wenn man nicht ausgegangen ist ...

Nisargadatta sagte: „Ich ging zu meinem Guru und mein Guru sagte mir, dass ich nicht dieses und nicht jenes bin und ich glaubte ihm." Offensichtlich war Maharajs Herz für den Guru offen.

Nein, nein. Es musste passieren, mach daraus kein offenes-Herz-Business. Mach daraus nichts.

Ich glaube auch, dass es passieren musste und deshalb passiert ist. Ich spreche von dem Mechanismus dahinter.

Aber den gibt es nicht. Mach es nicht zu einem Mechanismus. Dafür gibt es keine Vorbereitung.

Die Frage ist die: Ganz offensichtlich gibt es auf der einen Seite großen Glauben und Akzeptanz und auf der anderen Seite wird die Erfahrung gemacht, durch sieben Phasen zu gehen, um festzustellen, dass du da nicht bist. Gibt es irgendwelche Unterschiede zwischen diesen beiden Zuständen?

In welchem Zustand?

Zwischen dem, in dem man seinem Meister glaubt und dem anderen, in dem Bewusstsein durch alle sieben Phasen geht, indem es für zwanzig oder fünfzig Jahre im Samadhi ist. Gibt es da irgendeinen Unterschied in Bezug auf das Verstehen?

In beiden ist kein Verstehen, weil in beiden das Verstehen weggefallen ist.

Ist es möglich, dass in einem das Verstehen wegfällt und dann zurück-
kommt?

Nein. Wenn das Verstehen abgefallen ist, kann es nicht mehr
zurückkommen, weil es nicht aufgrund des Verstehens ist. Der
Bruch des Sekundären findet nicht aufgrund von etwas statt. Das
Zweite bricht, indem es ist, was-du-bist und dann kannst du nicht
zurückkommen. Es ist keine Mechanik oder ein Prozess. Es war
kein Prozess. Es musste einfach passieren, trotz allem, was da war
und da ist, nicht aufgrund dessen.

Es kann deshalb nicht zurückkommen, weil es nie hier war. Wie
kann es da zurückkommen? Von wo? In diesem Sinne gibt es für
DAS keinen Prozess. Wenn es zu passieren hat, passiert es, auch
wenn du durch alle sieben Zustände gegangen bist oder was immer du sonst gemacht hast – niemals deswegen.

Deine Natur ist niemals aufgrund von irgendwas. Deshalb kann
das Wissen nicht zurückkommen. Das Wissen, das du-bist, war,
ist und wird immer hier sein. Es ist DAS, was-du-bist. Es ist
nichts, was du verlieren und gewinnen kannst. Das Verstehen, das
du erlangen kannst, kannst du auch wieder verlieren, das stimmt.
Aber das ist nichts, was du verlieren kannst. Da du es niemals
erlangt hast, kannst du es nicht verlieren.

Alles andere kannst du verlieren. Alle Einsichten in die sieben
Zustände und alle Freiheit, die du durch was auch immer erreicht
hast, kann verloren gehen. Aber du kannst niemals das verlieren,
was-du-bist. Und da du es nicht verlieren kannst, kannst du es
durch nichts gewinnen. Deshalb ist es niemals „aufgrund von".

Deshalb bin ich nicht so sehr an relativem Verstehen interessiert.
Wenn es zu passieren hat, passiert es sowieso. Anderenfalls ist es
einfach der nächste unterhaltsame Augenblick.

Du hast gesagt, dass jede Anwesenheit die Anwesenheit eines Phantoms ist.
Normales Denken ist die Anwesenheit des Verstandes, d. h. die Anwesen-
heit des Phantoms, und die Anwesenheit des No-mind ist die Abwesenheit
des Phantoms. Du hast es anders dargestellt: Jede Anwesenheit ist die Anwe-
senheit des Phantoms.

Selbst jede Abwesenheit ist die Abwesenheit des Phantoms. Das ist zu viel für den Arzt. Es gibt die Anwesenheit nur, weil es eine Phantom-Anwesenheit ist. Es gibt die Abwesenheit nur aufgrund der Abwesenheit des Phantoms. Es ist eine Phantom-Abwesenheit und eine Phantom-Anwesenheit. Nur ein Phantom kennt die Anwesenheit und nur ein Phantom kennt die Abwesenheit.

Die Anwesenheit kennt keine Anwesenheit und die Abwesenheit kennt keine Abwesenheit. Das, was um eine Anwesenheit und Abwesenheit weiß, ist eine Phantom-Anwesenheit und eine Phantom-Abwesenheit. Das ist mehr als offensichtlich. Aber das, was-du-bist, hat keine Anwesenheit und keine Abwesenheit.

Mumbai, 7. März 2012

Neti-neti –
Weder Anwesenheit
noch Abwesenheit

Karl: Es wird Zeit für einen Haarschnitt. Das Haar kann bleiben, es geht um den Kopf.

Besucher(in): Vorgestern hat jemand eine Frage gestellt, dass man jedes Mal wieder die Geburt als Person annimmt, wie ich selbst.

Dieselbe Geschichte, derselbe Träumer, derselbe Traum. Sogar der Träumende wird wiederholt, stell dir vor!

Buddha entdeckte viel Geburten, viele Formen. Gehen wir auch durch diese Formen?

Du bist DAS! Du gehst da nicht durch. Es ist dein Film und du bist der einzige Zuschauer. Da sind nicht zwei.

Dieses „Ich" ist eine Form – Habe ich davor viele Geburten erfahren?

Nein. Als Bewusstsein nimmst du alle Inkarnationen an. Als Bewusstsein verwirklichst du dich in allem.

Das heißt, dass ich auch gerade jetzt alles bin?

Nein, du bist nicht alles. Aber du erfährst dich selbst in allem. Aber du bist nicht alles.

Aber als eine Form wie „ich"?

Du erlebst dich in allen möglichen Formen, aber du bist nicht die Form. Du erfährst dich selbst als alles und als nichts. Aber du bist nicht alles und du bist nicht nichts.

Als also Buddha viele Gattungen beschrieb, viele Leben ...

Ja. Unendlich viele Erfahrungen vor diesem Augenblick und unendlich viele Erfahrungen nach diesem Augenblick. Eine unendliche Geschichte. Inkarnationen kommen an kein Ende. Das Einzige, was an ein Ende kommen kann, ist deine Vorstellung, dass du als ein „Ich" inkarniert bist. Dass du wirklich in einer anderen Form inkarnierst – das ist der Traum. Die Inkarnationen hören nicht auf, die Verwirklichung hört nicht auf. Aber dass es da einen Erkennenden gibt, der eine Reihe von Inkarnationen hat – das ist der Traum. Das ist der Mythos.

Wenn verschiedene Meister sagen, dass das ihre letzte Geburt in menschlicher Form ist, was meinen sie damit?

Ich weiß es nicht. Vielleicht wollen sie dir etwas verkaufen. Das ist ein einträgliches Geschäft. Sie behaupten, das Rad der Reinkarnation angehalten zu haben. Das ist einfach.
Aber wenn jemand sagt, dass das sein letztes Leben ist, glaube ich ihm nicht. Ich werde niemals wiederkommen – das glaube ich nicht. Derjenige, der nicht zurückkommen wird, ist bereits einer zu viel. Und derjenige, der es angehalten hat – es wird weitergehen.

Derjenige, der es angehalten hat, wird fortbestehen?

Jemand, der behauptet, dass er das Rad der Inkarnation angehalten hat, wird ganz sicher fortbestehen. Selbst der Dalai Lama will es anhalten, aber er kann es nicht. Bereits dreizehn Mal. Aber es ist sehr einfach, alles auf einmal anzuhalten, mehr als einfach. Doch dafür musst du nicht der Meister sein, der von sich behauptet, dass „ich" das Rad der Inkarnation angehalten habe.
Nochmal, das, was-du-bist – dein natürlicher Zustand – ist niemals geboren oder nicht geboren. Niemand ist jemals geboren worden. Wer kann dann das Rad der Inkarnation anhalten? War jemals etwas inkarniert? Das ist die Frage. Gab es jemals Leben, das geboren worden ist? Zeig mir ein Leben, das geboren ist!

Was können wir „mich selbst" nennen; ist es nicht das Leben, an das wir glauben?

Das ist ein „vielleicht" Leben. Kann das Leben sein? Kannst du etwas Leben nennen, was geboren ist und stirbt? Kann das, was Leben ist, sterben? Würdest du etwas als Leben bezeichnen, das sterben kann?

Ich spreche in Begriffen der gewöhnlichen Form.

Aber das kann nicht Leben sein. Das kann als phänomenale Erfahrung von etwas bezeichnet werden. Aber das kannst du nicht Leben nennen. Du nennst dieses Stück Fleisch Leben? Was ist inkarniert? Ist jemand geboren, wenn ein Baby rauskommt?

Das Ego eines Individuums.

Aber man sagt, dass in Babys kein Ego ist. In einem Baby ist kein „Ich". Darum werden Babys unschuldig genannt. Da ist niemand, der in einem Baby inkarniert ist. Später muss die Mutter jemandem sagen: Du bist mein Sohn und du bist meine Tochter. Dann ist plötzlich jemand inkarniert. Wo war derjenige davor? Wo war das Glaubenssystem desjenigen, der inkarniert ist?

Es heißt, dass der feinstoffliche Körper jedes Mal als blank geputzte Tafel kommt.

Er kommt nicht. Er bleibt, was er ist.

Ein feinstofflicher Körper tritt in den physischen Körper ein.

Nein. Das wäre etwas. Wann?

Irgendwann im Mutterleib. Ich weiß es nicht …

Wann? Du bist der Arzt, du musst es mir sagen.

Ich spreche nicht über ärztliche Wissenschaft. Ich spreche über Spiritualität.

Aber du hast es angesprochen, jetzt musst du mir sagen, wann es passiert. Du musst mir sagen an welchem Tag? Welche Zeit? [Lachen] Los schon Doktor, sag's mir.

In den Schriften wird gesagt, dass es irgendwann im siebten Monat passiert.

Was ist dann, wenn das Baby im fünften Monat kommt? Haben die dann keinen feinstofflichen Körper? Also, vor dem siebten Monat möchte die Existenz nicht sagen, dass sie einen hat?

Wahrscheinlich haben die alten Rishis geschätzt. Deshalb wurde das Dokument verfasst.

Ich habe keine Ahnung, worauf die schauen. Sie schauten täglich auf eine Schwangere, ob sich Energie von links nach rechts bewegt. Und jetzt ist der feinstoffliche Körper da! Ich hab's gesehen! Jetzt hat er sich bewegt, jetzt ist er da. [Lachen]

Aber du hast in deinem Buch erwähnt, dass du sehen konntest, wie das Bewusstsein den Körper verlässt, als sie ein Schwein getötet haben, oder?

Ich habe nicht gesehen, dass Bewusstsein den Körper verlässt. Ich sah, was passierte.

Aber es ist Bewusstsein, das den Körper verlässt ...

Nein, das habe ich nicht gesagt. Etwas, das im Kleineren gefangen war, ging in etwas Größeres über. Aber es ist nicht „etwas", dass „etwas" verlässt.

Aber es ist Bewusstsein, oder?

Ja. Aber dabei verlässt niemand etwas.

Ja, vom „kleinen Körper" zum ...

Vom Tunnelblick in die Offenheit. Aber es ist nicht so, dass da etwas etwas verlässt. Da war niemand im Körper, nicht einmal Bewusstsein. Wie kann Bewusstsein in etwas sein?

Es ist drinnen und draußen ...

Es ist nicht drinnen und draußen. Was du siehst, ist eine Verschiebung vom Gröberen hin zum Feineren – in den Raum. Aber es ist nicht wie drinnen und draußen. Als ob es ein Innerhalb gäbe und etwas außerhalb von diesem Innerhalb. Was passiert da also?

Es ist, wie wenn Wasser, das Eis ist, erst zu Wasser und dann zu Dampf wird. Es ist trotzdem noch Wasser. Es geht nicht etwas in etwas anders über – verschiedene Zustände – vom grobstofflichen Körper zum subtileren Geist. Es scheint zu expandieren, aber es expandiert nicht, es ist einfach anders. Und bestimmt geht es nicht von einem Körper in etwas anderes über. Als ob da jemand drin war, der jetzt rausgeht. Was für eine Idee!

Aber in den theosophischen Büchern wird über Astralkörper und ätherische Körper und den physischen Körper gesprochen.

Theosophische Bücher! Ich bin nicht Blavatsky. Die sind viel zu besoffen, wie die Sufis. Dann solltest du zu Auro-Bingo gehen und nicht mir zuhören. Geh zur Mutter. Wenn du an den Unterschieden interessiert bist, dann bin ich nicht der richtige, weil ich an dem ganzen Kram wirklich kein Interesse habe.
Da kommen wir vom einen zum anderen, und in welchem Monat sich der verfluchte feinstoffliche Körper dahinein zusammenzieht. Alles Science-Fiction, meine Güte!

Kannst du uns sagen, wie sich diese Körperformung ereignet?

Ich habe keine Ahnung und es interessiert mich nicht. Warum sollte ich an diesem Mist interessiert sein? Ich bin kein Mist-Meister, ich interessiere mich nicht für Mist. Und alle die wissen, was sich da ereignet, sind Mist-Meister. Die Kundalini-Meister, die Energie-Meister, die Shakti-Meister, ich sag es ein für alle Mal: Mist-Meister. Herz-Meister!
Nein, kein Interesse. Und du könntest wissen, wie alles funktioniert, und trotzdem wärst du der unwissendste Bastard aller Zeiten. Wozu soll das gut sein? Wenn du weißt, wann das verfluchte Unterbewusstsein ins Baby einfährt, und im dritten Lebensjahr wird das Ego bestätigt. Gott oh Gott! Ich bin schon müde. [Lachen]
Aber ich weiß, dass sich alle dafür interessieren: „Wie funktioniert das?" Wenn ich weiß, wie es funktioniert, dann kann ich es vielleicht kontrollieren. Das nächste Mal gehe ich im siebten Monat nicht in diese verdammte Mutter. Nicht wieder, ich bleibe

draußen. Ich bleibe Junggeselle, für immer. Wenn ich weiß, wie der Mist anfängt, gehe ich da nicht mehr rein.

Darum will er das wissen. Ich kenne den Typ neben dir. [Lachen] Er ist nur aus diesem Grund Arzt. Weil er glaubt, wenn ich weiß, wie es anfängt, dann kann ich außen vor bleiben. Wenn ich weiß, wann es passiert, werde ich in diesem Augenblick einfach still sein. Ich werde meine Tendenzen da lassen, wo ich bin und dann habe ich nicht diese starke Tendenz in alles reinzuspringen, was sich zeigt. Ich werde in diesem Augenblick nicht zum Hund, ich bleibe Gott. Jetzt ist er Arzt, nächstes Mal will er kein Arzt mehr sein. [Lachen]

Noch eine Frage dazu, wann das alles angefangen hat? Es fängt jeden Morgen an, frisch, jeden Morgen wieder dumm. Was ist dein Interesse? Warum, willst du das wissen? Ich frage das ganz unschuldig.

Man liest es überall und …

Aber warum liest du es? Entschuldige dich nicht selbst. Warum liest du das ganze Zeug? Du möchtest einen Weg raus finden oder etwa nicht?

Ja, das ist die Idee.

Und jetzt ist deine Idee: Wenn ich weiß, wann ich eingefahren bin, gehe ich das nächste Mal vielleicht nicht mehr rein. Dein Ausweg ist, dass du das nächste Mal nicht mehr reingehen wirst. Das war von Anfang an dein Interesse. Wann hat es angefangen? Und zu was führt das? Wann ist der entscheidende Augenblick? Vielleicht sollte ich das nächste Mal still sein. Aber vielleicht hast du das nächste Mal bereits vergessen, was du jetzt verstanden hast und dann bist du wieder in derselben Situation. Dann springst du rein, wenn sich das nächste Mal die beiden Flüssigkeiten treffen … JA! Und dann später wieder: Mist! Es ist wieder passiert!

Das Gute ist, dass du alles vergisst, was du in diesem Leben gelernt hast. Wenn der Körper gegangen ist, sind alle deine kostbaren Einsichten und alles, was du gelesen hast [pustet in die Luft], für immer verschwunden. Und dann musst du wieder lernen. Ich sagte es dir schon! Und wenn du stirbst, sagst du: Ich wünsche mir, nicht reinkarniert zu werden und bleibe einfach still. In dem Augenblick, in dem ich sterbe – was ich mir da Wünsche, das werde ich. Das ist die Theorie. Wenn ich mir nichts wünsche, wenn ich einfach als Ich Bin verweile, werde ich vielleicht weder wiederkommen noch nicht wiederkommen.

Also bereiten sich alle auf den Moment des Sterbens vor. Weil du so viele Bücher darüber gelesen hast.

Im tibetischen Buddhismus bereiten sich alle auf den Tod vor ...

Ja, das Tibetische Buch vom Leben und Sterben und das alles. Wunderbar! Also hast du echt was zu tun. Aber in dem Augenblick, in dem er passiert, hast du es bereits vergessen. Dann brauchst du für die nächsten achtundvierzig Tage einen Priester an deiner Seite, der dich daran erinnert, draußen zu bleiben. Geh da nicht rein, bleib draußen. Weil deine Neigungen nach achtundvierzig Tagen verschwunden sind. Deshalb sind die ersten achtundvierzig Tage überaus entscheidend. Du musst bleiben, wo niemand sein kann. Verbleibe einfach im Ich-Bewusstsein. Geh nicht ins Nirwana, das ist es nicht. Bleib da!

Jetzt weißt du also, was du machen wirst, wenn du stirbst. Du wirst deinen Priester um dich haben müssen. Du musst Buddhist werden und nach Tibet gehen. Du liest dieses ganze Zeug, wofür? Möchtest du es befolgen?

Nein, ich las das alles vor langer Zeit, aber gestern erinnerte ich mich daran.

Und jetzt willst du es loswerden. Das ist erstaunlich. Du hast so viele Bücher gelesen und später bist du dann voll mit dem ganzen Gelesenen, du bist voll gebucht, und dann willst du das alles wieder loswerden. Dann kommen sie alle zu mir. Karl, was meinst du dazu? Bitte nimm es mir weg. Ich bin so ausgebucht. Die ganzen Konzepte, ich bin voll! Ich werde von diesen Konzepten hinters Licht geführt. Karl, hilf mir.

Ich bin nicht einmal daran interessiert, darüber zu sprechen. Beladen mit Weisheit, den ganzen Techniken, dem Wissen darüber, wie diese Maschine funktioniert. Wunderbar! Und ihr seid alle Meister darin. Alle waren bei Osho und haben alle Meditationen gemacht, die Dynamische und die Kundalini, die hoch und runter steigt. Du warst überall im Universum, hast deine Flügel der Wahrnehmung ins Unendliche ausgebreitet und dann bist du wieder da. Darin seid ihr bereits alle Meister. Was jetzt? Es funktioniert nicht.

Wo finden wir das Staubtuch, um die Tafel zu wischen? Es gibt so viele Konzepte in unserem Verstand.

Und ist das immer noch nicht genug? Jetzt willst du ein anderes Konzept, um damit die Konzepte loszuwerden. [Lachen] Dann hast du gelesen, dass Ramana sagt: Richte das Ich-Bewusstsein aufs Gewahrsein dessen was-du-bist, und mit diesem Dorn kann der erste Dorn, der Wurzelgedanke „Ich" entfernt werden. Und wenn dieser Aufhänger nicht mehr da ist, brechen augenblicklich alle Konzepte in sich zusammen. Klingt gut!

Also, versuchen wir das? Den direkten Weg? Den Wurzelgedanken „Ich" auszureißen? Der Haken, an dem alle Konzepte hängen, wird ausgehängt, ein und für alle Mal. Vielleicht funktioniert es. Dann verabreicht Nisargadatta die Ultimative Medizin: Versuche erst jemanden zu finden, der ein Konzept hat. Wo ist derjenige, dem das alles gehört? Wer besitzt es? Das ist die Hauptsache. Und wer muss es loswerden? Finde zuerst den, dem die Konzepte gehören. Wenn du mir den zeigen kannst, dann können wir darüber sprechen, wie man das erste Konzept los wird.

Wir alle bewegen uns in nur-für-den-Fall Philosophien.

Genau. Nur für den Fall, dass du den Haken wieder brauchst, lässt du nicht von ihm ab. Vielleicht kann ich ohne Haken nicht existieren. Vielleicht kann ich nicht ohne Geschichte sein. Also habe ich besser meine kleine Geschichte. Vielleicht ist das eine Qual, aber ich weiß, was ich habe. Bei allem anderen bin ich mir nicht sicher. Ich weiß nicht, ob ich etwas bekomme oder nicht, es ist so dunkel und mysteriös.

Also, was kann ich tun? Ich kann dir nicht helfen. Ich kann nur darauf hinweisen, dass der sogenannte Haken da ist und eines Tages verschwunden sein wird. Der Besitzer kam und er wird verschwunden sein. Es ist wie eine Krankheit. Und alles, was du versuchst, um die Krankheit loszuwerden, macht den Haken stärker, ob dir das gefällt oder nicht.

Jean Klein war in vielen künstlerischen Dingen ein echter Meister. Er sagte, dass die Grundlage deiner Natur Wunschlosigkeit ist. Es gibt überhaupt keinen Wunsch, weder Wunsch noch keinen Wunsch. Die Wunschlosigkeit dessen, was-du-bist. Und von dort steigt der Wunsch auf – der Wunsch, dich selbst zu kennen. Aber die Richtung dieses Wunsches geht bereits in Richtung Wunschlosigkeit. Der Wunsch versucht, den Wunsch loszuwerden. Der Wunsch zeigte sich und er wird auch wieder verschwinden. Er wird enden, wo er hergekommen ist. Aber nicht, bevor er endet.

Es taucht einfach nur ein Wunsch auf und verschwindet wieder. Die Person erscheint und die Person verschwindet. Du kannst es nicht um einen Tag verkürzen. Es kam, als es gekommen ist und es wird gegangen sein, wenn es gegangen ist. Und du musst sein, wie du bist, so, wie du davor warst und danach sein wirst – was-du-bist. Das ist alles!

Also sei, was-du-nicht-nicht-sein-kannst, in der Anwesenheit und in der Abwesenheit. Das alles ist eine Geschichte, die zu dir gekommen ist und wieder verschwinden wird. Dieser Gast hat eine Geschichte. Dieser Gast hat die ganzen Geschichten und Konzepte gelesen. Also, das Konzept ist gekommen und das Konzept hat Konzepte. Aber das, was-du-bist, war zu keiner Zeit ein Konzept. Das braucht niemals etwas fallen lassen oder nicht fallen lassen.

Du kannst also nichts machen, damit es früher verschwindet. Es wird sowieso verschwinden. Es ist von selbst gekommen und es wird von selbst verschinden. Und jetzt? Und in der Zwischenzeit gibt es die Geschichte von jemandem, der sehr tiefe Einsichten hat, Konzepte über das Leben, über den Tod und all so etwas.

Aber das, was-du-bist, ist mit und ohne das. Das ist alles. Was-du-bist, muss niemals gehen, um zu sein, was-es-ist.

Aber jetzt machst du dein sogenanntes Leben von der Abwesenheit abhängig. Dann machst du deinen natürlichen Zustand von einem Phantomgeist abhängig. Er kam von selbst und er wird von selbst verschwunden sein. Und jeden Morgen taucht er auf und jede Nacht fällt er von allein weg. Und „Tod" bedeutet, dass er eines Morgens nicht wieder auftauchen wird. Er ist einfach verschwunden, und wacht nicht mehr auf. Es bedeutet, dass der Körper nicht mehr funktioniert. Und der Gast ist zusammen mit seinen Neigungen verschwunden – mit dem ganzen Wissen, den Gehirnstrukturen, mit allen kostbaren und die nicht-kostbaren Dingen. Alle diese Dinge sind in einem Augenblick … [peng] … verschwunden. Und du wirst wieder sein, wie du jetzt bist, mit und ohne das.

Die Zenmeister würden sagen: „Was hattest du für ein Gesicht, bevor du geboren wurdest, bevor diese Maske zu dir kam?" Du warst als das Absolute. Die Erfahrung der Geburt hat dich nicht geboren, und durch die Erfahrung des Todes stirbst du nicht. Und in der Zwischenzeit reihen sich einzigartige Geschichten von jemandem aneinander, der hat und nicht-hat.

Dann kommt vielleicht die nächste Geschichte, eine andere Geschichte. Der nächste Schluck Kaffee, die nächste Empfindung, in der du dich zu verwirklichen hast.

Du bist das, was das zu Hause ist und dort wird es immer Gäste geben. Jetzt gibt es bereits sieben Milliarden Gäste auf der Erde. Du kannst nicht einen von ihnen rauswerfen. Und es werden immer mehr. Verrückt! Und trotzdem bist du nicht überfüllt.

Es ist bereits erledigt. Also, was sagt es dir? Der Gast ist bereits im Rachen des Tigers. Er ist bereits gegangen. Er ist bereits tot, weil er nie lebendig war. Und der sogenannte Leider und das Leiden und das Elend sind mit dem Gast gekommen und sie werden mit ihm verschwinden. Es kam mit dem „Ich" und es wird mit dem „Ich" verschwinden. Was soll man da machen?

Davor, während und danach ist ein Block?

Nein. Du bist DAS! – und das weiß nichts von sich und somit auch nichts von einem Block oder Nicht-Block. Um blockiert zu sein, braucht es etwas Zweites. Und es gibt nicht mal was Erstes.

Es ist einer ...

Nein, es ist weder einer noch sind es zwei noch irgendwas. Sei lieber das, was niemand wissen kann noch muss. Du musst nicht wissen, was-du-bist und ob du bist, um DAS zu sein. Das, was wissen muss, was es ist und das alle Konzepte kennen muss, braucht ganz sicher immer etwas. Und das ist aufgetaucht und es wird gehen. Das ist alles. Aber in diesem Kommen bist du nicht gekommen. Und im Gehen gehst du nicht. Das ist alles.

Während dieser Existenz kennt sich die Existenz nicht selbst.

Existenz kennt sich niemals selbst.

Also kennt sich die Existenz davor, während und danach nicht selbst. Un-unterbrochenes Ich Bin ...

Benenne es gar nicht. Seit DAS einfach – nur DAS. Ich Bin DAS, was vorher, währenddessen und danach ist. Das ist alles – sei DAS einfach. Dann ist da natürlicher Frieden. Du nennst es nicht einmal Frieden. Aber das wird Frieden genannt, ununterbrochener Frieden. Weil das, was-du-bist, niemals durch etwas gestört werden kann, egal was passiert. Es wird niemals gestört sein und war niemals gestört. Und das, was gestört werden kann, ist ein Phantom. Das ist alles. Und weil es ein Phantom ist, ist es bereits gestört.

Das ist alles auf einer subtilen Ebene. Solange der Körper da ist ...

Jetzt fängst du wieder an. Jetzt werde ich ärgerlich. Ich versuch's zumindest.

Aber solange wir am Körper festhalten, muss dieses Ding weitergehen ...

Du bist bloß ein elendes Phantom, das um sein Überleben kämpft. Das ist alles. Ich spreche nicht mit dir.

Wäre es richtig zu sagen, dass nicht das Phantom gestört ist, sondern dass es die Störung ist?

Nein, nein. Du kannst durch das Phantom nicht gestört werden. Wie könnte es eine Störung sein?

Wenn ich eine Analogie dafür nehme, dann ist es eine Schicht, die über dem natürlichen Zustand liegt. Der natürliche Zustand wird niemals gestört, aber der Unfall, der dem Bewusstsein passiert, wird „ich" genannt.

Aber wer bezeichnet es dann als Störung?

Du hast gesagt, dass du so lange gestört sein wirst, wie du Phantom bist. So hab ich's verstanden.

Das habe ich nie gesagt. Ich habe gesagt, dass sich das Phantom gestört fühlen wird. Ich würde niemals sagen „so lange". Es gibt für das, was-du-bist, kein „so lange".

Das Phantom wird gestört. Die Natur des Phantoms ist Störung.

Nein, das kannst du nicht sagen. Weil es Existenz gibt, wird die Existenz immer gestört sein. Aber du kannst nicht sagen, dass Existenz Störung ist.

Es gibt Mind, der sehr ruhig ist und dann sieht er die Kreation, die sich auf dieser Grundlage ereignet. Sie ist diese Störung.

Nein. Du machst daraus wieder zwei.

Es ist eine Version dessen. Da ist natürliche Ruhe und darin tauchen die Wellen auf.

Du machst es wieder relativ. Du machst sogar die Ruhe zu etwas Relativem. Ich weiß, dass es nicht einfach ist. Eigentlich ist es unmöglich, zu verstehen. Denn wenn du daraus Zustände und Feinheiten machst, dann bist du bereits auf Traumebenen und in Traumdimensionen.

Der Hinweis, dass du davor, während und jenseits bist, bedeutet nicht, dass du eine subtile Ebene bist, dass es da eine Leinwand oder so etwas gibt. Es weist nicht auf eine Leinwand hin. Es weist darauf hin, was Wirklichkeit ist, die mit und ohne alles ist, was du dir vorstellen kannst. Aber darin gibt es keine Ebenen. Deshalb kann sie auch nicht gestört werden.

Aber jetzt machst du daraus ein stilles Meer, auf dem sich eine Störung ereignet, du trennst das Meer von dem, was die Störung ist. Du machst daraus zwei und das ist nicht der Fall. Die Wirklichkeit und die Verwirklichung sind nicht zwei. Sie unterscheiden sich nur von ihrer Beschaffenheit her. Du als Wirklichkeit musst dich selbst als einen Verwirklichenden verwirklichen – wie eine Gasterfahrung. Aber du kannst es nicht vermeiden, die Erfahrung des Verwirklichenden zu sein. Deshalb unterscheidest du dich nicht vom Verwirklichenden.

Du bist also nicht das stille Meer, das sich von den Phantomen unterscheidet. Du erfährst die Störung eines Phantoms, aber da ist kein Phantom, das gestört wird. Anderenfalls machst du es wirklich. Du erfährst dich selbst als einen Verwirklichenden, als Erschaffenden. Aber dadurch, dass du dich als Verwirklichenden erfährst, als Erschaffenden, bist du nicht der Verwirklichende, der Erschaffende. Doch es ist nicht wie ein ruhiges Meer, über das ein Phantom kommt. Das funktioniert nicht.

Du bist Wirklichkeit und du erfährst dich als ein Verwirklichender. Das ist die Gast-Erfahrung. Der Verwirklichende, der verwirklicht, was verwirklicht werden kann – das alles ist die Erfahrung eines Gastes. Du erfährst dich selbst durch die Trinität. Aber du bist nicht das, was du erfahren kannst. Deshalb stört alle Störung niemanden. Was-du-bist, kann niemals dadurch gestört werden, dass es sich selbst als denjenigen erfährt, der gestört wird.

Deshalb ist es ein Paradox. Es gibt die Erfahrung der Störung, aber niemand ist gestört. Da ist das Erleben von Störung, aber da ist nichts Störendes. Und da ist die Erfahrung von etwas, das trotzdem stört, aber in Wirklichkeit ist es das, was-du-bist und das kann sich nicht selbst stören.

Es gibt den Traum des Sehenden, den Schauplatz und das, was gesehen wird. Und ständig ist es eine Gast-Erfahrung, die kommt und geht. Das ist die Anwesenheit. Und dann jede Nacht im tief-

tief Schlaf ist die Abwesenheit davon. Und du bist immer noch, was-du-bist.

In der Erfahrung bist du die Anwesenheit des Sehenden, die Anwesenheit der Szene und die Anwesenheit dessen, was gesehen wird. Dann gibt es vielleicht eine Störung durch Trennung. Aber durch die Störung der Trennung ist niemand gestört. Du kannst niemanden finden, der gestört ist. Es auch nur Störung zu nennen, ist schon zu viel. Doch deine Natur hängt nicht von der Anwesenheit oder Abwesenheit dessen ab. Du kannst es nicht vermeiden. Das ist eine absolute Seite dessen, was-du-bist, dich selbst in allem zu erleben, was du erleben kannst. Du könntest es unangenehm nennen und die Abwesenheit davon wäre angenehm.

Aber im Unbehagen ist dir nicht unbehaglich, weil du das Unbehagen bist. Und im Behagen ist dir nicht behaglich, weil du das Behagen bist. Sogar die Natur von Unbehagen und Behagen. Es gibt keine Zwei. Es gibt keine Ebenen, kein stilles Meer, dass das Phantom des Kommens und Gehens erfährt. Das funktioniert nicht. Darum ist Nisargadattas „Ich Bin DAS" genauer.

Du bist DAS, was die Abwesenheit der Abwesenheit und die Anwesenheit der Anwesenheit ist. Und die Anwesenheit der Anwesenheit kann nicht durch die Anwesenheit der Anwesenheit gestört werden. Und du bist die Abwesenheit der Abwesenheit. Es gibt nicht zwei. Und noch dieser Hinweis: DAS, was-du-bist, ist, was Abwesenheit und Anwesenheit sind. Durch diese Verwirklichung wirst du nicht wirklicher oder unwirklicher. Das ist alles.

Alle Erfahrungen von Störung und Unbehagen hinterlassen keinen Eindruck, sie haben keine Konsequenzen für das, was-du-bist. Hatten sie nie und werden sie niemals haben. Absolut keine Folgen für die Selbstverwirklichung. Egal, auf welchem Weg du dich verwirklichst, es hat keine Konsequenz. In der Erfahrung der Geburt ist niemand geboren. Und in der Erfahrung des Todes stirbt niemand. In der Erfahrung von Störung wird niemand gestört. Du kannst denjenigen, der geboren ist oder gestört wird in nichts finden.

Das ist die Ultimative Medizin von Maharaj. Versuche denjenigen zu finden, der gestört ist – du kannst ihn nicht finden. Versuche den Suchenden zu finden – niemand zu finden. Du kannst die Erfahrung finden, aber wenn du sie dir anschaust, ist sie verschwunden.

Es gibt immer Schwierigkeiten, wenn du es zu etwas wie einem Bild machst. Dann gibt es immer etwas Besonderes, wie ein Dahinter – den Gewahrseins-Hintergrund. Dann machst du daraus etwas wie eine Dimension. Das ist das Problem mit den Vorstellungen. Es ist immer ihr Problem. Aber du kannst dir nicht nichts vorstellen!

Darum sage ich: Da du dich verwirklichen musst, kannst du dich nur in Vorstellungen verwirklichen. Die erste Vorstellung ist die des Verwirklichenden, die zweite ist die Verwirklichung und die dritte kann die sein, was verwirklicht wird. Aber das alles ist deine Vorstellung. Doch das, was sich alles vorstellt, kann nicht vorgestellt werden. Das, was sich alles vorstellt, kann durch seine eigenen Vorstellungen nicht gestört werden.

Indem du bist, was Parabrahman ist, kannst du nicht von dem gestört werden, was-du-bist. Unmöglich! Es gibt den Traum der Störung. Aber wer ist da, um gestört zu sein? Wer leidet unter dem ganzen Elend? Da ist große Not, aber wo ist das „Ich"?

So gesehen ist niemals etwas passiert. Nichts muss sich dafür verändern. Aus diesem Grund habe ich kein Interesse, dass irgendwelche Konzepte verschwinden müssen oder dass sich etwas ändern muss. Es ist alles genau so, wie es zu sein hat. Sei es, wie es ist. Halleluja!

Durch Störung erkennen wir, was wir sind.

Okay. Streng dich noch mehr an. Soll ich das jetzt zerstören? Ich lass dich da einfach drin. Alle kommen zu mir, sagen was und erwarten dann, dass ich es zerstöre. Ich habe keine Lust, das zu zerstören.

Wie lange kann das Meer still bleiben? Es müssen sich Wellen zeigen ...

Nein. Darüber habe ich nie nachgedacht.

Manchmal bleibt es still.

Nein. Was bedeutet das?

Das bedeutet, dass Störung Teil der Natur ist. Die Störungen sind das Einzige, was uns eine Idee davon gibt, dass wir existieren.

Ich habe keine Ahnung.

Wenn es keine Wellen gäbe, könntest du auf dem Meer auch laufen.

Jesus ist auf dem Wasser gelaufen.

Wahrscheinlich gab es damals keine Wellen ... [Lachen]

Vielleicht konnte er nicht schwimmen. Er musste darauf gehen. Ich denke, dass es damals wenig Schwimmer gab. [Lachen] Es ist immer gefährlich, sich etwas vorzustellen und Bilder zu entwerfen. Es sieht immer so aus, als ob du etwas verstehst und dann willst du das behalten. Dann bleibst du dabei. Du machst es zu einem hübschen Bild der Erklärung und des Verstehens und hältst dich daran fest. Eins ist so gut wie das andere oder so schlecht wie das andere.

Wir sind aufgrund von Störungen hier.

Nein. Niemand weiß, dass er hier ist. Du vermutest, du bildest dir ein, dass du weißt, warum du hier bist. Aber du wirst es niemals wissen. [Ein Handy klingelt] Wir sind hier, weil sein Handy klingelt.

Tatsächlich verleiht uns die Störung Bewegung.

Du bist wirklich wissenschaftlich. Das ist mir echt zu hoch. Ursache und Wirkung und das alles, ich habe keine Ahnung und ich habe kein Interesse. Bei Ursache und Wirkung ist Unwissenheit die Ursache und Unwissenheit die Wirkung. Der Ursprung von allem, was du sagst, ist Unwissenheit. Aus dem Wissen kommt nichts. Sei dir einfach im Klaren darüber, dass alles, was kommt, Unwissenheit ist und dass sie aus der Unwissenheit kommt. Selbst der Ursprung von was auch immer ist Unwissenheit.

Alles, was du benennen kannst, was du einrahmen kannst, was du verstehen kannst – ist Unwissenheit. Wenn du den Ursprung und die Ursache verstehen kannst, dann ist sogar die Ursache Unwissenheit. Fantastisch! Bleib darin.

Wo befinden wir uns dann?

In Unwissenheit. Wenn es ein Verstehen gibt, ist es ein Verstehen in Unwissenheit. In Indien nenne ich es „Unwissenheit", im Westen „Mist". [Lachen] Und aufgrund von Mist passiert Mist. Aus Unwissenheit ergibt sich Unwissenheit. Ramana nennt es „das Falsche" – die Quelle – und aus dem Falschen ergibt sich nur Falsches. Falsch, falsch, falsch, falsch. Falschheit, Falschheit, Falschheit.

Alles, was du wissen kannst, ist falsch – besonders du selbst. Das Selbst, das du bereits kennst, ist falsch. Falsch, falsch, falsch, falsch. Du kannst ein Lied daraus machen, es heißt Satsang. [Lachen] Das Lied der Falschheit. Es ist ganz einfach. Alles Science-Fiction, die ganzen Bücher, alle Mystiker, alles, was gesagt und was herausgefunden werden kann – alle mystischen Erfahrungen, alles, was du in der Meditation mitkriegen kannst, ist falsch. Falsch, falsch, falsch.

Je tiefer du gehst, umso tiefer gehst du in die Falschheit. Wenn du höher fliegst, fliegst du höher in der Falschheit. Die tiefere Wahrheit ist die tiefere Falschheit.

Was ist dann dein Konzept?

Ich fliege weiter. Alles, was ich sage, ist falsch, dass sage ich immer. Stell dir vor, ich könnte etwas Wahres sagen. Das wäre die Hölle! Falsch, falsch, falsch.

Das kann ich nicht glauben.

Und ich bitte dich nicht, das zu glauben, weil alles, was du glauben kannst, falsch ist. [Lachen] Der Wissende muss den Wissenden nicht kennen, um der Wissende zu sein. Das, was Wissen ist, braucht sich nicht wissen, um zu sein, was es ist. Der Glaubende ist jemand, der das, was er ist, bereits verlassen hat. Jetzt will er durch die ganzen falschen Glaubenssysteme zurück. Er will zu dem zurück, was er niemals verlassen hat. Das ist verrückt! Du hast niemals verlassen, was-du-bist, aber jetzt willst du durch ein Glaubenssystem dahin zurück. Weil du glaubst, dass du dich selbst verlassen hast. Verrückt!

Ich versuche auf allen möglichen Wegen, dich zu verstehen und zu erreichen.

Ich weiß. Wenn du mich erreichen könntest, würde ich weglaufen. Wenn ich etwas wäre, das du erreichen könntest oder ich. Ich würde es in die nächste Mülltonne stopfen.

Also hast du es bereits erreicht?

Durch wen oder was?

Dich selbst …

Nein! Das Selbst ist wieder etwas Falsches. Was auch immer du „Selbst" nennst, ist falsch. Gott, Selbst, was auch immer. Falsch, falsch, falsch. Was erreicht werden kann, sogar durch das Selbst, ist falsch. Was auch immer dir in den Sinn kommt − ist Trennung, ist zwei. Welches Selbst kann das Selbst erreichen? Und wer ist da, um was zu erreichen? Ein Falsches erreicht ein anderes Falsches. Falsch, falsch, falsch.

Alles, was du sagen kannst, ist Lüge und schau, alles ist Lüge. Insbesondere ist derjenige ein Lügner, der dir erzählt, dass alles eine Lüge ist. Also verlass dich nicht drauf. Was kannst du sonst tun? Der Lügner muss sich immer auf etwas verlassen und er lügt und lügt und lügt. Bleib einfach Lügner in diesem Leben. Du baust nur deshalb auf Lügen, weil sich ein Lügner auf Lügen verlassen muss.

Dann lügst du und lügst und lügst. Dann glaubst du, dass du durch ein paar Lügen aus der Lüge rauskommen kannst. Dann brauchst du Meister, die dir Lügen erzählen, die dir erzählen, dass sie einen Weg raus gefunden haben. Dass sie ihre wahre Natur kennen. Ach du meine Güte! Was für eine Art wahrer Natur wäre das, die von jemandem erfahren oder realisiert werden könnte? Besonders von Meistern, alle Lügner, wie sie da stehen.

Ich frage dich das ganz kategorisch. Sagst du, dass alle spirituellen Meister
…

… Lügner sind!

Und alles andere, was sie an sich zu haben scheinen. – Sie können dir Dinge
über dich sagen, sie können Einsichten haben. Es ist nur das Spiel der
Siddhis, das sie anwenden, damit du an Gullivers Märchen glaubst.

Ja. Da ein Lügner dem anderen Lügner glaubt. Es sind zwei Lügner – ein Lügner lügt den anderen an. Und du magst es, dass dich
ein Lügner anlügt. Weil das dein Bereich ist; du bist ein Meisterlügner und er ist ein Meisterlügner. Zwei Meisterlügner treffen
sich. Dann meistert der eine Meisterlügner den anderen Meisterlügner. Was sonst? Zwei Phantome.

Eigentlich will ich auf die Tatsache hinaus, dass wir, wenn wir zu einem
Meister gehen, einen Sinn dafür bekommen, dass es höhere Ebenen gibt.
Oder sie haben gesehen, was wir nicht gesehen haben, oder da ist mehr als
das, was du gesagt hast.

Ich sage dir, dass alles, was du erfahren kannst, Lüge ist. Alles,
was auch immer, ohne Ausnahme.

Das ist die Natur von Erfahrung?

Das ist die Natur jeder wahrnehmbaren Erfahrung. Alles, was du
erfahren kannst, ist eine Lüge und eine Lüge beginnt immer mit
dem Erfahrenden. Also fängt es mit einer Lüge an und es geht
mit Lügen weiter. Und alles, was du wissen kannst, ist Lüge. Die
Lüge beginnt mit einem Wissenden. Der Wissende, das Wissen
und das, was gewusst werden kann – das alles ist Unwissenheit.
Es ist alles falsch, von Anfang an. Was immer aus diesem Bereich
des Wissens kommt und alles, was gewusst oder nicht gewusst
werden kann, ist Teil dessen. Es gibt keine Ausnahme. Darin wird
niemals Wissen gefunden. Alles, was du findest, sind höhere oder
niedrigere Lügen, tiefere Lügen, höhere Lügen. Lüge, Lüge, Lüge.
Das ist Lila.
Und Gott sei Dank kannst du das Ende der Lügen nicht finden.
Keinen Anfang der Lügen und kein Ende. Also sind selbst Lügen

ihrer Natur nach Wissen. Da sogar sie ihrer Natur nach vollkommen sind, sind es wirkliche Lügen. Es gibt die Wirklichkeit der Lügen. Aber du kannst in den Lügen keine Wirklichkeit finden. Ihre Natur ist bereits wirklich. Aber keine Lüge ist besser als eine andere.

Deshalb ist es am einfachsten, alles als Lüge zu sehen. Das ist die gute Gesellschaft. Als absoluter Lügner zum absoluten Lügner zu sprechen. Das ist die gute Gesellschaft des absoluten Lügners, der zum absoluten Lügner spricht, der zuhört. Denn nicht einmal das Selbst kann die Wahrheit kennen. Selbst das Absolute kann sich selbst nicht kennen. Deshalb ist alles, was das Absolute zum Absoluten sagt, Lüge. Selbst die Hinweise sind Hinweise der Lüge.

Wenn das Absolute sagt, dass es Lügen erzählt, wird das nicht zur Wahrheit?

Nein.

Wenn du sagst, dass die Natur von allem Lüge ist, wird das dann nicht zu Wahrheit?

Nein. Du brauchst das nicht betonen. In dem Augenblick, in dem du es aussprichst, wird es wieder Lüge. Darum ist Neti-neti so profund. Neti-neti bedeutet Lüge, Lüge, Lüge, Lüge und nicht Lüge, Lüge, Lüge, Wahrheit. [Lachen]

Das Negativ-Negativ geht negativ weiter. Es ist nicht so, dass das Negativ-Negativ zum Positiv wird. Nein. Das Positive ist immer abwesend. Die Abwesenheit in der Anwesenheit ist das Positive. Negativ-negativ wird nicht zu positiv. Es ist alles negativ-negativ-negativ. Es kommt niemals, das ist das Gute daran. Anderenfalls machst du es wieder zu einem Konzept: „Wenn ich alles als Lüge sehe, ist das die Wahrheit!"

Nein, selbst derjenige, der alles als Lüge sieht, ist Lüge. Selbst der Lügner, der alles als Lüge sieht, ist eine Lüge. Gott kennt Gott und spricht Gott aus. Der Aussprechende ist bereits das Ausgesprochene. Selbst der Aussprechende, der versucht, wahr zu werden, ist eine Lüge, Lüge, Lüge. Vom Anfang bis zum Ende.

Die gesamte Anwesenheit ist eine Lüge. Wenn die Anwesenheit wahr wäre, würde sie sich nicht manchmal in die Abwesenheit verkehren. Es gibt immer zwei – Anwesenheit und Abwesenheit. Das ist die grundsätzliche Lüge. Du in der Anwesenheit und du in der Abwesenheit. Deshalb ist das, was-du-bist, weder Anwesenheit noch Abwesenheit. Also ist Anwesenheit Lüge, und Abwesenheit auch. Lüge, Lüge, Lüge. Das ist deine Basis, Lüge-Lüge, Neti-neti. Das ist das grundlegende Neti-neti.

Das Neti der Anwesenheit und das Neti der Abwesenheit. Da du dich weder in der Anwesenheit noch in der Abwesenheit kennen kannst. Das ist das grundlegende Neti-neti. Und nicht wie – nicht dies, nicht dies, nicht dies. Der Urgrund ist weder Anwesenheit noch Abwesenheit. Weder „Nichts" noch „Alles" kann das, was-du-bist bekannt oder unbekannt machen.

Also sei, was-du-nicht-nicht-sein-kannst, weil du es sowieso bist. Selbst in der Anwesenheit oder Abwesenheit der Lüge – bist du. Aber das, was DAS ist, werden wir niemals wissen und wir brauchen es auch nicht wissen. Das ist absolut, trotz und nicht aufgrund von irgendwas. Es ist nicht einmal die Anwesenheit oder Abwesenheit dessen, was ist.

Also Neti-neti … und der nächste Schluck Kaffee.

Ist alles, was du gerade gesagt hast, Lüge.

Selbstverständlich, alles Lüge. Du kannst nicht darauf bauen, weil du es wieder vergessen wirst. Du musst sogar ohne das sein – was-du-bist. Deshalb ist alles, was du jetzt hören und verstehen kannst, ganz sicher eine weitere Lüge. Es ist eine grundlegende Lüge. Aber eine grundlegende Lüge ist immer noch eine Lüge.

Aber du musst sein, um zu sehen, dass es eine grundlegende Lüge geben kann. Damit es eine Lüge oder keine Lüge geben kann, musst du sein, mit und ohne. Du musst es nicht einmal irgendwie nennen, weil es sich selbst niemals irgendwie nennen wird. Das wird sich selbst niemals positiv nennen oder Wahrheit oder wie auch immer. Darin ist niemand, der Aussagen trifft.

Aber das ist so abstrakt. Es ist unmöglich …

Das ist das Abstrakte, und nur wenn du abstrakt bist, bist du, was-du-bist. Es gibt keine andere Möglichkeit, zu sein, was-du-bist. Man ist nicht der Urgrund, indem man das Substrat findet, sondern indem man der Urgrund ist, ohne den Urgrund zu kennen. Was das Substrat kennen kann und muss – ist falsch.

Deshalb ist die Anwesenheit falsch und die Abwesenheit auch. Die Essenz der Anwesenheit kann das Substrat niemals kennen und die Essenz der Abwesenheit kennt das Substrat auch nicht. Von Anfang an ist die Idee der Anwesenheit falsch und die Idee der Abwesenheit auch.

Aber wenn man das Abstrakte ist ...

Es ist nicht für dich. Es ist für niemanden.

Ich weiß.

Warum schlägst du dich dann damit herum?

Weil ich es höre ...

Aber es ist nicht für dich, nicht für mich, für niemanden.

Warum sprichst du dann darüber?

Nur so zum Spaß. Denkst du, dass ich hier Sinn vermitteln will? [Lachen] Das ist Unterhaltung, also bitte! Gott sei Dank braucht das niemand. Was-du-bist, braucht es nicht und das, was dem zuhört, kann es dadurch nicht kriegen. Es gibt hier nichts zu gewinnen. Nichts zu gewinnen, nichts zu verlieren, nichts zu erreichen, was auch immer.

Das liegt in der Natur guter Gesellschaft. Was gibt es zu erreichen? Nichts. Was du hörst, musst du sowieso wieder vergessen.

Was ist mit dem Satz „Sei, was-du-nicht-nicht-sein-kannst"?

Weil du etwas mitbekommen hast, wirst du es wieder vergessen. Es klingt gut.

Ist auch das eine Lüge?

Es ist auch eine Lüge. Und für das, was-du-bist, macht das keinen Unterschied. Es hat nichts dagegen. Aber jetzt möchtest du die Wahrheit wissen und vielleicht macht dich das depressiv. Und das mag ich. [Lachen] Ich mag depressive Phantome, sie sind wirklich lustig. Mit ihnen kannst du wirklich was anstellen. Für die Phantome ist es echt kein Spaß, wenn sie dem näher kommen, was Ruhe ist, das Substrat. Dann brennen sie in der Hölle.

Das wird als tiefe Ruhe bezeichnet. Du kannst diese Ruhe nicht ertragen. Die Ruhe kann die Ruhe leicht ertragen, indem sie die Ruhe ist. Aber durch deinen Versuch, Ruhe zu finden und zu haben, brennst du in der Hölle. Du wirst dadurch, das du „sie" nicht besitzen kannst so frustriert und depressiv. Ich mag unzufriedene Phantome. Weil man den Frieden nun mal nicht besitzen kann, Gott sei Dank.

Was meinst du damit?

Hab Spaß. Schau, jetzt haben sogar die Phantome Spaß. [Lachen] Das ist erstaunlich. Ich sage den Phantomen immer, dass sie nie glücklich sein werden. Niemand von euch wird sich je selbst kennen und niemand wird je glücklich sein. Ihr werdet das Glück nie bekommen. [Lachen] Schau, alle fangen an zu lachen, das ist fantastisch. Wenn ich allen sage, ihr werdet das Glück erreichen, wenn ihr A, B oder C macht; wenn ihr dieses und jenes tut, werdet ihr euch selbst kennen [macht ein angespanntes Gesicht], dann werden alle schwer. Es hat die gegenteilige Wirkung. Das ist erstaunlich.

In dem Augenblick, in dem du Hoffnung gibst und sagst, dass du etwas machen kannst, erschöpft das alle energetisch. Mist, ich kann etwas tun. Aber wenn ich das Gegenteil sage, dass ihr keine Chance habt, egal ob ihr etwas tut oder nicht tut, dass ihr euch dadurch nie erreichen könnt oder kennen werdet, dass keiner von euch je Glück erlangen kann und dass ihr alle die größten Fehlschläge aller Zeiten seid – wenn ich sage, dass ihr die Reste seid, die andere Gurus für mich übrig gelassen haben – zum Spaß, dann ist Party. Dann haben selbst die Phantome eine Party. Es sieht so aus, als wären wir hier auf der Party des Seins.

Ich finde das nicht lustig! [Lachen]

Alle beschweren sich darüber, dass sich in meiner Anwesenheit verstehen ereignet. Es ist lustig, sie können sogar darüber lachen. In den Augenblick, in dem sie wieder zu Hause sind, allein. Mist! Die ganze Welt kommt zu ihnen zurück und sie sind wieder elendig und frustriert.

Aber was kann ich machen? Ich kann nicht ständig überall sein und Spaß machen. Also müsst ihr mit euch selbst Spaß haben, durch euch selbst. [Zeigt auf sich] Dieser Clown kann nicht überall sein.

Lüge ist nur für den Lügner ...

Nein. Nein!

Betrachtest du die Welt als Lüge?

Ich sehe nichts.

Lüge kann es nur für das Phantom geben, für denjenigen, der existiert.

Nein. Für Lügner sind Lügen wahr.

Aber du sagst, dass es Lüge ist.

Nein. Ich sage, dass der Lügner eine Lüge ist.

Der Lügner ist die einzige Lüge?

Nein. Weil es einen Lügner gibt, gibt es ein Meer aus Lügen – das Bewusstsein, weil bereits das Bewusstsein Lüge ist. Wo das Bewusstsein ist, gibt es ein Meer aus Lügen. Dann gibt es Wellen der Lügen wie dich, die zu Wellen der Lügen sprechen. [Lachen] Selbst Bewusstsein ist eine Lüge.

Der bewusste Gott ist ein Lügner. Nur ein Lügner ist bewusst. Das, was Wissen ist, ist niemals bewusst oder unbewusst. Und wo sich Gott seiner Existenz bewusst ist, wo er gewahr ist, zu sein, da ist er schon ein Lügner. Es ist Gottes Lüge. Der Schöpfer ist bereits eine Lüge.

Was-du-bist, ist auch eine Lüge?

Ich muss nicht wissen, was Ich Bin. Ich muss nicht aussprechen, was Ich Bin. Warum sollte ich irgendeinen Mist von mir geben?

Aber was siehst du?

Ich sehe nichts.

Warum? Liegt es daran, dass alles eine Lüge ist?

Nein. Weil das, was Ich Bin kein Seher ist. Wie kann ich etwas sehen? Was Ich Bin, sieht niemals etwas. Der Seher sieht, was gesehen werden kann. Aber das alles ist Teil des Sehers, die Geschichte des Sehers, aber es ist nicht, was „Ich Bin". Du kannst das, was Ich Bin nicht zur Geschichte eines Sehers machen. Egal, was du siehst – es ist bereits Vergangenheit. Das weißt du. Du musst erklären, was du siehst. Es bedarf für das, was du siehst, eines Erklärenden, ansonsten gibt es nicht einmal Sehen.
Du musst einen Baum benennen, um einen Baum zu sehen. Du musst das Universum benennen, damit da ein Universum sein kann. Damit es ein Sehen gibt und einen Seher, muss er sich selbst benennen.

Durch frühere Programmierung?

Nicht durch frühere Programmierung. Einfach, indem er es ausspricht. Einfach, indem er es benennt. Nur Gott, der sich selbst einen Namen gibt, kann sich selbst erfahren.

Namen zu geben, ist selbst eine Lüge?

Einen Namen zu haben, etwas „benenn-bares" zu sein, ist Lüge. Zuerst ist der da, der einen Namen hat. Der Schöpfergott, der alles definiert. Seine Natur ist nicht zu definieren. Dem reinsten Ursprung den Namen „was-du-bist" zu geben, heißt bereits, sich selbst zu definieren und sich von etwas anderem zu unterscheiden.
Also, am Anfang war ein Wort und das Wort war gut. Aber selbst „gut" ist nicht, was gut ist – es ist eine Lüge. Wo Wahrheit sich kennt, wird sie zur Lüge.

Gibt es einen Gott für Gott?

Wenn interessiert das? Möchtest du dich um Gott kümmern? Gott braucht niemanden, der sich um ihn kümmert. Und der Gott, um den man sich kümmern muss, ist sicher nicht Gott. Für die Natur Gottes existiert nichts. Und egal welche Existenz da sein wird, es ist bereits zu spät.

Du möchtest das, was Gott ist, in das Lügensystem einfügen.

Aber das ist, was wir gerade sehen. Die Frage taucht im Phantom-Gott auf.

Als Gott nicht war, war er sicherlich nicht fragwürdig. Alle Fragen kommen aus dem fragwürdigen ersten Schöpfergott. Selbst etwas „Gott" zu nennen, ist schon zu viel. Selbst, Gott, Wahrheit, Absolutes – alles zu viel.

Darum sage ich, dass das alles die Grundlage der Lüge ist. Das erste Benennen – ist eine Lüge. Und es ist selbst zu spät dafür, es nicht zu benennen. Indem du es jetzt vom Namen reinigen willst, und es das Unbenennbare nennst, benennst du das, was keinen Namen hat wieder – es ist immer noch ein Name. Es ist zu spät!

Sagst du, dass die gesamte Existenz Lüge ist? Oder ist die gesamte bewusste Existenz eine Lüge?

Ich sagte gerade: Alles, was du benennen kannst, alles, was du aussprechen kannst, ist eine Lüge.

Vor ein paar Tagen sagtest du, dass die Verwirklichung ...

Sie ist eine Lüge. Wenn du sie Verwirklichung nennst, ist es eine Lüge. Die Natur der Verwirklichung weiß von keiner Verwirklichung, die du als Wirklichkeit bezeichnest. Und Wirklichkeit kennt keine Wirklichkeit oder Verwirklichung. Aber wenn es eine Verwirklichung gibt, dann muss sie eine Lüge sein.

Die Natur der Wirklichkeit muss die Wirklichkeit nicht kennen.

Sie kennt sie niemals.

Deshalb ist das, was-ist, wirklich, aber in dem Augenblick, in dem ich es benenne, es wahrnehme, wird es falsch. Ist es das, was du sagst?

Selbst davor ist es falsch.

Mit anderen Worten sagst du, dass die gesamte Manifestation falsch ist.

Falsch, falsch. Worüber wir sprechen können, ist falsch.

Das wirklich Wirkliche ist auch falsch.

Das wirklich Wirkliche ist auch falsch. Das Wirkliche braucht keine Wirklichkeit. Es kennt sich selbst überhaupt nicht. Und das, was sich selbst kennen muss, ist ganz sicher relativ. Es kann nur falsch sein. Also, was da auch spricht, was verstehen will, Geist, Verstand, Bewusstsein, was wir benennen und fassen können – ist falsch. Ausnahmslos.

Was wir benennen und fassen können, ist falsch. Das kriege ich. Aber, wenn ich nicht benenne und fasse …

Ist es trotzdem falsch, ebenso falsch. Kenne dich einfach als DAS, was sich weder kennt noch nicht kennt.

Wenn du es sagst, ist es bereits zu spät, dann ist es auch eine Lüge …

Ja, aber es ist zu spät. Wenn es eine Lüge ist, ist es zu spät. Wenn es keine Lüge ist, ist es zu spät. Es ist sowieso zu spät. Sie wollen mich immer festnageln. Jesus konnte festgenagelt werden, weil er ein Konzept der Liebe hatte. Dafür musste er ans Kreuz genagelt werden. Aber wer will das Falsche festnageln? Du willst sogar das Falsche festnageln. Das ist wirklich zu viel Arbeit.

Damit lässt du uns leer zurück …

Aber dafür kommst du her. Du kommst für das leere Herz hierher. Du kommst für das Herz, das kein Herz kennt. Es braucht das Herz niemals kennen. Das Herz, das gekannt werden kann, ist eine Lüge. Du kommst für die vollkommene Leerheit hierher. Für die absolute Abwesenheit jeder Anwesenheit dessen, was du Herz nennst. Damit die Idee des Herzens abfällt und damit das bleibt, was das Herz ist.

Ein Ergebnis ist, das ich mich leer fühle. Nichts sammelt jetzt ein …

Aber warte einen Augenblick, es wird wieder sammeln. Nein, mach dir keine Sorgen, der Haken ist nicht verschwunden. Du kannst als Phantom weitermachen, keine Sorge. Ich kann das Phantom nicht töten.

Alles, was ich gemacht habe, bevor ich dich getroffen habe, kann ich jetzt nicht mehr tun.

Nach ein paar Tagen oder Wochen kehrst du zum gewöhnlichen Ablauf zurück. Die Gewohnheiten werden weitergehen. Es ist, als ob ich alle Enten abschießen würde und nach einer Zeit wachen alle Enten wieder auf. Mach dir keine Sorgen. Es ist wie auf dem Rummelplatz. Du gehst auf den Rummel und schießt alle Enten. Du bist sehr gut im Entenschießen und irgendwann hast du alle Enten abgeschossen. Dann drehst du dich um und bist der Meister der Entenschützen. Du bist die Enten los. Keine Konzepte mehr. Dann drehst du dich wieder um und alle Enten sind wieder da. Dann musst du wieder schießen.

Das ist, was ich Tag für Tag überall auf der Welt tue – Enten schießen. Und wenn ich wiederkomme, sind die Enten zurück. [Lachen] Ich erwarte gar nicht, dass die Enten verschwinden. Ich schieße einfach nur Enten, das ist alles. Und an Enten herrscht kein Mangel. Es ist alles eine ENTE.

Diese Ente ist gerade gestorben – und jetzt?

Diese Ente kann nicht sterben. Wie kann ein Phantom sterben, das nie wirklich war? Wie kann das sterben, was niemals lebendig war? Das Phantom-Bewusstsein wird immer weitergehen.

Du hast uns zur Ente gemacht …

Hallo! Ich bin Ente – du bist Ente. Ente – Ente.

Ich will nur sagen … Verloren …

Ja, aber das, was verloren werden kann, kann auch wiedergefunden werden. Das ist das Problem. Selbst die Idee eines leeren Herzens ist zu viel.

Ich glaube nicht, dass das eine Idee ist. Ich bin nur nicht in der Lage, gerade irgendetwas zu transportieren.

Kein Gefäß mehr. Mal schauen. Wenn das zu passieren hat, durch Gnade, dann wäre der Wurzelgedanke „Ich" vernichtet, bevor der Körper geht. Normalerweise bricht er zusammen, wenn der Körper stirbt. Aber in manchen Fällen ist der Körper gegangen, bevor der Körper gegangen ist. Und trotzdem passiert nichts. Ich tue mein Bestes, um alle Enten zu schießen. Aber ich erwarte nicht, dass sie nicht zurückkommen.

Jetzt gibt es kein Interesse an Gewahrsein, Bewusstsein, Nicht-Gewahrsein, Nicht-Bewusstsein …

Aber derjenige, der kein Interesse hat, ist immer noch einer zu viel. Das Nicht-Interesse ist immer noch zu viel Interesse. Mach dir nichts draus. [Lachen] Es gibt da keinen Weg raus. Das Interesse, das geht, würde wiederkommen. Die Schönheit dessen, was-du-bist, liegt darin, dass es niemals notwendig ist, dass etwas geht. Ob es weitergeht wie bisher oder ob es das gesamte Universum zerbricht, macht keinen Unterschied. Mit oder ohne Enten, mit oder ohne Interesse, alles hängt von jemandem ab, der hat oder nicht hat. Dieser eine ist ein Phantom, mit und ohne.
Aber trotzdem bist du, was-du-bist. Unabhängig von der Anwesenheit oder Abwesenheit dessen, was das Phantom hat oder nicht hat. Das ist die Schönheit deiner Natur. Sie hängt niemals von einer Anwesenheit oder Abwesenheit ab. Egal, was das Anwesende „Ich" hat oder nicht hat. Lass es sein oder nicht. Es ist bereits vorbei. Derjenige mit Interesse und derjenige ohne Interesse sind schon gegangen.

Jeden Abend gehe ich nach Hause und beschließe, morgen nicht wiederzukommen.

Ich auch. [Lachen]

Also, was lässt mich zurückkommen?

Dasselbe, was mich zurückbringt. Ich würde niemals zurückkommen, wenn ich eine Wahl hätte. Ich würde dem Typen nicht zuhören.

Ich habe mich fest entschlossen, nicht zurückzukommen. Trotzdem komme ich. Aus welchem Grund?

Was lässt die Welt sich drehen? Wie kommt es zum Sonnenuntergang? Zum Sonnenaufgang? Was erschafft das gesamte Universum? Niemand wird das jemals wissen. Aber DAS, was-ist, durch das das gesamte Universum ist, bringt dich hierher, um dem zuzuhören. Du kannst sagen, dass der absolute Träumer, der die gesamte Existenz träumt, dich hier sitzen lässt und mich auch. Vielleicht gibt es darin ein „Warum?", aber warum eigentlich nicht? Wenn es einfach so sein muss, warum nicht?

Manchmal werde ich verrückt, wenn ich an diese Dinge denke.

Und ich bin verrückt, verrückter kannst du nicht werden. Wenn du Verrücktheit bist, gibt es nichts zu fürchten. Zu versuchen, nicht verrückt zu sein, ist wirklich verrückt. Du bist die Verrücktheit, ich bitte dich! Du bist so verrückt, dass du nach dir selbst suchst. Als ob du dich verloren hättest – und das ist nicht verrückt? Du schaust an all den verrückten Plätzen, wo du dich nicht verloren hast. Nur-für-den-Fall, dass du dich da findest. Ist das nicht verrückt?

Ich sage, nur-für-den-Fall. Wir alle sind verrückte Fälle. Vielleicht finde ich mich. Und wenn ich nicht schaue, bedauere ich später vielleicht, dass ich nicht dort nachgeschaut habe. Vielleicht wäre ich da gewesen. Stell dir vor! Nur-für-den-Fall. Wie blöd kann man sein?

Ich denke, dass du durch deine Worte Benzin ins Feuer gießt.

Ja, du hast Recht, Benzin ins Feuer. Das Feuer brennt bereits, und ich blase rein [pustet in die Luft]. Gebe ihm Sauerstoff, blase es ordentlich an. Die Antwort ist in den Wind zu blasen, du weißt das. Der Bläser, das Blasen und das, was geblasen wird, sind nicht verschieden. Es ist alles Energie. Es ist alles, was-du-bist.

DAS kann nicht brennen, aber indem es die Energie ist, verbrennt es alles, augenblicklich. Es ist erstaunlich. Indem man Gewahrsein ist und kein Gewahrsein hat, ist bereits alles verbrannt. Selbst das Gewahrsein ist verbrannt. Indem man das

Substrat ist, ist die Idee des Substrats augenblicklich verbrannt. Indem man Wissen ist, ist der Wissende verschwunden, augenblicklich, im Bruchteil einer Sekunde.

Indem du bist, was-du-nicht-nicht-sein-kannst, sind alle deine Konzepte verschwunden, weil derjenige, der die Konzepte hatte, verschwunden ist. Indem du das Leben bist, sind alle Vorstellungen über das Leben [pustet in die Luft] gegangen! Es ist erstaunlich. Aber weil du geboren und lebendig bist, sind alle Lügen hier. Dann ist das ganze sogenannte Relative da. Verrückt!

Was für eine allmächtige Energie du bist! Durch was der Allmächtige auch immer glaubt, wirklich zu sein, wird wirklich. Wenn du den Körper für wirklich hältst, wird der Körper wirklich. Fantastisch!

Was für ein allmächtiger Träumer du bist! Alles, was der allmächtige Träumer für wahr hält, wird wahr. Wenn du Körper bist, bist du wahrer Körper. Was für eine erstaunliche Energie! Dadurch, dass dem Körper Aufmerksamkeit gegeben wird, wird er wirklich. Dann ist das ganze Universum wirklich, und das, was zusammen mit den Körpern kommt. Das alles passiert dadurch, dass man das [weist auf den Körper] wirklich macht, und die Aufmerksamkeit darauf richtet.

Dann kommt Ramana und sagt: Schenke dem Aufmerksamkeit, was Aufmerksamkeit ist – indem du Aufmerksamkeit bist. Aber das, was Aufmerksamkeit gibt, ist was?

Also ist die einzige Möglichkeit, noch verrückter zu werden.

Niemand will, dass du verrückt bist. Du kannst nicht verrückter werden, bitte. Das ist, als ob du lebendiger sein wolltest. Du kannst nicht mehr sein als das, was-du-bist, gerade jetzt. Du kannst nicht mehr werden. Da du bereits die Verrücktheit selbst bist, kannst du nicht verrückter werden, ich bitte dich! Es gibt nichts zu fürchten. Das ist deine Irrenanstalt und du bist der einzige Arzt. Es sind nur Ärzte in der Anstalt, Psychodrama, überall.

In einigen deiner Hinweise finde ich manche Wahrheit ...

Das ist eine Lüge.

Das ist auch eine Lüge?

Ja, natürlich. Das ist die Schönheit der Lügen. Wenn alles eine Lüge ist, ist es sehr schön. Es ist ein ganzer Garten Eden der Lügen. Das gesamte Paradies ist eine Lüge. Und wenn das ganze Paradies eine Lüge ist – dann macht es Spaß. Stell dir vor, das Paradies mit Adam und Eva wäre wirklich! Lügen sind reine Unterhaltung.

Was du wirklich bist, wird durch die Existenz nicht beeinflusst?

Es kann nicht durch sich selbst beeinflusst werden, weil es dafür zwei bräuchte. Für Konsequenzen werden zwei gebraucht. Es bedarf der Zeit, Zeit bedeutet zwei. In dem, was-du-bist, gibt es kein Zweites. Da es kein Zweites gibt, kann es sich selbst nicht beeinflussen. Das ist deine Natur. Natur kann von seiner Natur nicht beeinflusst werden, aber das, was Lüge ist, wird von anderen Lügen beeinflusst. Nur Lügen können von Lügen beeinflusst sein.

Das, was du Wahrheit oder Natur nennst, kann niemals von sich selbst beeinflusst sein.

Das hört sich für mich wirklich wahr an. Ist es auch eine Lüge?

Dann bleib dabei. Wenn du daraus ein Konzept machst, wird es zur Lüge. Es ist nur ein Hinweis, es kann nicht die Wahrheit sein. Die Hinweise sind nicht wirklich. Aber du kannst sagen, dass das, worauf ich hinweise, ist, was-es-ist. Aber die Hinweise sind nicht wirklich.

Letzten Endes, ein bisschen ...

Nein, nein, nein. [Lachen] Keine Kompromisse.

Es gibt Hinweise, die auf die Wahrheit hinweisen und das sind ebenfalls Lügen. Dann gibt es Hinweise, die in die andere Richtung weisen. Z. B. erzählen dir die Gottmenschen, dass sie die Erleuchtung geben können. Zwischen diesen beiden Lügen besteht ein riesiger Unterschied. Du kannst nicht sagen, dass alles eine Lüge ist.

Ich kann.

Du kannst es sagen, aber für mich ist das eine weniger Lüge und das andere mehr.

Aber für mich sind das alles absolute Lügen und in den absoluten Lügen gibt es keine mehr oder weniger Lügen. So wie es absolutes Wissen gibt, gibt es absolute Lügen und beide sind absolut. Es gibt nicht mehr oder weniger Lüge. Mehr oder weniger Lüge ist es von einem relativen Referenzpunkt aus. Für das, was Ich Bin, gibt es ein absolutes Wissen und absolute Lüge. Ihrer Natur nach unterscheiden sie sich nicht.

Was du als Lüge bezeichnest, ist von Anfang an eine menschliche Erfahrung.

Nein, Gottes Erfahrung. Die Erfahrung Gottes, ich würde noch weiter gehen. Die Menschen sind die Letzten auf der Rolle, das, was übrig geblieben ist. Die Gotteserfahrung oder Selbsterfahrung ist selbst eine Lüge, von Anfang an.

Woher weiß diese Gotteserfahrung [zeigt auf Karl], dass sie eine Lüge ist.

Ich erfahre mich selbst nicht.

Wie kannst du dann sagen, dass es eine Lüge ist?

Ich sage es.

Woher kommt das?

Nirgendwoher. [Lachen] Wie kann ich wissen, woher es kommt? Es kommt nicht zu mir, Ich Bin DAS. Wie sollte es zu mir kommen. Von wo nach wo? Ich bin das, was trotz einer Anwesenheit oder Abwesenheit ist, das kannst du dir nicht vorstellen. Und was von einem Anwesenden aus gesagt werden kann, ist Lüge.
DAS Absolute ist – und das, was von einem „Ich" formuliert oder definiert wird, ist Lüge. Das ist mehr als einfach.

Aber diese Frage ist von einem relativen …

Ja, aber das Relative beinhaltet immer mehr oder weniger. Aber das ist nicht meine Angelegenheit. Ich habe von diesem mehr oder weniger keinen Vorteil. Ich bin absolut gierig. Ich mache es nicht für weniger als das Absolute. Und das Absolute ist absolut DAS – was das und das [zeigt auf die Besucher] und das und das und das ist. Nicht mehr und nicht weniger.

Ich schere mich nicht um ein bisschen Pippi-Wahrheit oder dergleichen. Ich bin absolut gierig nach mir selbst. Ich bin absolut abhängig von dem, was Ich Bin und nicht mehr und nicht weniger als DAS. Absolute Erfüllung – und nicht mehr und nicht weniger als die absolute Erfüllung, das „Selbst" zu sein – nicht mehr und nicht weniger.

Und auf den ganzen mistigen Kram auf dem Weg kann ich gut verzichten. Ich bitte dich, der absolut Abhängige zu sein und nur das, was-du-nicht-nicht-sein-kannst, ist die Erfüllung selbst, nicht mehr und nichts weniger. Es ist die Erfüllung, nach der du dich sehnst. Und nicht irgendein relativer Bezugspunkt von einem Kompromiss oder so etwas. Ich bin nicht für Kompromisse hier.

Da ich weiß, dass die Sehnsucht nur vorbei sein kann, wenn du bist, was-du-nicht-nicht-sein-kannst. Und jedes relative was auch immer, ist verglichen damit Mist. Und jede kleine glücklich machende Erfahrung ist verglichen mit der Süße der absoluten Erfüllung, zu sein, was-du-bist – was-du-nicht-nicht-sein-kannst, bitter. Alles andere ist wahrer Mist, sage ich dir und so bitter und so elendig. Es verpasst, was du Augenblick für Augenblick bist.

Und nur dadurch, dass du das bist, ohne jeden Kompromiss – indem du bist, was-du-nicht-nicht-sein-kannst, enden alle deine traumartigen quälenden Erfahrungen. Und nichts anderes kann beenden, was niemals angefangen hat. Deshalb kann ich nur auf diese absolute Weise zu dem sprechen, was „Ich Bin". Und nicht, indem ich irgendwelche Kompromisse eingehe, die das Persönliche angenehmer machen und mir ein angenehmeres Leben bescheren. Darauf kann ich echt verzichten.

Um sich zu kennen, bezahlst du sofort mit der Hölle der Unkenntnis. Indem du dich an dem ganzen Mist festhältst. Aber ich kann nur sein, was „Ich Bin" und zu dem sprechen, was „Ich Bin". Und das nennt man gute Gesellschaft, aber darin gibt es keinen Kompromiss. Ich werde keinen Kompromiss machen und auf eine Ebene gehen, von der aus die Meister sprechen. Ich habe mit Ebenen nichts am Hut.

Deshalb mag ich Nisargadatta und Ramana. Sie haben diesen Kompromiss nie gemacht. Und ich bin nicht für Umwege hier.

Warum nehmen alle anderen Meister einen Umweg? Glaubst du, dass ihr Verstehen nicht vollständig ist?

Sie sprechen von einem Verstehen einer Erfahrung. Sie wissen es nicht besser, das ist alles. Sie sind in dem, was sie tun, wirklich aufrichtig, absolut. Sie wollen dich nicht betrügen. Aber weil sie dich nicht betrügen wollen, betrügen sie dich.

Betrügst du uns?

Ich betrüge euch Augenblick für Augenblick. Alles, was ich tun kann, ist euch betrügen. Und ich sage es: „Ich belüge euch." Jedes Mal, wenn ich meinen Mund aufmache, lüge ich euch an. Alles, was ich sage, ist eine Lüge. Alles, was ich tue, ist betrügen. Hier zu sitzen, heißt betrügen. Ich bin der absolute Betrüger.

Das mag ich an Nisargadatta und U.G., sie lügen, wenn sie den Mund aufmachen – ihr wisst das. Sie widersprechen sich selbst – Augenblick für Augenblick. Du kannst sie nicht fassen. Sie springen einfach von hier nach dort und sie kümmern sich nicht darum, wie sie lügen. Sie lügen einfach.

U.G. sagte oft, dass jeden Morgen der indische Premierminister anrufen würde, um ihn um Rat zu fragen. [Lachen] Dann dachten alle, dass er Witze machte. Und dann dachten alle, dass es vielleicht doch wahr ist, vielleicht, vielleicht auch nicht. Das ist das Beste. Ich mag diese Lügner und niemand wusste, ob sie gelogen haben oder nicht – immer im Zweifel. Das gefällt mir.

Ich bin nicht hier, um die Not zu lindern. Ich bin kein Arzt. Ich bin nicht hier, um euch Pillen gegen das Leid zu geben. Tatsächlich gebe ich euch die absoluten Frustrationspillen. Du bist das Elend in der Anwesenheit. Und das, was Elend ist, spürt das Elend niemals. Und das, was sich elend fühlt, ist ein Phantom. Und ob sich dieses Phantom elend fühlt oder nicht, ist mir wirklich völlig egal.

Du bist die Anwesenheit und die Anwesenheit ist die Hölle. Aber die Hölle kennt keine Hölle. Deshalb ist selbst die Hölle Wissen, so wie auch Unwissenheit Wissen ist. Aber in dem Augenblick, in dem du dich kennst, wirst du zum Sucher nach dir selbst. In dem Augenblick, in dem Gott Gott kennt, ist er ein Unwissender, einfach deshalb, weil er sich kennt.

Jedes Kennen erschafft einen elenden Bastard – sogar Gott.

Du nennst Gott Unwissenheit?

Ja, den Gott, den man Gott nennt.

Du erhebst Anspruch darauf, das zu wissen.

Wie konnte es passieren, dass Gott an Gott glaubt. Wie dumm kann Gott sein? An sich selbst zu glauben, schau's dir an – überall. Er schafft Religion für sich selbst. Gott, der sich selbst fürchtet, kreiert Religionen und Techniken um in den Himmel zu kommen. Und indem er in den Himmel zu kommen versucht, ist er bereits in der elenden Hölle. Wie kann das alles passieren? Aber schau – warum nicht?

Ist etwas passiert? Wie dumm kann Gott sein? Ich sage dir, wenn Gott sich selbst kennt, ist das absolut schwachsinnig. Er ist der Dümmste der Dummen. Du kannst dir nicht vorstellen, wie dumm er ist. In dem Augenblick, in dem sich Gott selbst kennt, ist er dumm – ein relativ Wissender und damit Unwissender. Der Dumme, der Dümmere als „Ich Bin" und der Dümmste, wenn er einen Körper hat. Dann ist er wirklich verdammt dumm.

Aber es beginnt alles hier: Gott versucht sich selbst als Schöpfer in der Schöpfung zu erkennen – Brahman. Alles weitere ist ein Ergebnis dessen. Sich selbst als Körper zu kennen – geboren, sterblich, das Schlimmste vom Schlimmen. Aber es fängt alles da an [weist zurück] und jetzt willst du die Probleme hier lösen. Allerdings liegt das Problem weit davor, am Anfang. Das alles ist nur Ergebnis davon, dass es einen Gott gibt. Jetzt möchtest du dieses kleine relative Leben ein bisschen angenehmer machen, aber da [weist zurück] ist der, der der ursprüngliche Sünder ist – als er anfing, sich selbst zu kennen.

Jetzt müssen alle Götter und Göttinnen darunter leiden. Elender Gott! Aber was soll man machen? Kann er sich selbst helfen? Er kann nicht einmal sich selbst helfen. Alles ist die Verwirklichung der Wirklichkeit in ihrer Hilflosigkeit. Ich denke immer, dass früher oder später von irgendwo ein Blitz niederfährt. Falls es einen Gott gibt, nur-für-den-Fall.

Ich hoffe, er hört zu ...

Er hört tatsächlich zu und hat Spaß.

Du sagst, dass alles Lüge ist. Für dich ist es Lüge, für uns sieht es nach Wahrheit aus.

Das ist für mich in Ordnung.

Vielleicht sind es Lügen, aber wenn die hier ankommen [deutet auf sich selbst], werden sie zu Wahrheit.

Niemals. Wie kann das Unwirkliche wirklich werden?

Transformation ...

Was für eine Mist-Wahrheit wäre das, die transformiert werden muss?

Dasselbe, was du eine Lüge nennst, nenne ich eine Wahrheit.

Du kannst es Unterwäsche nennen.

Es ist eines der möglichen Worte. Ich kann es Lüge nennen.

Ich nenne es Unterwäsche. Wenn du Unterwäsche lieber magst als Lügen, nenne ich es Unterwäsche. Ich kann es aber auch Suppe oder Marmelade nennen. Ich mag auch gerne Marmelade. Wie du willst, alles ist oder ist nicht. Worte!
Was sind alle diese Worte? Was ist Wahrheit? Warum macht es dieses Wort so kostbar? Woran liegt es, dass dir jemand die Wahrheit sagt und du machst daraus etwas Kostbares? [Lachen] Klingt gut! Wirkliche Wahrheit, falsche Wahrheit, wahre Wahrheit. Es ist verrückt, welche Resonanz diese Worte erzeugen kön-

nen, dass du für diese verfluchten Worte kämpfst – Wahrheit? Frieden? Du kämpfst für dieses verfluchte Wort, Frieden.

Ist das nicht erstaunlich? Jemand, deine Mutter oder dein Lehrer vermittelt dir ein paar Begriffe und gibt ihnen große Bedeutung. Dann sagst du: „Oh, da muss was dran sein." – Alle sind für Frieden … Wahrheit … Ehrlichkeit … klingt gut. Ja, vielleicht. Prominenz klingt auch gut.

Wer schenkt diesen Worten Wichtigkeit? Wer sagt, dass Scheiße nicht gut ist? Scheiße klingt schlimm. Ich mag Mist, ich bin Bauer. Alles Mist aus zweiter Hand. Irgendwer hat dir gesagt, dass das besser ist als das. Und Wahrheit ist besser als Lüge. Gut ist gut und schlecht ist schlecht. Aber du weißt nicht einmal, was das heißt. Du stimmst dem einfach zu.

Irgendwer sagt, dass schlecht schlecht ist und du sagst ja, schlecht ist schlecht. Schlecht ist schlecht – ja, schlecht ist schlecht. Hoch ist hoch, ja hoch hoch. [Lachen] Niedrig, niedrig – niedrig, niedrig. Intellekt – ja, Intellekt klingt gut, ich auch, ich will auch Intellekt haben. [Lachen] Eiscreme – ja, Eiscreme auch, aber auch Intellekt. [Lachen]

Und dann kämpft jeder um diese Worte. Niemand weiß, was sie bedeuten, aber ja – wir werden dafür kämpfen. Nation – ja, für die Nation – was ist eine Nation? Oh, für meine Mutter? Mutter ist Vaterland, Heimat? [Lachen] Meine Schwester? Nein, ich kämpfe nicht für meine Schwester. Sie hat mir die Schokolade weggenommen, als ich klein war. [Lachen] Für mein Land kämpfen – ja, mein Land. Aber ich muss Steuern zahlen. Warum muss ich meinem Land Steuern zahlen? Es ist meine Regierung. Warum bezahlen die nicht mich? Wenn es mein Land ist, warum muss ich denen dann Steuern zahlen?

All diese Worte, verrückt! Du hast als King-Kong angefangen und dann willst du der König der Affen sein. Worte, Worte, Worte. Und wenn niemand dir erzählt hätte, was sie bedeuten, würdest du brmm, brmm, brmm, bam, bam, brmm zrrppp, brmm machen. Ich kann den ganzen Tag so sprechen. [Lachen]

Und du wirst es trotzdem mitbekommen. Babys wissen, was sie kriegen … brmmm … brmmm … Das nennt man good Vibration. Brmm … Brmm … Brmmm … Brmmm … Alle Babys wachen da hinein auf. Du benimmst dich einfach wie ein Baby und alle sind glücklich wie ein Baby. [Lachen] Weil ein Baby kein Baby kennt, sind plötzlich die ganzen Wahrheiten verschwunden. Alles Abstrakte … Brmmm … Abstrakt … Substrat … Brmmm.

Wie soll das ins Buch?

Ja, du kannst schreiben brmmm … brmmm … [Lachen]
Für mich ist es dasselbe, das Hohe, das Tiefgründige oder eben Brmm … Brmm … Kein Unterschied. Es macht keinen Unterschied. Den ganzen Tag lang brmm … ist nicht anders, als den ganzen Tag über das Substrat, das Absolute und das Höchste vom Höchsten zu sprechen. Und über alle Ebenen der darunterliegenden Wahrheit. Das ganze Blablabla – brmm … brmm … brrrrm …
Die Resonanz ist nicht anders. Andere Resonanz, aber das, was mit sich selbst resoniert, wäre von Natur aus nicht anders. Es würde einfach mit sich selbst resonieren in der absoluten Resonanz zu dem, was DAS ist. Es braucht niemals das hohe Tralala einer Abstraktion von der Abstraktion.
Aber es ist lustig. Du kannst sehr hoch und sehr tiefsinnig sprechen und dann … [trötet wie eine Trompete] Du kannst das gesamte Spektrum von diesem ganzen Mist durchgehen und nichts davon macht dich mehr oder weniger, als du bist. Du kannst Professor sein, Professor der Upanishaden und Yoga-Vashishta hoch und runter. Und du kannst in den Zoo gehen und mit dem Affen spielen.
Und ich sage dir, dass das energetischer ist, als über das höchste Tralala zu sprechen. [Lachen] Kannst du es spüren? Plötzlich wird diese elendige Schlange (Kundalini) noch glücklicher. Es wird wirklich lustig. Die ganze Königskobra fängt an zu schwingen … Brrrr … Wie ein Baby, brrr …
Du möchtest es energetisch? Wenn ich über tiefsinnige Dinge spreche, halte ich die Energie niedrig. Okay, jetzt ein paar ernsthafte Fragen! [Lachen]

Du sagst zu A auch A und zu B B. Kannst du es auch andersrum sagen?

SOS. [Lachen] Auf Spanisch bedeutet SOS: Es ist, wie es ist. Ich spreche gerne in vielen Sprachen. Sei es, wie es ist?

So schön.

Ja, einfach die Unterschiede zu sehen, die gemacht werden können und keiner von ihnen macht einen Unterschied. Fantastisch! Ich bin gerne albern, sag ich dir. Ich bin gerne der unsinnigste Typ auf Erden, denn selbst hier zu sitzen und über etwas zu reden, worüber niemand sprechen muss, ist das Albernste, das ich tun kann. Und das meine ich so.

Nichts ist unterhaltsamer und unsinniger im Zirkus des Lebens, als darüber zu sprechen, was-du-bist und zu erwarten, dass du dafür etwas bekommst und es ernst zu nehmen. Nichts kann alberner sein, als das, was-du-bist, ernst zu nehmen. Fantastisch! Ich will wirklich albern sein, das meine ich ernst. [Lachen] Ich tue wirklich so, als ob das wichtig wäre. Das ist das Dümmste, was du machen kannst. Was für ein alberner Bastard ich bin!

Und dann einen anderen dazu zu bringen, dem zuzuhören. Fantastisch!

Die Elendspille, die du uns nach eigenem Bekunden gibst, nimmt alles und lässt dich mit nichts zurück. Aber dann kommt das alles wieder zurück.

Beschuldigst du jetzt mich? Gibst du mir die Schuld, dass ich keine gute Arbeit leiste? – Möchtest du Geld zurück? [Lachen] Ich könnte es auch umdrehen. Du bist es nicht einmal wert, mir zuzuhören. Du kannst woanders in den spirituellen Kindergarten gehen. Jetzt sitzt du hier und beschuldigst mich, dass alles zurückkommt und dass ich ein wertloser Meister bin. Gott sei Dank! [Lachen]

Es ist erstaunlich. Du kannst es einfach umdrehen. Und plötzlich wird der Klagende zum Beklagten.

Wie lief das bei Papaji ab? Er sagte, ich habe es dir gegeben, aber du hast es verloren?

Er hat das ernst genommen, sage ich dir. Ich glaube nur in den letzten zwei Jahren hatte er genug. Davor hat er wirklich geglaubt, dass er etwas geben kann. Ihm war es ernst damit.

Was glaubte er, zu geben?

Einheit.

War das eine körperliche Erfahrung?

Ja, bestimmt. Sie erfuhren es eine Zeit lang, die Abwesenheit des Elends. Sie kamen zum „Ich-Bewusstsein" und dann haben sie es wieder verloren. Er hat es vielen gegeben und er dachte, dass es gegeben werden kann. Und für einige Zeit war es da, für manche ein, zwei Monate lang, für manche für Jahre. Aber dann haben es alle wieder verloren. Dann dachte er, dass niemals jemand gekommen war, der es wert war.
Für mich ist es hier von Anfang an niemand wert. Niemand hier kann es kriegen. Von Anfang an bin ich wie Ramana: Niemand ist hier, der es je kriegen kann. Als U.G. das erste Mal zu Ramana kam und fragte: „Es sieht so aus, als ob du etwas hättest, was niemand sonst hat. Kannst du es mir geben?", sagte Ramana: „Ja, es ist da und es steht zur freien Verfügung. Aber kannst du es nehmen?" Ich war immer erstaunt darüber, dass Papaji, der ein Devotee von Ramana war, die Idee hatte, dass er es geben kann.

Also, woher kam das?

Ich bin mir nicht sicher. Ich sprach mit Devotees und es gab die Erfahrung von Gegenwart, Frieden und Einheit. Aber das, was gegeben werden kann – bye-bye. Es kam alles zurück. Also war die Ente nur für eine Weile erschossen und kam dann zurück. Und nach allem, was ich gehört habe, war „es" nie da.
In den letzten zwei Jahren war etwas zerbrochen. Dann hat er nur noch gesungen und es nicht mehr ernst genommen. Ich habe keine Ahnung. Aber wie du gesagt hast: Er war ernsthaft und aufrichtig in dem, was er tat. Du kannst niemanden beschuldigen. Für die „Meister" ist das wirklich die Wahrheit. Aber wenn du mich fragst: Die Wahrheit, die du kennen kannst, ist nicht DAS.

Die Wahrheit, bei der du ankommen kannst, die gegeben werden kann, kann auch wieder genommen werden. Deshalb belasse ich es lieber beim Elend, als euch irgendeine Art Glückseligkeit zu vermitteln. Du musst hierher zurückkommen. Wenn du nicht in der Hölle sein kannst, was-du-bist, wirst du es niemals sein, in welchen Erfahrungen auch immer.

Die Wahrheit ist niemals schön und die schönen Worte und glückseligen Erfahrungen können nicht sein, was-du-bist. Das, was im Unterschied zu dem steht, was hier ist, braucht den Unterschied und ist nicht, was-du-bist. Wenn du nicht in diesem Elend sein kannst, was-du-bist, in dieser Hölle, dann wirst du es niemals irgendwo anders sein können.

In der Mahabharta verwirklicht Yudhishtira, dass du auch in der Hölle sein musst, was-du-bist. Deshalb urteile ich über niemanden. Für mich hat kein Meister je etwas gegeben. Das alles ist Schwindel, alles, was gesagt werden kann. Jeder Meister, alle Gurus sind falsch. Danke Gott und lobe den Herrn, dass es von niemandem gegeben oder übermittelt werden kann. Und das, was übermittelt werden kann, ist ganz sicher nicht DAS.

Es kann niemals von jemand besessen werden. Deshalb kann es von niemandem übermittelt werden. Und doch ist das Teil des Spiels.

Also hat Yudhishtira die Hölle akzeptiert?

Er hat die Hölle nicht akzeptiert. Es war die totale Abwesenheit der Tendenz von Vermeidung. Das war alles. Er hat nichts akzeptiert, es gab keine Notwenigkeit, etwas zu akzeptieren. Da war einfach die Abwesenheit der Tendenz des Vermeidens, und das kann nicht gemacht werden. Es war einfach so, wodurch auch immer. Und durch die Abwesenheit der Tendenz zu vermeiden, ist da niemand. Und durch die Abwesenheit desjenigen, der hat oder nicht hat – die erste Tendenz des Vermeiders – was gibt es da zu tun? Da ist nicht einmal Hölle.

Da ist kein Himmel, keine Hölle, kein Yudhishtira. Es gibt nur ein „Ich", das zur Vermeidung neigt, wenn da jemand ist, der sich selbst kennt. In dem Augenblick, in dem du dich selbst kennst, hast du die Tendenz, dich nicht kennen zu wollen. Weil du intuitiv weißt, dass es besser ist, dich nicht zu kennen, als dich zu kennen. Das ist die erste Tendenz.

Die Anwesenheit ist bereits Elend. Die Vorstellung eines Wissenden ist bereits quälend, sie ist schon nicht mehr angenehm. Sie ist wie die Erfahrung von Unbehagen. Von diesem Augenblick an willst du das unangenehme Gefühl loswerden. Das ist die Tendenz in allem. Weil das eine unglückliche Erfahrung ist, gibt es eine Tendenz zum Glück hin. Die Anwesenheit von „Ich", von Gott, der sich selbst kennt, ist eine unglückliche Erfahrung. Denn das Glück ist nicht, was die Anwesenheit des „Ich" ausmacht. Da ist jemand, der existiert. Die Ich-Idee. Das ist der Wurzelgedanke aller Tendenzen.

Von da an möchte er dahin zurück, wo er hingehört – es scheint, zu dieser Abwesenheit. Aber derjenige, der zurück möchte, kann nicht zurück. Vor allen Dingen gab es niemanden, der ausgezogen ist. Aber alles, was du von dem Augenblick an tun kannst, wo das zur Wirklichkeit wird, ist, zu versuchen, „dich" loszuwerden.

Doch alles, was du versuchst, um dich loszuwerden, bestätigt, dass da jemand ist, den du loswerden musst. Das ist ein solcher Teufelskreis und er kann von niemandem gebrochen werden – unmöglich, ihn zu brechen. Es auch nur zu versuchen bestätigt, dass es notwendig ist. Und ich sitze hier und sage euch, dass ihr trotz der Anwesenheit dessen sein müsst. Und ihr seit trotzdem, ihr seid mit und ohne. Also, warum nicht?

Alles, was ich sage, ist, dass es niemals aufhören wird. Der göttliche Unfall, dass du angefangen hast dich zu verwirklichen, ist passiert und du kannst dich nur in der Anwesenheit der Trennungserfahrung verwirklichen. Anwesenheit bedeutet, dass es einen Erfahrenden gibt, der sich von der Erfahrung unterscheidet. Schon im reinsten Gewahrsein gibt es Trennung. Es gibt keinen Ausweg. Und das ist die Art, wie du dich verwirklichst oder wie du dich träumst. Nenne es, wie du willst.

Du bist das Absolute – Parabrahman, ein Hinweis auf DAS, was-du-bist. DAS was „Para" ist, muss sich selbst in der Anwesenheit und in der Abwesenheit verwirklichen. Und Jetzt ist es zu spät.

Ist Wirklichkeit Energie?

Wenn du sie Energie nennst, ist es bereits zu spät.

Was ist sie, bevor sie Energie ist?

Du musst sie nicht benennen.

Aber davor?

Selbst wenn du es davor nennst, benennst du es. Egal, was du von jetzt an sagst, du machst sie fest. Du unterscheidest sie von etwas anderem, es ist zu spät. Du machst aus ihr eine Lüge, weil du jetzt vom Referenzpunkt des Lügners aus sprichst. Jeder Standpunkt ist eine Lüge. Es ist der Standpunkt eines Lügners, es ist ein relativer Punkt von dir. Und was du von jetzt an sagst, ist eine Lüge. Es ist zu spät.

Du kannst der Wirklichkeit Namen geben oder auch nicht, auch das spielt keine Rolle. Das Beste ist, einfach zu sein, was-du-nicht-nicht-sein-kannst und nicht einmal zu wissen, was-du-bist und was du nicht bist. Du könntest das als die absolute Abwesenheit von demjenigen bezeichnen, der etwas weiß oder nicht weiß. Das nennt man Wissen. Und dieses Wissen muss nicht als Wissen um sich selbst wissen. Es wird sich selbst niemals als Wissen bezeichnen. Und das, was Energie ist, wird sich selbst niemals Energie nennen. Und das, was Leben ist, wird sich selbst niemals als Leben bezeichnen.

Nur von hier aus, wo es zu spät ist, kannst du es irgendwie nennen. Egal, wie du es von hieraus nennst, es ist eine Lüge.

Du sagst, das hört niemals auf. Für wen hört es niemals auf?

Ich weiß es nicht. Es bedarf keines „wer"? Für das, was-du-bist, hat es niemals angefangen und dafür wird es niemals enden. Da die Wirklichkeit niemals angefangen hat und niemals enden wird, hat die Verwirklichung niemals angefangen und deshalb wird sie niemals zu Ende gehen. Da sie nicht zwei sind, sind sie von Natur aus nicht verschieden.

Darum wird 108 als Shivas Zahl bezeichnet. Sie ist unendlich. Die horizontale 8 ist ∞ – eine Achterbahn der Formen, sich selbst in einem unendlichen Zeichen ständig wiederholend. Die horizontale 8 (∞) ist ein Zeichen für die Unendlichkeit, die 0 ist der Raum und die 1 ist Gewahrsein. Der Lingam (1), der Raum (0) und die unendliche (∞) Information der Formen (8).

Das alles ist, was-du-bist. Und auf diese Weise lebt das Leben das Leben. Es hält niemals an und es endet niemals. Du bist das und das ist alles – DAS kannst-du-nicht-nicht-sein. Und du kannst weder durch tiefgehenderes Wissen noch durch eine tiefere Wahrheit oder dadurch, dass du höher fliegst, da rauskommen oder reingehen.

Also sei, was-du-nicht-nicht-sein-kannst. Und dann wird gefragt: „Wie kann ich das werden?" – „Mach dir nichts vor." – „Aber wie?" – „Tu nur so als ob". [Lachen]

Die Frage, die hochkommt, ist: Wie kann ich nicht sein, was ich nicht-nicht-sein-kann?

Jetzt machst du's richtig. Du bist wirklich erstaunlich. Du glaubst an Vikram. Das absolut Allmächtige kann sogar Vikram sein. Du kannst sogar nicht sein, was-du-nicht-nicht-sein-kannst. Es ist erstaunlich.

Wie?

Sieh in den Spiegel, da ist Vikram. Vikram, der an Vikram glaubt.

Warum ist Vikram, was nicht sein kann?

Jetzt ist Gott, was er nicht nicht-nicht sein kann. Er ist wirklich ein überraschender Typ, sag ich dir. Er gibt etwas vor, was er nicht ist.

Ist er ein Drehbuchautor?

Nein. Er ist nur einer, der so tut als ob, der absolute Vortäuscher. Er schreibt es nicht. Wenn er es schreiben könnte, könnte er eine Geschichte schreiben. Er muss einfach spielen, aber er weiß nicht, wie man spielt. Er spielt einfach. Er schreibt nichts. Er kann nicht einmal denken, bevor er denkt, was er denkt.

Willst du damit sagen, dass es keinen Determinismus gibt. Dass er keine Ziele verfolgt?

Er hat absolut keine Eier, ganz sicher nicht. [Lachen] Vielleicht hat er einen Willy aber keine Eier. Das ist der Willy von Gott – keine Eier. Das alles ist ein Tanz mit sich selbst, darin gibt es kein Ziel. Was kann das Ziel sein? Er kann nicht einmal wollen, was er will. Wie kann er wollen, was er will? Wie kann er sich selbst verwirklichen, bevor er sich selbst verwirklicht?
Er kann nicht einmal einen kleinen Aspekt dessen verändern, was er ist und nicht-ist. Wie kann Parabrahman träumen, bevor er träumt, was er träumt? Er kann nicht einmal den kleinsten Aspekt dessen, was er ist und nicht-ist ändern. Wie kann Parabrahman träumen, bevor er träumt, was er träumt? Absolut keine Eier. Selbst er kann seinem Lingam nicht diktieren.
Es gibt keinen Handelnden. Das ist, was Ramesh Balsekar dir die ganze Zeit gesagt hat – kein Handelnder. Nicht einmal Gott kann tun, was Gott tut, weil darin kein Handelnder steckt. Es ist alles Gottes Wille, aber sogar Gott kann nicht wollen, was er will.

Jetzt sagst du es andersherum. Was kann ein Gott tun, der keinen Willen hat? Das, was-du-bist, sagt ...

Du kannst es drehen und wenden, wie du willst. Selbst Gott kann nicht wollen, was er will. Wo ist da der Handelnde? Wo ist da der Ursprung der Sünde? Das sollte alle Ideen beenden, die du hast. Aber tut es das? Nein.
Selbst der Allmächtige kann nicht träumen, was er träumt. Wie kannst du glauben, dass du in diesem Leben eine Entscheidung fällst, die deine ist?

Ich stimme damit überein. Aber wenn ich in einem Tempel bin, spüre ich Bhakti – ein Empfinden einer Allmacht, die es zu erreichen gilt.

Aber wenn das wahr wäre, solltest du in der Abwesenheit, im tief-tief Schlaf, danach greifen, so wie du es jetzt tust. Es ist alles Teil dieses Traums. Er ist Teil des Traumes und du bist Teil des Traums und „es ergreifen" ist Teil des Traumes und das alles.

Und du kannst nichts machen. Das alles ist ein Traum. All die aufrichtigen Gefühle sind was? Was?

Traum?

Du musst es gar nicht benennen. Es sind nur flüchtige Schatten. Sie fühlen sich sehr ehrlich und ernst und wirklich an. Aber wenn sie wirklich wahr wären, sollten sie ununterbrochen da sein. Sie unterscheiden sich einfach nur von etwas anderem. Was sich von etwas anderem unterscheidet, kann nicht wirklich sein.
Niemand zweifelt an der Aufrichtigkeit von Bhakti. Aber das alles ist ein Traum. Bhakti ist in diesem Augenblick wirklich, doch im nächsten Augenblick ist es verschwunden. Kann das Wirklichkeit sein? Es ist flüchtig, wie alles. Wie jede Liebesaffäre oder die Liebe von Mutter und Kind. Wenn sie da ist, ist sie mehr als wirklich und im nächsten Augenblick ist sie verschwunden.

Das ist das Empfinden von Einheit, das Empfinden von Bhakti. Sie sagen auch, dass du Kräfte bekommst, wenn du Ganesh anbetest. Wenn du Durga anbetest, bekommst du Geschenke. Sie mögen verschwunden sein, aber die Geschenke und Kräfte bleiben bei dir.

Glaubst du.

Für einige Zeit …

Wie können sie wirklich sein, wenn sie nur für eine Weile da sind? Du kannst jetzt deinen Arm heben, aber wer hat dir die Energie dafür gegeben? Woher kommt sie? Und wer hat die Energie und wer kann das tun? Und wer entscheidet das? Niemand weiß das. Du kannst nicht einmal deine Augenbraue heben, wenn dir die Totalität das nicht erlaubt.

Also sind Ganesh und Shiva ebenfalls …

… Traumgestalten.

Maskieren wir so die Totalität?

Du versuchst dem einen Namen zu geben, was keinen Namen hat oder braucht. Vor vielen Millionen Jahren gab es keine Vorstellung von Shiva oder Durga oder Parvati und die Existenz existierte trotzdem. Alles, was gekommen ist, wird verschwunden sein. Alle Geschichten über Gott und Religionen und das alles. Es ist nur ein Augenblick. Gott hebt einfach nur die Augenbraue, und damit ist die Geschichte der gesamten Menschheit erschaffen und alle ihre Geschichten.

Die Traditionen und das alles klingen so bedeutsam. Aber wenn du es als ganzes Bild siehst, ist es ein Sandkorn am Strand. Die ganze Geschichte Indiens, das alles, die Geschichte Shivas und Parvatis ist nicht einmal da.

Wir halten das für die ultimative Ebene der Existenz, aber das könnte ein Atom auf einer anderen Ebene von Existenz sein.

Du weißt nichts und die Wissenschaftler wissen überhaupt nichts und all die Meister und Mystiker …

Wenn du wirklich auf die Dimension des Absoluten zugehst, wird es wirklich wie … [pustet in die Luft]. Aber wenn dir ein Fingernagel abbricht, dann ist es, als ob das ganze Universum bricht. Und du hast recht! Die gesamte Existenz erlebt es in diesem Augenblick und die gesamte Existenz bricht sich den Fingernagel ab. Der nächste Schluck Kaffee, oder sich den Fingernagel abbrechen, haben dieselbe Wichtigkeit, wie wenn das Universum im nächsten Augenblick kollabieren würde. Von der Qualität her gibt es keinen Unterschied. Die Qualität ist: Dass, was-du-bist, erfährt sich im Kleinsten und im Größten. Aber dann daraus die Geschichte von Shiva, Parvati und Ganga zu machen, ist zwar wunderbar, aber nur ein Fragment der Totalität.

Doch in diesem Augenblick bist du ganz bei deiner magischen spirituellen Handlung, sie wird zur vollkommenen Realität für das, was-du-bist. Das Kleinste und das Größte. Und das ist eine nie endende Geschichte. Du gehst vom Kleinsten zum Größten, in alle Frequenzbereiche und Möglichkeiten und verwirklichst dich darin selbst. Auf jede mögliche Weise. Keine ist bedeutender oder weniger bedeutend, das ist das Schöne daran. – Der nächste Schluck Kaffee, der nächste Geschmack von nichts, beides hat dieselbe Qualität dessen, was du als Totalität des Lebens bist.

Ist diese Gleichgültigkeit von höchster Wahrheit und dem Singen von Bha-jans das, wovon Maharaj sprach? Weil es darin keinen Unterschied gibt?

Ja, oder Ramana, der so um den Reis besorgt war.

Ich habe mich immer darüber gewundert, wie Maharaj Bahjans singen kann.

Oder Ramana, der stundenlang in der Küche arbeitete und ver-suchte, seine Schüler satt zu kriegen. Es gibt nichts, was wichtiger oder weniger wichtig ist. Der nächste Schluck Kaffee ist, was ist. Das Nächste, wohin deine Aufmerksamkeit geht, ist Wirklichkeit und das nächste ist Wirklichkeit und das nächste. Das Kleine ist nicht klein und das Große nicht groß. Nichts unterscheidet sich von seiner Qualität her. Was kann man da machen?

Das nennt man einen gewöhnlichen Menschen. Wenn du Mensch bist, bist du Mensch. Wenn du Geist bist, bist du Geist. Wenn du Gewahrsein bist, bist du Gewahrsein. Und wenn du Abwesenheit bist, bist du Abwesenheit. Und wenn du über die Abwesenheit hinausgehst, gehst du über die Abwesenheit hinaus. Wenn du die höchste Totalität bist, bist du die höchste Totalität.

Aber wenn du hier bist – der Mensch – dann bist du der Mensch. Und du bist der Fingernagel und du bist alles, was gerade ist. Es beeinträchtigt nicht die Qualität dessen, was-du-bist oder seine Intensität. Es ist, als ob das Licht Shivas keinen Anfang und kein Ende hat. Und du wirst niemals das Ende im Höheren oder Niedrigeren erreichen. Das Höchste kennt das Höchste nicht und das Niedrigste kennt das Niedrigste nicht und das Mittlere kennt das Mittlere nicht. Das alles ist, was-du-bist.

Indem du also nicht weißt, was-du-bist oder was du nicht bist, bist du immer das, was-ist. Es gibt nur die Qualität dessen, was-du-bist. Darin gibt es keine Qualität, die mehr oder weniger wäre oder tiefer oder höher. Du kannst das Höhere trotzdem erfahren, wirst durch die Erfahrung aber nicht zu etwas Höherem. Und du wirst im Niedrigeren nicht niedriger. Und das Brmmm unter-scheidet sich nicht von dem, was ich gerade gesagt habe.

Alles ist …

Nein. [Lachen] Jetzt fangen wir wieder an.

Ich möchte eine Passage von Alan Watts vorlesen. Als Jung Vorlesungen in London hielt, erzählte er eine Geschichte von jemandem, der einen chinesischen Gelehrten gefragt hatte, was er mit Tao meint. Der Gelehrte bat ihn aus dem Fenster zu schauen und ihm zu sagen, was er sieht. Der Student sagte, dass er Häuser und Straßen sieht. Und was weiter, fragte er? Leute laufen umher. Und was noch, fragte er weiter? Der Wind weht.

Der Gelehrte öffnete seine Arme, als ob er das alles einschließen wollte und antwortete: Das ist Tao und um das zu sehen, musst du nicht einmal aus dem Fenster schauen. Ohne aus meinem Haus zu gehen, sagte Lao-Tzu, kann ich das gesamte Universum kennen. Du kannst es finden, indem du einfach in deinen eigenen Mind schaust und das innere Universum aus Gedanken und Gefühlen wahrnimmst.

Gestern hast du es ein bisschen anders erzählt.

Ich sagte, was immer gesehen wird.

Nein. Das ist es nicht.

Ich sehe Wolken, Menschen, Häuser, dieses und das ...

Er versuchte sich an einem perfekten Bild, aber nicht daran, was du siehst. Er sagt das alles, aber nicht, was du siehst. Du hast es falsch wiedergegeben.

Es ist alles und nichts ...

Nein. Es ist die Natur der Wolken, die Natur der Bäume, die Natur der Welt und die Natur des Universums. Um die Natur dessen zu sehen, was-du-bist, musst du nicht rausgehen, wenn du die Natur bist. Es ist nicht das, was du jetzt als Bäume bezeichnest oder was du siehst. Es ist, was du und das alles ist. Okay, genug für heute.

Mumbai, 9. März 2012

UNENDLICHES ROULETTE –
DAS SPIEL MIT DIR SELBST

Besucher(in): Gestern hast du gesagt, dass es weder die Anwesenheit noch die Abwesenheit ist. Dann stand ich auf und sagte: Stimmt, aber gleichzeitig ist es die Anwesenheit und die Abwesenheit – weil sie alles sind …

Karl: Nein.

Warum sind sie nicht alles? Wenn es in allem ist, dann ist es gleichzeitig Anwesenheit und Abwesenheit – es ist weder Anwesenheit noch Abwesenheit. Beide sind wahr?!

Beide sind falsch. Du wirst niemals wissen, was es ist und was es nicht ist. Aber zu sagen, dass es die Anwesenheit und die Abwesenheit ist, findet alles hier [zeigt auf den Kopf] statt. Du musst nicht wissen, was es ist und was es nicht ist. Auch nur zu sagen, dass es alles ist, ist nur da oben. Das ist alles aus zweiter Hand. Es ist alles vielleicht, alles Fiktion.

Zu sagen, dass es alles ist, ist Fiktion. Zu sagen, dass es nichts ist, ist Fiktion. Das alles ist Einbildung. Du bist besser DAS, was weder sein muss noch nicht sein muss, egal was. Das Neti-neti (weder noch) ist perfekt. Alles andere ist Mind.

Alles ist überhaupt nur, weil Geist vorhanden ist. Dann sagt der Verstand „ich bin alles" oder „es muss alles sein". Er versucht etwas herauszufinden, aber es muss nicht herausgefunden werden. Wenn du also sagst, dass es alles ist, ist das auch wieder Mist. Nur weil da jemand ist, der wissen will, was-er-ist, kommen die ganzen Konzepte auf.

Deshalb sei, was-du-nicht-nicht-sein-kannst und das weiß nicht, ob es alles oder nichts oder etwas ist. Alles, was du jetzt wissen kannst, ist zu spät.

Also ist Neti-neti auch ein Konzept?

Aber dadurch kannst du nicht als Konzept verbleiben. Es ist wie Neti-neti. Weder ist es das, noch ist es das nicht. Du nimmst heraus, was ohnehin zu viel ist. Ansonsten verbleibst du immer als derjenige, der alles verstanden hat. Jetzt weiß ich, dass ich alles bin. Aber was war, bevor du wusstest, dass du alles bist? Warst du da nicht, was-du-bist?
Also ist diese neue Verwirklichung was? Neuer Mist! Das Neue kommt und geht wie alles andere auch. So tief du verstehen kannst, es ist alles vertiefender Mist.

Selbst Neti-neti wird als Werkzeug gebraucht.

Wenn du darin ein Werkzeug für einen Vorteil siehst, ist es Mist. Es ist das Nächstliegende, aber Gott sei Dank funktioniert es nicht – das muss es auch nicht. Es wird niemals funktionieren und das ist gut so. Und alles, was funktioniert, ist Mist. Und nur Mist funktioniert und es passiert auch nur Mist.
Ich mache nur deutlich, dass das, was-du-bist mit und ohne Verstehen ist und niemals ein Verstehen braucht, um zu sein, was-es-ist. Das, was jetzt verstehen muss, ist was? Die relative Anwesenheit des Intellekts oder nenne es, wie du willst. Es auch nur irgendwie zu nennen, ist schon zu viel. Du kannst es als fliehenden Schatten von – ich weiß nicht, von was bezeichnen. Sicher ist, dass es nicht die Natur der Natur ist.
Deshalb ist deine natürliche Verfassung eher eine Abwesenheit der Anwesenheit von jemandem, der weiß oder nicht weiß. Aber du bist in der Abwesenheit und in der Anwesenheit des einen, des Bewusstseins, was-du-bist. Wei-Wu-Wei war ein echter Meister der Abstraktion, aber auch das war Mist.

Wei-Wu-Wei hat niemals Werkzeuge gegeben, er hat einfach unterschiedliche Wege zerpflückt.

All die unterschiedlichen Wege sind unterschiedlicher Mist. Was sich unterscheidet, ist unterschiedlicher Mist. Alles – was sich von etwas anderem unterscheidet – ist Mist. Selbst das höchste Wissen ist Mist.

Du schneidest auch ständig verschiedene Herangehensweisen ab.

Ich schneide gar nichts. Ich schneide das Schneiden.

Ich sehe in Wei-Wu-Wei dieselbe Reinheit, Ehrlichkeit, Aufrichtigkeit. Sie ist nicht anders.

Aber er würde dasselbe sagen: „Alles, was ich sagen kann, ist Mist." Ich beschuldige ihn nicht, ich mache niemanden runter. Aber wenn du mich fragst, ist alles Mist. Ramesh würde dasselbe sagen.

Absolut. Er würde damit anfangen, dass alles, was er sagt, ein Konzept ist.

Aber selbst das ist ein Konzept. Also auch nur zu sagen, dass es ein Konzept ist, ist Mist. Es auch nur Mist zu nennen, ist Mist. Darum mag ich Mist so gerne. Aber dann können wir über alles sprechen.

Du sagtest, dass Ramana verschwunden ist ...

Ich sagte: Wo ist Ramana jetzt?

Das ist nur eine vorübergehende Erscheinung, das hat auch keinen Namen ...

Die Natur von Ramana hat keinen Namen.

Erscheint einfach und verschwindet ...

Das ist alles. Jeder Augenblick kommt und geht. Er öffnet sich und schließt sich, öffnet sich und schließt sich. Kommt und geht, kommt und geht.

Mist und kein Mist ...

Kein Mist ist auch Mist. Selbst kein Mist ist Mist.

Wenn es ausgesprochen wird, ist es Mist ...

Selbst kein Mist ist ein Teil vom Mist. Zeit ist Mist und keine-Zeit ist genau so viel Mist. Alles, was sich von etwas anderem unterscheidet, ist Mist. Und das alles kann nicht liefern, wonach du suchst. Deshalb ist alles leer und es „leer" zu nennen, ist auch

Mist. Was kann man da machen? Aber um des lieben Sprechens willen bezeichnest du es irgendwie.

Alle Phantome sind innen leer.

Da sie hin und wieder sind, können sie nicht wirklich sein. Das ist alles. Das, was nie-nie ist, kannst du nicht fassen. Aus diesem Grund ist es doppelt negativ, nie-nie ist, was-du-bist. Es ist nicht so, dass du ewig bist, weil das, was ewig ist, wiederum ein Konzept ist. Unendlich ist ein Konzept. Selbst unendlich zu sein, zu sein, was-du-bist, ist ein …

Es gibt immer ein Konzept.

Wenn es das Unendliche gibt, gibt es das Endliche. Wenn es das Ewige gibt, gibt es das Nicht- Ewige. Wenn es dieses gibt, dann gibt es jenes. Du rufst immer Polaritäten hervor. Und für das, was-du-bist, gibt es keine.

Es muss in Polaritäten sein …

Es muss sich selbst in Polaritäten verwirklichen. Und die Verwirklichung findet in der Polarität statt. Und du kannst dich selbst nur durch Unterschiede erfahren.

Aber DAS, wovon du sprichst, ist, was alles ist …

Nein. Dann unterscheidest du etwas. Du sagst „was-du-bist, ist alles", dann gibt es da etwas, das nicht alles ist. Dann triffst du wieder eine Unterscheidung. Kannst du sagen, dass der Stuhl alles ist? Nein!
Aber du willst alles sein.

Nein.

Aber du sagst, dass du alles bist … aber dann bist du nicht der Stuhl.

Das ist mehr als kompliziert …

[lacht] Ja. Was soll man machen? Dir den Teppich unter den Füßen wegziehen? Selbst das ist zu viel. Wenn du versuchst, dir

den Teppich unter den Füßen wegzuziehen, das Konzept, werde ich trotzdem bestätigen, dass da jemand ist, der ein Konzept hat. Erstaunlich!

Selbst durch den Versuch, das Phantom zu zerstören, würde ich dich zum Phantom machen, weil ich dir sagen würde, dass du das Phantom loswerden musst. Als ob du etwas wärest, das das Phantom loswerden muss, um zu sein, was-du-bist. Selbst wenn ich das Phantom zerstören würde, würde ich dich als Phantom erschaffen. Verrückt!

Wenn es einen Meister gibt, der dein Ego zerstören kann, dann macht er dich zum Phantom. Er macht aus dir jemanden, dessen Ego zerstört werden muss, damit du sein kannst, was-du-bist. Dadurch erschafft er ein subtileres Phantom. Weil er ein subtileres Phantom geworden ist, macht er dich zum subtilen Phantom. Ein Meister, der kein Ego mehr hat.

Dann gibt er dir Techniken, um das Ego loszuwerden und vielleicht funktionieren sie sogar. Aber weil sie funktionieren, brauchst du etwas, das für dich funktioniert. Das macht dich zum Phantom. Stell dir vor, dass das Leben etwas bräuchte, woran es arbeiten kann, um Leben zu sein! Was für ein Gedanke!

Deshalb sind selbst die besten Meister die schlechtesten Meister. Fantastisch! Wenn du also sagst, dass Oshos Techniken funktionieren, macht das aus ihm einen ganz schlechten Meister.

Ich sage: Kein Meister, kein Schüler, nichts ...

Das sind immer noch zwei Meister zu viel. [Lachen]

Das ist, was Papaji sagte: „Kein Meister, kein Schüler."

Trotzdem sind es zwei Meister zu viel. Der Kein-Meister ist immer noch ein Meister zu viel und der Nicht-Schüler ist ein Schüler zu viel. Darum erschaffen sie immer ein Paradox. Es gibt Meister und Schüler, aber es gibt keine. Aber es sind keine Nicht-Meister und Nicht-Schüler.

Ramana sagte immer, es gibt nur „Ich" zu „Ich", das ist alles. In dem, was-du-bist, gibt es weder Ebenen noch keine Ebenen. Aber durch alles, was du sagst, erschaffst du ... Was?

Was ist also, wenn einer behauptet, dass seine Schale zerbrochen ist?

Meine Eierschale ist zerbrochen?

Das Brechen der Schale ....

Welcher Schale?

Einer Bettelschale ...

Wer behauptet das?

Ein Meister ...

Welcher Meister? Sag es mir, sonst rede ich nicht mehr mit dir. Ich möchte Klatsch.

Es ist kein Klatsch ...

Aber ich werde daraus Tratsch machen. Es sollte Spaß machen und ohne Namen macht es keinen Spaß. Sie wollen immer, dass ich etwas sage, aber wenn ich sie frage, wollen sie mir nichts erzählen. So funktioniert das nicht. Ich bin hier zum Tratschen. [Lachen] Die Eier von wem sind zerbrochen? Die Bettelschale von wem? Das Herz ist gebrochen, der Kopf ist gebrochen, die Erinnerung? Aber wie ich schon sagte: Wer fordert, dass etwas brechen oder gehen müsste, ist immer noch einer zu viel, sage ich euch. Es gibt einen Unterschied davor und danach. Und alles, was ein „Davor" und ein „Danach" hat, muss sich im Traum befinden. Deshalb ist selbst Rameshs „Brief an Gott" ein „davor" und ein „danach" Brief. Und ich bin nicht in diesem Geschäft. Das, was zu einem Vorteil führt, findet im Traum statt. Es ist im Meister-Schüler Traum, davor und danach. Alles, was ein Davor und ein Danach hat, ist es nicht. Und eine Schale, die brechen kann, ist eine imaginäre Schale eines imaginären Meisters.

Es ist alles ein Para-Würfelspiel.

Ja. Para-Brahman würfelt. Du bist in einem unendlichen Roulette und spielst mit dir selbst. Und Auro-Bingo hatte dreimal dieselbe Augenzahl. Darum wird es Auro-Bingo genannt. [Lachen]

Also führen wir uns alle selbst hinters Licht.

Was könnten wir sonst tun? [Lachen] Hinters Licht des Gewahr-sein führen, genau dahin, wo das, was du bist, für immer im Dunkeln bleibt. Du tust so, als ob du eine Schale hättest. Du gibst vor, dass du bist. Dadurch, dass du so tust, als ob du eine Schale hättest, „bist du" und dann gibt es Meister. Alles ist vorge-täuscht. Was kannst du sonst machen? Sich etwas vorstellen ist vortäuschen und dann tust du so, als ob das, was du dir vorstellst, wirklich wäre. Dann möchtest du wissen, ob meine Vorstellung wirklich ist oder nicht.

Also sind alle Werkzeuge nutzlos, die Sinne, der Intellekt, das Ich-Bewusstsein ...

Sie sind nützlich, um Spaß zu haben, für sonst nichts.

Aber warum sagst du dann, sei-was-du-nicht-nicht-sein-kannst?

Ich sage es einfach – zum Spaß! [Lachen] Ich sage es mir selbst, aus Spaß. Nicht weil ich es brauche. Ich bitte dich!

Aber ich brauche ...

Das ist dein Problem. Du tust so, als ob du ein Problem hättest.

Wie nehme ich es?

Ich weiß es nicht. Nimm es einfach, wie du willst. Ich habe kein Problem damit. Du kannst es auf jede beliebige Weise nehmen. Ich gebe dir nur einen Würfel und du kannst damit spielen. Ich muss dir das Ding geben und dann sogar noch ein Ergebnis dar-aus machen.
Nein, ich möchte dir den Spaß nicht wegnehmen. Er ist fauler als alle anderen, ich muss alles tun. [Lachen] Gib mir das Werkzeug und dann arbeite damit für mich. Ich möchte nur das Resultat. Dafür musst du mehr spenden, sage ich dir. [Lachen]
Er ist alles – es ist alles Para-dies, vor diesem. Das, was Para-Brahman ist, würfelt. Und Einstein hat sich immer gefragt, ob Gott würfelt. Ja es ist Para-Brahman, der würfelt! Es ist alles zu-fällig. Du spielst mit dir selbst und das Ergebnis ist immer offen.

Ich spiele die ganze Zeit Solitaire.

Ich auch. Ich spiele es die letzten drei Jahre. Ich hätte hier gerne einen Computer und würde Solitaire spielen, während ich mit dir spreche. [Lachen]

Ich spiele es gerade.

Ja. Du spielst es bereits, legst die Karten. Und wenn sie alle richtig liegen, drückst du wieder den Knopf und das Spiel beginnt von vorne. [Lachen] Das ist alles!
Das ist alles. Das Leben spielt Solitaire. Wenn es fertig ist, fängt es wieder an. Und du bist immer noch im Spiel. Du versuchst gerade, es zu beenden und du gehst davon aus, dass es am Ende wirklich zu Ende ist.
Nein, du drückst einfach den Knopf, um es wieder zu beginnen. Dann hast du neue Könige und Damen und alle Zahlen. Irgendein anderes Spiel? Manche spielen Heiraten.

Himmlische Hochzeit ...

Sie fangen mit einer weltlichen Hochzeit an und wollen aus ihr dann eine himmlische Ehe machen.

Und gehen dann wegen der Zahnpasta sofort in die Hölle. Warum nimmst du meine Zahnpasta? [Lachen] Wir teilen alles, aber nimm nicht meine Zahnpasta. [Lachen]

Fragen zu einem anderen Spiel? Manche meditieren! Dann gewinnen sie für eine Sekunde, sie meditieren so tief, dass sie verschwunden sind. Dann kommen sie zurück und dann wollen sie das Spiel wieder spielen. Du hast mir immer noch nicht gesagt, wessen Eier kaputt sind. Ansonsten nenne ich ihn den Meister mit den kaputten Eiern.

[lacht] Ich sagte Schale.

Was ist der Unterschied? Wenn du Eier hast, die kaputt sind, kommt nichts aus dir raus. [Lachen] Dann kann ich sagen, dass ich das kaputte Sperma bin. Es ist erstaunlich, wie viele Meister behaupten, dass etwas passiert ist! Ich behaupte, einen schmerzenden Rücken von der erwachten Kundalini zu haben und in diesem Augenblick scheint es so zu sein. In diesem Augenblick glaubt der Meister wirklich daran. Erstaunlich! Und es ist mehr als wirklich für ihn. Aber wenn wir darüber sprechen, wird es zum Witz. Alles wird zum Witz, vom Anfang bis zum Ende.

Die ganz tiefen Erfahrungen, egal was man erreicht hat, egal wohin man vorgedrungen ist, das alles wird mehr als ein Witz. Aber in dem Augenblick, in dem man dieses Verstehen hat, ist diese Erfahrung so kostbar und so wirklich. Und es scheint, als wäre es das und du bist völlig davon überzeugt, dass es das ist. Das funktioniert nur für den Augenblick. Und du glaubst wirklich, dass das das Ende deiner Geschichte ist. Aber wenn du es dir von der absoluten Seite her anschaust, ist es einfach nur wieder ein Witz des Affen, der vom Baum gefallen ist.

Aber in der Traumwelt scheinen all diese Dinge einen kurzfristigen Vorteil zu bringen.

Wie ich schon sagte: In diesem Augenblick sieht es sehr wirklich und tiefgründig aus, wie das Tiefste vom Tiefen.

Und der Effekt hält für einige Zeit an.

Aber du musst die ganze Zeit darüber sprechen, anderenfalls vergisst du es auf der Stelle. [Lachen] Er musste ein Buch darüber schreiben – „Jetzt, die Kraft der Gegenwart", sonst hätte er es vergessen. Also bitte! Du brauchst eine Geburtsurkunde und deine Mutter um dich, um dich daran zu erinnern, dass du als ihre Tochter existierst. Drei Jahre lang musste man es dir ins Hirn hämmern, dass du die Tochter deiner Mutter bist, dass du diesen Körper hast. Dann wirkt sich die Erinnerung aus und damit ist alles eingerichtet. Und dann bist du dumm genug, es dir einzuprägen.

Aber davor – wer war da geboren? Der Besitzanspruch beginnt, wenn du drei Jahre alt bist. Davor hast du keinen Körper.

Alles, was man sagen kann, selbst das, was ich jetzt sage – wer sagt das? Wozu führt das? Gott sei Dank ist alles Mist. Das alles ist einfach das Nächste, was kommt. Und das, was als Nächstes kommt, wird wieder verschwinden. Danke Gott und lobe den Herrn – nur-für-den-Fall, dass es ihn gibt!

Ich kriege gerade einen verrückten visuellen Eindruck von der Lehre. Es ist wie ein Pop-up Buch, ein Konzept zeigt sich, dann zerschlägst du es und ein anderes Konzept taucht auf. Anderenfalls würdest du mit niemandem sprechen.

Aber das ist, worauf Ramana hingewiesen hat. Das ist ein Sport. Du erschaffst Probleme nur, um sie zu vernichten.

Du musst ein Konzept in den Raum stellen, damit du anfangen kannst zu sprechen.

Ich muss gar nichts, sie sind sowieso da. Ich habe einfach Spaß daran, sie abzuschießen. Ich schieße Enten und die Enten, die ich geschossen habe, tauchen wieder auf. Es gibt keinen Mangel an Enten und ich kann für immer schießen. Es gibt einfach nicht die Erwartung, dass die Enten eines Tages verschwunden sein werden. Unmöglich, dass die Enten weg sein werden. Du kannst nicht erschießen, du kannst nicht umbringen, was es überhaupt nicht gibt.

Wer schießt? Ist es eine andere Ente?

Ich muss so tun, als ob ich ein Entenschütze wäre, der Enten schießt. Aber natürlich bin ich auch eine Ente. Aber ich muss nicht einmal etwas vortäuschen. Der Schütze kommt zusammen mit dem Schießen und dem, was geschossen werden kann – von allein.

Der Lautsprecher spricht nicht, was durch ihn hin durchkommt.

Ich auch nicht.

[lacht] Du bist heute in der Stimmung ...

[lacht] Sonst würde es wirklichen einen Laut-Sprecher geben. Dann würde der Laut-Sprecher behaupten, dass er nicht entscheiden kann, was er sagt. Das wäre wieder eine Ente!

Wenn alles falsch-falsch und Neti-neti ist, dann ist der Fragende nicht besser. Wenn ich verstehen kann, dass alles falsch ist, dann ist das falsch und ich hänge in meinen Konzepten fest.

Versuchs einfach. Dann werden wir sehen. Wenn es passieren soll, das Neti-neti, dann wird es passieren. Du hast bereits diese Tendenz. Neti-neti ist einfach so wie falsch, falsch, falsch.

Warum warten?

Warum warten? Du kannst einfach das Falsch-Falsch anwenden. Du musst sowieso warten. Es dauert sowieso ewig, deshalb kannst du das Falsch-Falsch ausprobieren. Das ist ein anderes Spiel, ein anderes Solitaire. Es funktioniert nicht, aber das ist gut. [Lachen]

Meine Ausrichtung ist stark, aber die Versuchung ...

Nein, ich sage dir eins: Neti-neti ist Teil der relativen Medizin, die du nehmen kannst. Aber nur der relative Gott braucht diese Medizin. Die Natur Gottes bedarf dieser Medizin nicht. Das ist alles. Also ja, du kannst etwas tun und Neti-neti ist die beste Medizin für den relativen Gott. Für den Gott, der sich selbst kennt, ist Neti-neti die beste Medizin. Aber auf die Natur Gottes hat das keinen Einfluss – die braucht es nicht.

Ja, in der traumähnlichen Verwirklichung gibt es eine Medizin. Die Medizin heißt Neti-neti. Sie kann im Traum funktionieren oder auch nicht. Also ja, du kannst im Traum etwas tun. Aber dadurch wirst du nicht erreichen, was-du-bist. Ja, du kannst etwas tun und Neti-neti ist die beste Medizin für diese Krankheit, weil es jemanden gibt, der krank ist – der Sucher. Und Neti-neti ist die beste Medizin für den Sucher, um die Suche zu beenden.

Aber dann ist da immer noch ein Sucher, der nicht sucht. Also fängt dieser Nicht-Sucher wieder an zu suchen – ganz bestimmt. Wenn du die Suche anhalten willst, dann ist das die beste Medizin. Nur wirst du dadurch niemals erreichen, was-du-bist. Also, ja, du kannst, aber du kannst nicht. Aus relativer Sicht – Ja! Aber dem absoluten Sinn nach – Nein!

Meinst du damit, dass der Hinweis immer auf das gerichtet ist, was-ist?

Der Hinweis richtet sich an den relativen Gott, weil das, was deine Natur ist, keinerlei Hinweise braucht. Also, es gibt Hinweise in diesem Traum – an einen Traumgott, der bereits Teil des Traumes ist. Und es gibt gute und schlechte Medizin. Die schlechte Medizin ist, dass du mit dem Körper identifiziert bist. Deshalb scheint es ohne diese Identifikation besser zu sein.

Deshalb kann es im Traum funktionieren oder auch nicht. Und nur im Traum gibt es Erleuchtete und Nicht-Erleuchtete. Nur dort gibt es Verwirklichte und Nicht-Verwirklichte, Erwachte und Nicht-Erwachte.

Aber das kannst du nicht auf die Natur der Natur beziehen. Also ja, da ist, aber da ist nicht. Und hier kannst du etwas tun, aber selbst dieses Tun führt zu einem zeitlich begrenzten Nicht-Tunenden oder Nicht-Handelnden. Ramana hat es als Spinne bezeichnet. Das Bewusstsein ist wie eine Spinne, die erkennt, dass sie sich nicht in ihrem eigenem Netz fangen kann. Deshalb zieht sie alle Konzepte in sich selbst zurück. Aber in dem Augenblick, in dem sie alles zurückzieht – auch den Erkennenden mit seiner Geschichte – ist auch das Erkennen vergessen, dass es nichts zu fangen gibt. Deshalb wacht sie im nächsten Augenblick wieder auf, spinnt das Netz weiter und versucht sich selbst zu kriegen.

Das ist das Bewusstsein. Und Bewusstsein ist die Verwirklichung vom Absoluten, und du wirst niemals wissen, was es ist. Deshalb ist Bewusstsein eine Verwirklichung dessen, was-du-bist, aber das wird durch nichts erreicht, was das Bewusstsein tut oder nicht tut. Und nur im Bewusstsein gibt es Meister und Schüler und all die Götter und alles, was du dir vorstellen kannst.

In dem, was-du-bist, gibt es von alldem keine Vorstellung. In den ganzen Vorstellungen gibt es etwas, das du tun oder nicht tun kannst. Eingebildetes Tun, eingebildetes Nicht-Tun. Eingebildetes Verstehen, eingebildetes Nicht-Verstehen. Und es scheint wie im Traum: Derjenige, der versteht, scheint besser dran zu sein als derjenige, der nicht versteht. So gesehen kannst du etwas tun und Neti-neti ist dafür das beste Werkzeug.

Aber für das, was-du-bist, hat niemals etwas funktioniert und muss niemals etwas funktionieren. Für das, was-du-bist, gibt es überhaupt keine Notwendigkeit und keinerlei Bedürfnis. Weil es niemals jemanden gab, der etwas brauchte. Aber im Traum gibt es immer ja und nein. Da besteht immer eine Polarität von einem und keinem. Da herrscht eine Auseinandersetzung zwischen „ist da jemand?" und „ist da niemand?" Der eine sagt, dass da jemand ist und der andere sagt, dass niemand da ist. Dann erst kommt es zu den ganzen Diskussionen.

Egal, womit du kommst – mit den sieben Zuständen und damit, was erreicht werden kann – du kannst ein nettes Gespräch darüber führen, wie es ist und wie es erreicht werden kann. Das ist wie Solitaire. Du fängst an zu spielen und versuchst es wieder zu perfektionieren. Du möchtest herausfinden, wie du es harmonisch gestalten kannst, wie du es beenden und vollenden kannst.

Und der beste Weg, das Puzzle zu komplementieren besteht darin, den Puzzler eins mit dem Puzzle werden zu lassen. Damit das Puzzle und der Puzzler eins sind. Aber selbst der Puzzler, der eins mit dem Puzzle ist, ist Teil des Traums. Weil es im Traum einen Puzzler gibt, der sich vom Puzzle unterscheidet und einen, der eins mit dem Puzzle ist. Und das alles ist Teil des Puzzles.

Egal wie lange du nicht durcheinander bist, irgendwann bist du es wieder. Und wenn du im Durcheinandersein oder Nicht-Durcheinandersein nicht sein kannst, was-du-bist, dann bist du nicht wert, es zu sein.

Der Traum endet nicht, wenn der Puzzler und das Puzzle eins werden?

Selbst es einen Traum zu nennen, ist Teil des Traums. Wirklichkeit würde niemals irgendetwas als etwas bezeichnen. Sie würde nicht einmal sich selbst wirklich nennen. Nur im Traum gibt es einen Traum und einen Nicht-Traum und wirklich und unwirklich. Selbst das, was du im Traum wirklich nennst, ist in diesem Sinne unwirklich. Also, ja und nein. Es ist immer ja und nein.

Dann kannst du auch mit dem Konzept aufwarten, dass alles vorherbestimmt ist. Es ist bereits zu Ende, der Traum ist geträumt. Selbst das alles ist bereits im Traum. Selbst das alles ist bereits beendet und im Traum. Und dass der Traum beendet ist, ist bereits Teil des Traums.

Und nur jemand im Traum muss das wissen und hat dadurch vielleicht ein friedlicheres Leben. Aber wer braucht ein friedlicheres Leben? Das ist die Frage.

Es ist trotzdem Gott.

Nur ein relativer Gott braucht irgendetwas. Gott, der sich selbst kennt, muss sich selbst kennen. Und wenn er dann versucht, sich nicht zu kennen, erschafft er das „nicht" – und kennt damit ein besseres Wissen als das Wissen. Und nur im Traum gibt es einen Gott, der besser dran ist, wenn er sich nicht kennt. Für das, was ist [pustet in die Luft] bietet es sich nicht einmal an.

Also, egal womit wir kommen, das ganze wohldefinierte und sehr tiefgründige brrr ... ist Mist, ein totales Mysterium deiner Selbst. Und du bist das.

Fragwürdig.

Selbst wenn es nicht fragwürdig ist, ist es fragwürdig. Was du nicht infrage stellen kannst, ist trotzdem fragwürdig, weil es sich von dem unterscheidet, was fragwürdig ist. Es ist auch fragwürdig, das zu sein, was-du-nicht-nicht-sein-kannst. Natürlich! Es kann nur ein Hinweis sein und der Hinweis befindet sich im Traum. Zu Ende bringen? So etwas gibt es nicht – gab es nie, braucht es nicht.

Aber Ramana sagt trotzdem, dass du mit dem Stock im Feuer rühren musst, bis er verbrannt ist. Aber für wen? Wessen Stock ist verbrannt? Wessen Ego ist gegangen? Du kannst das infrage stellen. Und dann? Und was ist mit allen anderen Traumobjekten? Ist mit den anderen Traumobjekten irgendetwas geschehen? Für den einen endet es, aber was ist mit den „anderen" Traumobjekten? Und in allen anderen Traumobjekten muss Gott als Traum weitermachen, aber in „dir" geht er zu Ende?

Egal, was du für dich in Anspruch nimmst – es ist Mist! Selbst wenn du nichts in Anspruch nimmst, ist das Mist. Wenn also beides Mist ist, für-sich-in-Anspruch-zu-nehmen und nicht-für-sich-in-Anspruch-zu-nehmen, was dann?

Egal, was du tust oder nicht tust. Egal ob du behauptest, dass etwas zerbrochen ist oder dass es intakt ist oder was auch immer – es ist alles Mist!

Und nur über Mist können wir uns auslassen. Na und?

Was sollen wir also tun?

Ich habe gerade gesagt, was zu tun ist. Warum sollte ich dir eine Antwort auf diese schwachsinnige Frage geben? Was tun?

Sind wir gerade im Traum? Bist du im Traum?

Muss ich das wissen? Wer will das wissen? Wenn ich „ja" sage, lüge ich, und wenn ich „nein"sage, lüge ich auch. Das, was dem am nächsten kommt, ist: Ich habe absolut keine Vorstellung davon, was Ich Bin oder was Ich nicht Bin, egal in welchem Traum oder Nicht-Traum.

Ich kann diese Hinweise nur an das richten, was niemals etwas wissen oder nicht wissen muss. Aber durch alles Wissen weiß es nicht und durch alles Nichtwissen weiß es nicht nicht. Und das alles sind lediglich Hinweise auf was? [Stille]

Sonst fangt ihr immer damit an: „Wer ist nicht im Traum und wer ist im Traum?" Es ist alles zu spät, und wenn ich sage, dass es zu spät ist, meine ich das so. Es ist alles zu spät. In dem Augenblick, in dem du wach bist, ist es zu spät. Und wenn du nicht wach bist, gibt es kein Problem.

Ich meine es so: Wenn du anwesend bist, ist es zu spät, und wenn du nicht anwesend bist, gibt es sowieso kein Problem. Und gerade bist du anwesend und es gibt nur Probleme, weil du anwesend bist. Dann möchtest du die Probleme lösen, die es nur gibt, weil du da bist. Es gibt eine Anwesenheit und nur dann gibt es Probleme und du willst alle Probleme in der Anwesenheit lösen, die du nicht hast, wenn du nicht anwesend bist. Dann wirst du vielleicht eines Tages anwesend sein und keine Probleme mehr haben. Und wen kümmert das? Nur denjenigen, der anwesend ist. Und ist er ununterbrochen?

Das ist verrückt!

Das ist verrückt – total verrückt (verrückt wie ein Hutmacher). Deshalb ist alles, was einen Hut tragen kann oder einen Kopf hat völlig verrückt.

Es ist erstaunlich, wie kraftvoll Hilflosigkeit sein kann!

Sie ist nicht kraftvoll, sie ist Kraft!

Alle diese Hinweise weisen auf die Natur der Hilflosigkeit hin.

Aber das ist die Natur von Energie. Es steht im Gegensatz zu dem, wie du es dir vorstellst. Du glaubst, dass die Energie energetisch sein muss. Im Gegenteil. Die Energie hat keine Energie und ist niemals energetisch. Sie ist Energie. Sie ist die Kraft. Sie ist das Allmächtige, aber sie hat keine Energie. Sie hat kein Wissen. Darin gibt es keinen Besitzenden.

Und vielleicht nimmt das Neti-neti den relativen Besitz weg – vielleicht, vielleicht auch nicht. Aber er muss nicht verschwinden. Neti-neti bedeutet einfach, dass nichts geändert werden muss, damit du sein kannst, was-du-bist. Es ändert sich oder nicht. Weder die Veränderung noch die Nicht-Veränderung – das ist Neti-neti.

Weder die Veränderung noch die Nicht-Veränderung können dir geben, wonach du suchst. Weder-noch. Es ist nicht so, dass der eine kann und der andere nicht kann. Beides ist leer. Und der leere Traum hat niemals angefangen und hört niemals auf.

Deshalb ist das Neti-neti nicht so schlecht. Aber nochmal: Es kann dich nicht zu dem machen, was-du-bist, aber vielleicht nimmt es von dir, was du nicht bist – vielleicht. Doch selbst das ist fragwürdig. Und du kannst es völlig beiseitelassen, indem du bist, was-du-nicht-nicht-sein-kannst. Weil für das, was-du-nicht-nicht-sein-kannst, nichts gehen muss. Das ist alles. Und derjenige, für den etwas brechen oder gehen muss, ist ganz sicher ein Phantom. So sieht's aus.

Und das ist nicht wie „nein-nein-nein". Es ist wie „weder dies, noch das"?

Weder-noch. Darin kann „niemand" verbleiben. Du kannst in Neti-neti nicht überleben. Um vorzugeben, was du zu sein glaubst, brauchst du gut und schlecht. Du brauchst etwas, was etwas anderem entgegensteht. Es braucht Unterschiede.

Aber wenn weder Unterschiede noch keine-Unterschiede einen oder keinen Unterschied machen – was dann? Zu sein oder nicht zu sein ist nicht die Frage. Weder zu sein noch nicht zu sein ...

Sei, was-du-nicht-nicht-sein-kannst scheint nur im tief-tief Schlaf möglich zu sein.

Nein. Du bist hier. Bist du jetzt oder nicht?

Ja.

Wie kannst du dann sagen, dass es nur im tief-tief Schlaf funktioniert?

Aber können wir zu dieser Ebene Zugang erhalten?

Es gibt keinen Ausgang oder Zutritt. Ich bin absolut überrascht, dass du es dir zugänglich machen willst, nachdem du bist, was-du-nicht-nicht-sein-kannst.

Du sagst, dass die Unwissenheit anfängt, sobald wir sind oder bewusst sind.

Aber du bist mit und ohne dieses Problem. Du bist mit und ohne – niemals aufgrund.

Ist es erfahrbar?

Es ist eine absolute Erfahrung, aber da ist „niemand", der sie macht. Da ist eine vollkommene Anwesenheit der vollkommenen Abwesenheit.

Was hast du gesagt? [Lachen] – [Ein anderer Besucher:] Vollkommene Anwesenheit der vollkommenen Abwesenheit.

Und das kannst du nicht einfangen. Es ist nicht für dich. Es ist für niemanden. Aber du bist ES trotzdem. Du bist die vollkommene Anwesenheit der vollkommenen Abwesenheit. Dafür ist der Verstand nicht gemacht. Und kein Intellekt kann das fassen.

Das ist die Schönheit daran. Es kann nicht besessen werden, es kann niemals kontrolliert werden, nichts kann damit gemacht werden – du-bist-das.

Daher kannst du nicht wissen, was-du-bist, weder du noch sonst jemand; weder wissen noch nicht-wissen. Deshalb weißt du absolut, wirst aber niemals relativ wissen.

Du weißt es absolut?

Ich spreche nicht zu dieser Dame, das weißt du. Schweizer müssen erleuchtet sein, denn was stinkt mehr – der Käse oder das Loch? [Lachen]

Neti-neti. [Lachen]

[Karl lacht] Kann der Käse sich selbst ohne Löcher riechen? Das ist ein bedeutsamer Hinweis auf die Natur dessen, was-du-bist.

Kann der Käse sich selbst riechen?

Ja. Dafür macht er ein Loch, um sich selbst zu riechen.

Was mich verwirrt, ist, wenn du sagst: Sobald du da bist oder Bewusstsein ...

Nicht „sobald", wenn Anwesenheit ist, gibt es Probleme.

Das ist sehr deprimierend.

Deprimierend? Für wen?

Für denjenigen, der anwesend ist.

Wunderbar! Es sollte sofort bestraft werden.

Was war für dich normal?

Normal?! Warst du als Baby anwesend?

Ich weiß es nicht.

Siehst du! Wenn du drei Jahre bist, ist da plötzlich jemand, der anwesend ist. Dann hast du Probleme. Wo waren die Probleme davor?

Ja. Aber jetzt sind sie da ...

Aber sollte ich mich um das Phantom kümmern, das mit drei Jahren aufgetaucht ist, und sollte ich mich jetzt um die Anwesenheit des Phantoms kümmern, das Phantom-Probleme hat oder einen Phantom-Schmerz? Für jedes Problem, das ich löse, bekomme ich zehn neue.

Wie kommt man da raus?

Was soll man machen? Es wird sowieso zu Ende gehen. Dein Kopf steckt bereits im Rachen des Tigers. Das Phantom wird zusammen mit dem Körper verschwinden, wie es mit ihm gekommen ist. Es war nicht einmal da, als der Körper auftauchte – es kam drei Jahre später, ein kleines Echo. Und wenn der Körper weg ist, wird es auch weg sein – das ist alles.

Also leiden wir einfach und warten auf den „letzten Augenblick"?

Bring dich einfach um! Wenn du es früher haben willst, solltest du dich umbringen. [Lachen] Versteh einfach, dass es sowieso vorbei sein wird. Ob du dich umbringst oder nicht, das relative Ich wird sowieso weg sein. Das bedeutet es, bereist im Rachen des Tigers zu sein. Es bedeutet, dass du bereits verschwunden bist. Die Probleme sind bereits mit demjenigen verschwunden, der Probleme hat. Und du wirst trotzdem sein, was-du-bist.
Und Karma-Yoga löst die Probleme deines sogenannten Karmas. Du weißt, dass du zehn Probleme erschaffst, wenn du eins löst. Du machst einen Laden auf und zehn Läden eröffnen neben deinem. Und wenn du einen Laden dichtmachst, machen alle anderen ein besseres Geschäft.

Wenn du noch nicht drei Jahre alt bist, ist Anwesenheit abwesend?

Nein. Dann ist da eine Anwesenheit mit der Abwesenheit von jemandem, der anwesend ist. Da ist immer noch eine Anwesenheit und bereits die ist zu viel, aber es gibt kein Problem. Und einen solchen Zustand könntest du durch Neti-neti erreichen. Die Anwesenheit der Anwesenheit ohne jemanden, der anwesend ist. Dann würde man sagen, dass da niemand ist. Aber wer sagt das?

Das ist die Anwesenheit der Anwesenheit ohne die Anwesenheit desjenigen, der anwesend ist. Das bezeichnet man als unpersönliche Anwesenheit.

Das ist einer der sieben Zustände, von denen du gesprochen hast.

Das ist bereits eines der Samadhis. Du kannst es den fünften Zustand nennen. Die Anwesenheit ohne denjenigen, der anwesend ist. Das ist unpersönliches Gewahrsein, das kannst du beim Baby sehen. Das lässt sich also machen. Und wenn Jesus sagt, dass ihr wie die Kinder werden müsst, dann weist er darauf hin. Alle deine Probleme werden in einem Augenblick gelöst sein – wenn du wie ein Baby bist. Schließlich hat das Baby kein Problem, und wenn das Baby im nächsten Moment stirbt, würde ihm das nichts ausmachen. Es würde aufgrund der natürlichen Tendenz zu überleben weiter an der Brust nuckeln. Selbst hier gibt es eine natürliche Tendenz zu überleben.

Und mit drei Jahren erscheint ein anderer Körper – der „Ich-Körper". Und in diesem Körper läuft ebenfalls ein Überlebenssystem. Es ist einfach eine Überlebensfunktion. Und indem der Körper versucht Probleme zu lösen, überlebt er. Dieser Körper wird Verstand genannt – „Ich", der Geist.

Damit ist nichts verkehrt, es ist ein Sport – ein Überlebenstraining. Es ist wie eine Dschungelexpedition. Der Körper hat keine Probleme. Selbst wenn du Krebs hast – wenn du den Körper fragst, ob er Krebs hat, was sagt er dann? Es sind einfach andere Zellen. Nur wenn du weißt, was ein gesunder Körper ist, hast du Probleme. Wo ist der Körper überhaupt? Und das alles ist, wie ich schon sagte, zu spät. Es ist alles zu spät.

Es ist wie mit Maria, die ihren kleinen Sohn Jesus und das ganze Drama um ihren kleinen Sohn sieht. Es ist nicht so, dass du nur Probleme hast, wenn es dein Körper ist.

Vielleicht ist jemand aus dir raus gekommen. Verrückt! Dann bist du die Mutter eines Kindes oder der Vater, das alles. Die Probleme hören niemals auf.

Wie ist das für dich?

Ich habe meine Rückenschmerzen, mir geht's gut. [Lachen]

Wenn du sagst, dass alles zu spät ist, hast du damit kein Problem?

Ich muss damit nicht einverstanden sein. Ich habe kein Problem, wenn es gut ist und ich habe kein Problem, wenn es nicht gut ist. Wie ich gestern sagte: Ich hasse jeden Augenblick. Ich meine das, niemand glaubt mir. Ich hasse jeden verdammten Augenblick. Aber was soll ich machen? Und ich muss ihn nicht mögen, um zu sein – was Ich Bin.

Das ist, was ich am liebsten mag: dass ich nichts mögen muss, um zu sein, was Ich Bin. Und ich liebe es, zu hassen. Die Bequemlichkeit lässt mich hassen, denn du müsstest dich bemühen, um das alles zu mögen. Aber dieses Hassen ist automatisch. [Lachen] Schaut, sie erkennt, dass es automatisch Hass ist und dass du dich bemühen musst, um zu denken: „Es ist gar nicht so schlecht und es ist alles, was Ich Bin, es ist einfach nur ein Traum." Nein! Hasse es einfach. Ich muss nicht wissen, dass es ein Traum ist, ich hasse es sowieso.

Ich meine es, wenn ich sage, dass ich bedingungsloser Hass bin. Wie bedingungslose Liebe in der Abwesenheit. Beides Konzepte.

Ununterbrochen?

Unterbrochen. [Lachen] Verstehst du, im Hass liegt so viel Spaß. Aber wenn du es Liebe nennst, sind alle so schwer. Du wirst in der Geschichte einer Liebesaffäre wirklich sehr schwer. Dann kommt die Leidenschaft. Im Hass tötest du und vergisst alles, ohne zu zögern.

Du tötest die Zeit, die du nicht hast, Augenblick für Augenblick. Und du hasst jeden verfluchten Augenblick derart, dass du ihn sofort töten möchtest. Noch bevor der nächste Augenblick auftaucht, tötest du ihn bereits.

Keine offenen Rechnungen mehr ...

Sie können dir jede offene Rechnung präsentieren. Aber das alles ist ein Witz. Es ist wie der Jüngste-Tag-Mist. Alle Religionen haben das Jüngste Gericht. Du musst leicht wie eine Feder sein, sonst wirst du das Königreich Gottes nicht betreten können. [Tut so, als ob er sich übergibt.] Ich hasse das! [Lachen] Da könnte ich glatt kotzen, bei all den Kotz-zepten!

Du musst für die Beerdigung bezahlen, bevor du stirbst.

Ja. Du musst sogar bezahlen, um in den Himmel zu kommen. Er ist echt ein Zuhälter! [Lachen] Er will dich zur Prostituierten machen, indem du für dein bloßes Dasein bezahlen musst. Was für eine Idee! Du machst Gott zum Zuhälter und du bist die kleine Prostituierte im Bordell des Lebens. Dann musst du dich so verhalten, wie du glaubst, dass er es von dir erwartet.
Er sagt dir nicht einmal, wie du dich zu benehmen hast. Das machst du selbst. Du bist ein Sklave der Liebe. Und Liebe macht dich augenblicklich zum Sklaven.
[Zeigt auf einen Besucher:] Du hast Schuld an meinem Rücken, die Bücher sind zu schwer. Heute Morgen musste ich sie schleppen, seitdem geht's mir noch schlechter. [Lachen] Aber ich hasse das sowieso.

Es scheint, als sollte ich aufhören, alles aufzuschreiben ...

Nein! Das nächste Mal nehme ich einfach keine Bücher mehr. Ich lese sie nicht, ich nehme sie einfach und weiß nicht einmal wofür. [Lachen]
Wenn ich sage, dass ich es hasse, hasse ich es. Aber da ich es sowieso hasse, egal ob ich dumm bin oder nicht, ob ich Bücher oder keine Bücher habe – hasse ich es sowieso. Und jetzt?

Was ist das Konzept der Zeit?

Ich hasse es. [Lachen] Ich hasse Zeit, sag ich dir. Ich hasse sie gerade heraus, aber dann hasse ich keine-Zeit genauso. Und ich hasse sogar das, woher Zeit und keine-Zeit kommen. In dem Augenblick, in dem ich um mich selbst weiß, hasse ich mich – sofort. Da ist schon Zeit, da sind zwei.
Wenn ich so tue, als ob ich mich selbst lieben würde, lüge ich. In dem Augenblick, in dem ich um mich selbst weiß, gibt es zwei Selbste und dafür hasse ich mich – dass es zwei sind. Sofort. In

jedem Augenblick, in dem du um dich selbst weißt, gibt es zwei Götter, zwei Selbste. Da sind zwei Götter, wenn Gott um sich selbst als Gott weiß. Und von diesem Augenblick an hasst er sich selbst. Er hasst Zeit, weil Zeit zwei bedeutet.

Wenn ich „hassen" sage, meine ich das. In dieser Erfahrung gibt es keine Liebe. Gott, der sich selbst erlebt, ist Hass. Das nennst du Zeit – zwei Götter. Gott, der Gott kennt. In der reinsten Vorstellung von „Ich", wenn man sich selbst als Gott ausspricht, beginnt der Hass. Und von diesem Augenblick an möchte „Gott" den Hass beenden. Aus Liebe zu sich selbst.

Aber in jedem Augenblick, in dem er sich selbst kennen will, hasst er sich. Und er möchte diesen Hass beenden, aber er kann nicht. Denn durch den Wunsch den Hass zu beenden, bestätigt er denjenigen, der den Hass beenden muss. Eine perfekte Falle! Alle denken, dass ich Spaß mache, wenn ich sage, dass ich es hasse. Ich meine es vom Grunde meines Herzens!

Es ist nicht so, wie wenn ich morgens aufwache. Nein! Selbst in dem, was Ich Bin, in der reinsten Vorstellung von „Ich", in der ich anfange, mich selbst kennenzulernen, fängt Hass an – augenblicklich.

Der Raum ist mit Liebe angefüllt. Du kannst nicht sagen, dass du Hass spürst.

Alles, was gespürt und gefüllt werden kann – ist Hass. Liebe kann niemals gespürt werden. Alles, was gespürt und gefüllt werden kann und eine „Schale" hat. Meine Schale ist zerbrochen. Ich hasse das!

Es ist nicht mein Hass, aber eigentlich ist es absolut mein Hass. Weil Ich DAS Bin, was das Absolute ist und wenn das Absolute um das Absolute weiß, gibt es zwei Absolute. Das sind mindestens zwei zu viel oder wenigstens einer. Von diesem Augenblick an gibt es Suche. Die Suche aus der Zeit heraus – zwei. Weil bereits das falsch ist.

Und wenn ich sage, dass es zu spät ist, dann meine ich das so. Du kannst dich selbst nicht nicht träumen. Parabrahman kann nicht aufhören, sich selbst zu träumen. Weil derjenige, der aufhören muss zu träumen, bereits Teil des Traums ist. Und er hasst, dass er Teil des Traums ist – augenblicklich. Er hasst, dass er existieren muss, um zu existieren. Und ich hasse es, weil Ich DAS Bin. Aber was kann ich tun? Das ist „was zu sein hat".

Also, trotz der Anwesenheit-Abwesenheit Bin Ich DAS, was ist, weil Ich Bin. Und das wird die Freude genannt, die sich niemals selbst genießen muss. Es ist das Glück oder Ananda, das Ananda niemals kennen muss. Aber in dem Moment, in dem du dich kennst, ist Ananda scheinbar verschwunden. Da ist kein Ananda. Wenn Ananda um Ananda weiß, ist da kein Ananda mehr. Dann ist da nur noch eine relative Einbildung von Ananda. Das ist alles. In diesem Sinne – Hass vom Anfang bis zum Ende. Uneingeschränkter Hass. Und jeden, der von sich behauptet, dass er liebt, solltest du dafür hassen. Du hasst ihn sowieso, weil du dich fragst, warum nicht ich? Warum ist seine Schale zerbrochen und nicht meine?

Du rufst nichts als Hass hervor. Wenn du sagst „ich bin in der Einheit angekommen", dann hassen dich alle. Du würdest sogar für die Idee der Liebe, in die du eingetaucht bist, für diese Einheit und bedingungslose Liebe von allen deinen Schülern gehasst werden. Es gibt keinen Schüler, der den Meister liebt. Sie sind nur neidisch und fragen immer: „Warum nicht ich?" Sie wollen den Meister geradewegs umbringen. Und der Meister will die Schüler umbringen. Also hassen sie sich gegenseitig. Dann sagen sie: „Dein Ego muss verschwinden. Für mich hast du zu viel Ego. Ich spüre deine Neigungen und Emotionen und ich hasse sie in jedem Augenblick."

Laxman Swami in Tiruvannamalai kann sich nicht mit seinen Schülern umgeben, weil er die elendige Energie ihrer Gedanken wahrnimmt. Er sagt: „Ich kann es nicht aushalten, das macht mich ganz krank. Von meinen Schülern umgeben zu sein, ist einfach zu viel Mindfuck."

Er wurde enttarnt. Er will einfach mit erwählten Schülern zusammen sein.

Mit dieser Frau?

Ja.

Ich kann nichts Schlechtes über ihn sagen. Zu guter Letzt wird jeder entblößt. Gott sei Dank. Die Existenz stutzt jeden zurecht, ohne Ausnahme. Du wirst zurechtgeschnitten. Das ist der Rachen des Tigers. Weil du in dem verloren gehen wirst, was wir Zeit nennen.

In Indien gab es eine Tradition, die Lehre des Meisters für beendet zu halten, wenn er nicht mehr ist. Wer die Lehre überlebte, rief dadurch nur alle möglichen Probleme für die kommenden Generationen hervor.

Und schau es dir jetzt an! Wir haben sieben Milliarden Menschen auf der Erde, weil die Meister ihren Job nicht zu Ende gebracht haben! Nutzlose Meister! All die Buddhas und Ramanas und die Jesuse – alle nutzlos.
Sieh, wie alles weitergeht. Wieder dasselbe was-auch-immer und sogar noch schlimmer. Es beenden zu wollen, macht daraus noch mehr. Nein, darauf kann man nicht vertrauen. Dieser Mist kommt an kein Ende. Niemals endendes Unbehagen. Bedingungslos. Jede Anwesenheit ist die Anwesenheit von Unbehagen. Unannehmbar.

Warum ereignet es sich dann?

Wer muss das wissen? Weil du das Unbehagen beenden willst. Natürlich willst du wissen, wie es funktioniert, weil du es beenden willst. Du versuchst, es zu beenden, das ist alles. Aber nichts von dem, was du versucht hast, hat funktioniert.
Alle Meister haben es versucht und nichts hat funktioniert.

Wenn Gott sich selbst erfährt, hasst er sich selbst …

Ja. Augenblicklich.

Warum tut er es dann?

Er kann nichts machen. Darum nannte Buddha es den „göttlichen Unfall". Das Göttliche wurde sich bewusst – wachte auf. Wie kannst du einen Unfall vermeiden? Das, was-du-bist, muss

201

ihn nicht vermeiden und das, was ihn vermeiden muss – ist zu spät.

Jetzt ist es zu spät. Jetzt musst du sein, was-du-bist – in der Anwesenheit des Hasses und in seiner Abwesenheit. Weil nur Hass anwesend und abwesend ist.

Jeder, der meditiert – will sich selbst umbringen. Er hasst sich selbst, er hasst es, zu existieren. Warum sollte er sonst meditieren? Warum solltest du über deine wahre Natur meditieren, wenn du das Dasein wirklich lieben würdest?

Das ganze Meditationsding wurde durch die Meister vermittelt. Wenn du geboren bist, gibt es kein Konzept der Meditation. Wie sollte man wissen, was Meditation ist und wie man sie praktiziert? Und dass das der Weg raus aus ...

Jeder Weg ist der Weg, dich selbst umzubringen. Und du versuchst alle möglichen Wege aus, und keiner funktioniert. Das ganze Vipassana und Karma-Yoga und jeder andere Yoga dienen dem Versuch, dich umzubringen. Selbst durch Körper-Yoga versuchst du, den Körper zu töten. Denn wenn du den Körper nicht spürst, bist du frei vom Körper.

Das alles dient dem Versuch, die Erfahrung zu töten „im Körper zu sein", „im Geist" und „in der Seele". Selbst der Jnana-Yogi versucht, den Jnani zu töten. Der Geist versucht, den Geist zu töten. Wissen versucht, Wissen zu töten. Kann es durch sich selbst getötet werden?

Also ist es die ganze Zeit über ein Weg dem Tod entgegen.

Da ist eine ständige Selbstmordabsicht. Und wenn du Selbstmord begehen könntest, würdest du ihn auf der Stelle begehen. Wenn das wirklich funktionieren würde, dich selbst zu töten, würdest du dich sofort umbringen. Weil alles, was du tust, zu töten versucht, was-du-bist. Der gesamte Traum ist ein Traum, in dem du dich selbst umzubringen versuchst. Du versuchst, Zeit umzubringen. Du versuchst, zwei umzubringen. Du versuchst den Mörder und das, was du umbringen kannst umzubringen. Töten, töten, töten, auf jede erdenkliche Weise.

Aber das funktioniert nie. Das nennst du „Untersuchung". Du untersuchst deine wahre Natur nur, weil du deine falsche Natur umbringen willst. Aber du kannst deine falsche Natur nicht töten. Du kannst das Phantom-Bewusstsein nicht töten.

Aber wer bezeichnet es als „falsche Natur"? Wie ist sie überhaupt zu etwas Falschem geworden? Warum wird sie als falsche Natur bezeichnet? Das Absolute ist unbekannt. Deshalb kannst du nicht von diesem Standpunkt aus sprechen. Schließlich kennen die Menschen das Absolute nicht, sie kennen sich selbst. Das ist für sie die Wahrheit.

Aber in der Abwesenheit der Anwesenheit des Bewusstseins kennst du dich absolut. Da bist du. Und dann ereignet sich wieder Anwesenheit. Also weißt du bereits, was-du-bist. Du bist in der Abwesenheit und der Anwesenheit, was-du-bist.

Also ist nicht verkehrt mit der ...

Das ist nicht verkehrt. Aber das, was in der Anwesenheit ist und versucht, aus der Anwesenheit herauszukommen, ist falsch.

Dieses Bemühen erzeugt also das Problem ...

Nur das Falsche möchte das Falsche loswerden. Das Wirkliche kennt das Wirkliche nicht einmal. Das Wirkliche muss das Wirkliche nicht kennen und es muss nicht wirklich werden. Nur das Unwirkliche will wirklich werden. Aber das Unwirkliche wird niemals wirklich.

Was du auch tust, du kannst nicht töten, was nicht da ist. Es gab niemals einen zweiten Gott. Aber trotzdem möchte er den eingebildeten Gott töten. Was soll man da machen? Der eingebildete Gott will den eingebildeten Gott töten. Weil er sich selbst nicht als zweifelhaft aushalten kann. Weil es zweifelhaft ist, auch nur zu existieren und das Zweifelhafte zweifellos werden will. Das ist seine natürliche Tendenz.

Das, was zeitlich ist, möchte ewig sein. Das, was kommt, möchte nicht mehr gehen. Aber es ist ein Gespenst, das kommt und geht. Das ist es, was als falsch bezeichnet wird. Du kannst es Unterwäsche nennen, aber falsch ist falsch.

Vielleicht hast du recht, dass das Absolute niemals etwas sagen würde. Aber du weißt, wo Ananada ist und wo nicht. In der Anwesenheit ist kein Ananda und du weißt das.

Das Konzept von Ananda wurde von jemandem vermittelt, der sagte, dass das Ananda ist.

Nein. Es ist lediglich ein Hinweis auf die Abwesenheit der Anwesenheit-Abwesenheit. Es ist nur ein Hinweis auf die Natur der Freude, die niemals irgendeine Freude kennen muss. Es gibt dem nur einen Namen. Nimm es nicht wörtlich. Nimm einfach die Abwesenheit der Anwesenheit von jemandem, der Probleme haben oder nicht haben könnte. Da ist niemand, der eine Lösung für irgendetwas haben müsste.

Das wird die Freude oder der Frieden der Abwesenheit von auch nur einem genannt. Es ist nicht einmal einer da. Deshalb ist es die vollkommene Abwesenheit von einem oder von zwei. Da ist Frieden – ununterbrochener Frieden. Darum wird es „Frieden" genannt. Vielleicht ist Frieden der beste Hinweis darauf. Und du kannst sagen, dass Frieden seiner Natur nach absolute Freude ist, Harmonie. Weil es da niemanden gibt, der der Harmonie bedarf – und das ist die Natur der Harmonie.

Also, du kannst darauf einen Hinweis geben – auf deine Natur, die niemals ihre Natur kennen muss. Aber du hast recht: In dem Augenblick, in dem du darüber sprichst, machst du es wieder zu einem Ziel. Na und? Und ich versuche es zu einem absoluten Ziel zu machen – weil DAS, was-du-bist, braucht niemals irgendetwas. Der bedürftige Bastard, in dem du zu sein glaubst, wird es niemals erreichen.

In diesem Gewahrsein – dass du niemals erreichen wirst, was-du-bist – verbrennt vielleicht das, was-du-nicht-bist. Wer weiß? Aber vor allen Dingen braucht niemand, dass es verbrennt. Und wenn es verbrennt, vermisst es niemand. Wie ich am Anfang sagte: Was-du-bist, ist nicht im Traum und braucht niemals irgendwas. Und das, was im Traum ist, wird niemals vorankommen.

Wenn du also nicht bereits wissen würdest, was besser ist als das, was du kennst, würdest du nicht danach Ausschau halten. Du weißt bereits, was besser ist, was das Beste ist, der Schatz, der du bist. Und ich sage dir lediglich, dass der Schatz ist, was-du-nicht-nicht-sein-kannst. Und das ist der einfachste Weg. Sei der Schatz, ohne irgendeinen Schatz zu kennen.

Doch ist jeder Schatz, den du gewinnen kannst, ein relativer Schatz. Er kann nicht den Schatz liefern, nach dem du suchst. Aber du kannst das Verlangen danach nicht verneinen. Du weißt nicht einmal, wonach du dich sehnst, aber du weißt, dass da eine Sehnsucht ist. Und die kannst du das Absolute nennen.

Dieses Verlangen hört nur dann augenblicklich auf, wenn du das Absolute bist, ohne ES zu kennen. Aber nicht dadurch, dass du etwas gewinnst oder verlierst. Wenn du bist, was du bist, dann bleibt darin niemand zurück. Es ist nicht so, als ob etwas zerbrochen oder gegangen wäre oder als ob etwas gekommen ist.

Maharaj hatte einen Hinweis und fragte gerne: „Wo warst du vor hundert Jahren?" Wie steht's damit?

Zen Buddhisten würden fragen: „Was hast du für ein Gesicht gehabt, bevor du geboren bist?" – Niemand weiß das.

Worauf haben sie angespielt?

Auf deine Natur, die sich selbst niemals kennen muss. Es ist wie – hast du nicht existiert, als du dich selbst nicht gekannt hast?

Ich weiß es nicht.

Siehst du. Das kannst du nicht wissen. Du musst DAS sein, was-du-bist. Deshalb bist du im Wissen und im Nichtwissen, was-du-bist. Was ist das Problem?

Wer sagt: „Ich weiß nicht?"

Du hast es gesagt. Es gibt einen Wissenden, der sagen kann „ich weiß" oder „ich weiß nicht". Das, was der Wissende ist, ist mit und ohne Wissenden, das ist alles. Damit es einen Wissenden geben kann, muss es Wissen geben. Aber das Wissen ist mit und ohne Wissenden. Und der Wissende ist nur da, weil es Wissen gibt und der Wissende deshalb „ich weiß" oder „ich weiß nicht" sagen kann.

Also wird „ich weiß nicht" vom Wissenden gesagt?

Von wem sonst? Es braucht jemanden, der „ich weiß" sagt. Es bedarf des Wurzelgedankens „Ich", der sagt, „ich weiß" oder „ich weiß nicht". Es ist immer „Ich Bin" – „ich weiß" oder „ich weiß nicht" ... Ich, ich, ich.

Aber damit ein „Ich" sein kann, muss das, was das „Ich" ist, mit und ohne die Erfahrung des „Ichs" sein, was-es-ist. Das ist der Hinweis. Wo war dieses „Ich", das du jetzt erfährst, vor hundert Jahren? Dieses relative „Ich", dass du jetzt erfährst? Dieses persönliche „Ich", wo war es vor hundert Jahren?

Ich weiß es nicht.

Aber der Wissende wird niemals wissen, weil der Wissende nicht da war. Aber das, was-du-bist, war da. Das, was-du-bist, ist nicht zusammen mit dem Wissenden erschienen und es wird nicht zusammen mit dem Wissenden verschwinden. Und was der Wissende sagt, gehört zum Wissenden: „Ich weiß" oder „ich weiß nicht".

Wenn du Ramakrishna liest, dann ist das seine ganze Geschichte. Damit da jemand sein kann, der weiß oder nicht weiß, musst du DAS sein. Dann kannst du es Wissen nennen oder sonst wie – sogar Unterwäsche. Aber das ist mit und ohne, das ist alles. Und es war, es ist und es wird sein – DAS. Doch selbst das ist nur ein Hinweis.

Bevor sich die zwei Flüssigkeiten im Schoß der Mutter treffen, musst du als das, was-du-bist, anwesend sein. Und das hat kein Gesicht, das hat keinen Körper, das hat keine Vorstellung von Existenz. Und dann kommt alles andere.

Aber das jetzt wissen zu wollen – dafür ist es zu spät. Weil der Wissende, der zusammen mit dem Phantom gekommen ist, jetzt bereits verschwunden ist. Und das, was der Wissende jetzt versteht, ist Phantom-Wissen, egal was. Und niemand braucht das. Nur der Wissende braucht es.

Alles, was du jetzt verstehst, egal welche Einsichten du hast – sie werden zusammen mit diesen Typen verschwinden. Deshalb gibt es für dich nichts zu holen. Es ist alles leeres Wissen, leeres Wissen, leer, leer, leer!

Der Wissende beantwortet die Frage: „Ich weiß es nicht"?

Der Wissende beantwortet gar nichts. Der Wissende ist eine Anwesenheit des Nichtwissens.

Wer antwortet? – Ich weiß es nicht.

Es gibt da jemanden, „der nicht weiß" – er hasst es, dass er nicht weiß. Er hasst es sogar, dass er weiß. Er hasst, dass er etwas weiß und er hasst, dass er etwas anderes nicht weiß. Er hasst das Wissen und er hasst das Nichtwissen.

Derjenige, der antwortet, ist DAS?

Es ist das, was hasst – Gott, der sich selbst hasst. Gott als ein relativ Wissender, hassend oder nicht hassend, der bereits hasst, dass er relativ ist, wissend oder nicht wissend.

Und das geschieht aus Selbstliebe?

Da ist keine Selbstliebe. Es ist ein relativer Gott in einem relativen Hass. Wie kann das Gott sein, der liebende Gott? Die Liebesaffäre Gottes ist eine Hassaffäre. In dem Augenblick, in dem er um sich selbst weiß, ist er in einer Hassaffäre mit sich selbst.

„Ich weiß es nicht." – Ist das die Antwort des Absoluten?

Ohne das Absolute würde es keine Antwort geben, die bereits eine Reaktion auf die Aktion ist, die du bist. Aufgrund der Aktion sind alle Reaktionen. Da ist niemand – weder der Absolute Eine noch der Relative antworten.

Du willst es wieder und wieder zu etwas Relativem machen – und verschiebst das Absolute in den relativen Raum. Du kannst nur Reaktion erfahren. Gott, der sich selbst kennt, ist eine Reaktion auf das, was er ist. Reaktion, die versucht die Aktion zu kennen. Du hasst es, eine Reaktion und nicht die Aktion zu sein. Dann musst du auf alle anderen Reaktionen reagieren. Vollkommen abhängig vom reagieren, reagieren, reagieren.

Und jedes Mal, wenn du die Reaktion bist, möchtest du wissen, wo und was die Aktion ist.

Hat die Aktion niemals stattgefunden?

Aktion fand niemals statt. Alles, was passiert, ist Reaktion. Die Verwirklichung, nicht aber die Wirklichkeit. Es ist alles Reaktion – alles. Der Wissende ist eine Reaktion auf das Wissen, etwas zu wissen ist eine Reaktion, das, was gewusst werden kann, ist eine Reaktion. Aber das Wissen kann in der Reaktion nicht aufgespürt werden. Und es war niemals verloren.

Man könnte sagen, dass Parabrahman die Aktion ist – das, was Aktion ist. Und der gesamte Traum Parabrahmans ist eine Reaktion auf das, was Parabrahman ist. Nur glaubt Parabrahman jetzt, dass er sich selbst in seiner eigenen Reaktion als Brahman (Schöpfer) empfindet oder gefunden hat. Das macht ihn geradewegs dumm. Jetzt versucht er herauszufinden, wer oder was antwortet – der Wissende oder das Absolute.

Woher kommt das? Vielleicht kommt es daher, dass du es hasst, nicht zu wissen? Und du versuchst, dich selbst zu lieben? Dich selbst zu kennen? Was würdest du tun, wenn du dich kennen würdest?

Ich weiß es nicht.

Du würdest dich auf der Stelle umbringen. Wenn du dich erwischen könntest, würdest du dich auf der Stelle umbringen, weil du für den ganzen Mist, der dir durch dich selbst geschehen ist, Rache nehmen wolltest.

Gott würde sich auf der Stelle selbst umbringen, weil er sich für alles hasst, was der relative Gott erleben muss. Du suchst nicht nach dir selbst, um dich selbst zu umarmen, sage ich dir. Du willst dich umbringen. Selbst durch Meditation jagst du dich. Du willst dich selbst umbringen, wegmeditieren, allerdings wirst du das nicht schaffen. Das ist alles.

Wenn es wirklich die Möglichkeit gäbe, dich umzubringen, dann würdest du das auf der Stelle tun. Und dafür tust du alles. Alles! Durch Verstehen, Meditation, indem du die schrecklichsten Dinge in deinem Leben tust. Du tötest und wirst getötet. Das Bewusstsein führt alle Kriege, es ruft die Grenzen hervor und versucht sich selbst zu töten. Es versucht, sich selbst loszuwerden. Erstaunlich!

Aber es kann nicht. Was will man da machen? Du hörst sogar mir zu! Und denkst, dass ich dir eine Waffe geben kann, mit der du dich umbringen kannst. Es ist wahr! Alle kommen auf der Suche nach einem Werkzeug hierher, nach einer Waffe, damit sie sich umbringen können.

Das wirkt ziemlich gespalten. Ich stimme mit dir vollkommen überein, dass wir versuchen, uns selbst umzubringen. Aber gleichzeitig fange ich an, mich zu verteidigen, wenn du oder die Welt versuchen sollten, mich zu töten. Ich tue alles in meiner Macht stehende, um zu überleben. Und trotzdem versuche ich, mich selbst umzubringen. Das ist verrückt.

Die Angst ist für gewöhnlich stärker als die Tendenz zu hassen oder sie befinden sich in einer perfekten Balance. Die Angst ist da, weil du nicht weißt, was dann passiert. Also versuchst du, zu überleben. Aber deine Sehnsucht nach dir selbst ist im Gleichgewicht. Und die Sehnsucht würde sagen: Ich sollte alles umbringen, was umgebracht werden kann.

Die Tendenz, Selbstmord zu begehen, ist also ebenso stark, wie die Angst, die dich hier hält, weil du nicht weißt, was dann passiert. Es ist ein Gleichgewicht aus Sehnsucht, Angst und Hass. Und manchmal gerät es durch Gnade aus der Balance. Die Sehnsucht ist stärker als die Angst. Und dann ist die Angst überwunden und dadurch bricht sie in sich zusammen. Du willst springen, aber etwas hält dich davon ab. Es ist immer ein Gleichgewicht. Sonst würden alle vom Hochhaus springen. Das nennst du dann Schutzengel. Mein Schutzengel hat mich davon abgehalten! Aber manchmal ist der Schutzengel im Urlaub, dann springen einige. [Lachen] Dann fragst du dich: Warum ist er gesprungen? Er war hundertmal da oben, aber dieses Mal ist er gesprungen.

Das ist die vollkommene Harmonie des Universums. Es ist wie Shiva, der erschafft und zerstört. Weil die Energie in Balance ist, finden Schöpfung und Zerstörung gleichzeitig statt. Die Angst und die Sehnsucht. Aus Sehnsucht zerstört er, tötet er. Und aus der Angst heraus erschafft er. Das ist die Natur Gottes – des relativen Träumers, des Schöpfers.

Eigentlich hasst er es zu erschaffen, aber er hat Angst davor, was passieren würde, wenn es keinen Schöpfer gäbe. Das bezeichnest du als Liebe und Hass. Aus Hass will er töten und aus Liebe will er erschaffen. Aber beides geschieht meiner Meinung nach aus Angst – nicht aus Liebe. Ich habe das kleine Universum nicht aus Liebe erschaffen, sondern aus der Angst, ohne es nicht leben zu können.

Es gibt keine Liebe. Vergiss diese verfluchte Liebe.

Es stimmt. Wir hassen uns selbst aus Liebe. Alle Liebe entspringt dem Hass.

Du könntest recht haben. Damit es Hass geben kann, muss es etwas geben, was kein Hass ist – nenne es Liebe. Oder Unterwäsche. Ich muss es nicht Liebe nennen.

Eine Münze hat zwei Seiten.

Für mich ist das nicht automatisch so, dass es Liebe gibt, wenn es Hass gibt. Das ist Wunschdenken. Für mich ist alles Hass. Ich hasse es von ganzem Herzen.

Ist in Abwesenheit Liebe?

Das ist Spekulation – niemand weiß das. Es ist wie eine Fiktion. Du denkst: „Weil ich es hasse hier zu sein, muss es etwas wie Liebe geben." Das kaufe ich dir nicht ab. Für mich macht das keinen Unterschied. Für mich ist jede Anwesenheit die Anwesenheit von Hass oder Leere. Ich muss daraus keine Liebe machen.

Für mich ist „Hass" nicht negativ. „Scheiße" ist für mich auch kein dreckiges Wort. Alles, was ist, ist Mist. Selbst der Ursprung und alles, was ihm entspringt, ist Mist – na und? Mist, Mist, Mist. Und ich sage dir: Alles, was ich empfinde, ist Mist. Es ist ein mistiges Gefühl. Wenn das Gefühl schon Mist ist, dann ist vielleicht auch das, woher es kommt, Mist. Vielleicht ist selbst seine Natur Mist. Wenn alles, was ist, Mist ist, wenn kümmert das dann? Du kümmerst dich nur, wenn etwas vielleicht kein Mist ist. Dann sorgst du dich darum. Wenn du das hier zu Hass machst, dann willst du, dass es Liebe gibt. Dann willst du, dass etwas kein Hass ist und dann machst du daraus wieder zwei.

Für mich ist alles Hass. Selbst der Ursprung ist Hass, selbst das Absolute ist Hass. Ich habe nichts gegen Hass.

Ich bin für Liebe einfach zu faul – das ist alles. All die offenen Herzen kommen zu mir. Und sofort ist da die Schwere der offenen Herzen. Und der Liebe. Immer das Besondere mit der Liebe. So viel Schmerz aufgrund des Konzepts der Liebe.

Ich habe gelesen, dass Ramakrishna seine Mutter umbringen musste. Es gab einen Jnani Namens Totapuri, der Advaita lehrte. Ramakrishna sagte ihm: „Es gibt nur eine Mutter." Totapuri antwortete: „Dann nimm jetzt das Schwert und töte sie." Schließlich tötete er sie.

Ja. Er musste sie umbringen. Du musst diese unsägliche Liebe töten, sage ich dir. Und für mich ist Hass besser, weil du kein Problem damit hast, den Hass zu töten. Aber dieses verfluchte Konzept der Liebe. Du hängst dermaßen an diesem Mist und bist so zögerlich, diese Liebe zu töten. Das ist wirklich Mist. Hass fällt scheinbar leichter.

Es ist ein Irrenhaus.

Es ist eine Irrenanstalt – diese Liebesaffäre. Niemand zögert, den Hass zu töten. Du könntest den Hass jeden Augenblick töten. Aber diese verfluchte Liebe ist ein so kostbarer Mist, da zögerst du wirklich Augenblick für Augenblick: „Oh, ich kann nicht. Ich liebe diesen Körper." Hasse ihn einfach! [Lachen]

Sei einfach ehrlich und tu nicht so, als ob du diesen Mist lieben würdest. Du hasst ihn sowieso. Verstehst du, wenn du so sprichst, fühlen sich alle erleichtert – es stimmt. Dann ist das Gefühl: Gott sei Dank spricht jemand aus, was sowieso so ist.

In Amerika kommen die Leute immer an und sagen: „Ich liebe dich." Ich sage dann immer: „Ich hasse dich auch." Und dann lachen sie. Es macht Spaß. Dieser verfluchte „ich liebe dich Schwachsinn"! Das ist geschäftsmäßig. Du sagst einfach „ich liebe dich", weil du dann bekommst, was du vom anderen willst.

Weil ich dich lieben soll, hasse ich dich.

Das ist, was ich meine. Weil ich dich lieben muss, hasse ich dich. Das ist die Ehe. Das wird Einheits-Hass genannt. Weil ich eins mit dir sein muss, hasse ich dich. Du kannst eins mit dem gesamten Universum sein, aber wenn du gefragt wirst, ob du eins mit deinem Nachbarn sein kannst? – „Nein!" [Lachen]
Krishna wohnt gegenüber. Nein, nein! Dieser Arsch stinkt. Er macht immer Sachen, die ich nicht mag. Das ist zu viel. Das überschreitet, was ich tolerieren kann. Ich kann das gesamte Universum lieben und die gesamte Milchstraße, die Sonne und die Sterne und die Blumen und den Sonnenuntergang – aber nicht meinen Nachbarn. [Lachen]
Das ist wie das offene Herz der Frau, die nicht mit mir resonierte, aber ihr Herz war weit geöffnet. Sie mag dich nur, wenn du ihr offenes Herz annimmst und bestätigst. Dann hast du es richtig gemacht! Und sie sagte, dass sie mit allen Lehrern resoniert, nur nicht mit mir. War ich stolz! [Lachen]
Das ist wie eine Geschäftsfrau, die sich überall offene Herzen einkauft. Wie zwei Schlachter, die darüber sprechen, wie man Schweine schlachtet.

Du sagst, dass die Frage „Wer Bin Ich", die falsche Frage ist.

Es gibt nur falsche Fragen, ganz bestimmt.

Wieso?

Weil sie aus dir einen Hintergrund machen, der dich von dem unterscheidet, was du erfährst. Sie lassen dich von allem getrennt sein. Du weißt das. Auf die richtige Weise funktioniert „Wer Bin Ich" so: „Wer" – der Körper und die Welt fallen ab, „Bin" – der Geist fällt weg und dann verbleibt das „Ich" als das, was du wahrnehmen kannst. Und dann fällt auch noch das „Ich" weg. Dann bist du das, was vor oder jenseits des „Ichs" ist.

Und von dort kommt es zu „Ich Bin Was"? Dann bist du immer noch das, was dem Traum vorausgeht und sich von ihm unterscheidet.

Was ist falsch damit?

Das weist auf denjenigen hin, der bleibt und auf denjenigen, der davor ist. Aus dieser Frage kannst du „den Einen" erschaffen, der vor allem ist, was erfahren werden kann. Aber selbst „dieser Eine" befindet sich in einem Traum. Denn alles, was im Traum erschaffen werden kann, unterscheidet sich von etwas und muss sich daher im Traum befinden.

Aus diesem Grund hat Sadhu Om aus Trivuvannamalai, der ein Schüler Ramanas war, in einem Buch über die wahre Bedeutung dessen geschrieben, was Ramana gefragt hat, weil es in Tamil nicht klar war. Er sagte: „Für mich ist es ‚Bin Ich – Ich Bin' und nicht ‚Wer Bin Ich'. Für mich ist das genauer, weil dabei keiner übrig bleibt."

Bin Ich – Ich Bin …

… ist die Anwesenheit. In dieser Antwort liegt kein Zweifel.

Ist „Bin Ich" der Zweifel?

Nein. „Bin Ich" ist nur eine Frage und die Antwort ist „Ich Bin".

Meinst du „Ich Bin"?

Auch „Bin Ich". „Bin Ich" ist bereits die Antwort auf die Frage. „Bin Ich" ist möglich, weil „Ich Bin" ist.

Das ist immer noch der Traum?

Auf diese Weise verwirklichst du dich selbst – im Sein. Wenn es eine Anwesenheit gibt, dann bist du, was diese Anwesenheit ist, aber du hast keine Anwesenheit.

Also verschmelzen Frage und Antwort.

Ja. Sie sind ihrer Natur nach nicht verschieden. Das ist alles. „Bin Ich" ist wie eine Frage und „Ich Bin" ist wie eine Antwort, aber tatsächlich sind sie nicht verschieden.

Also bist du die Natur der Frage und Antwort. Du bist die Antwort auf alle Fragen. Aber du bist nicht das, was hinter der Frage steht. „Wer Bin Ich?" stellt dich immer wie etwas dar, das davor ist, etwas, das unbekannt ist und vor allem liegt, was bekannt ist. Es macht dich zu etwas anderem als dem, was bekannt ist. Dann bist du das Unbekannte, das sich vom Bekannten unterscheidet.

Und das ist in Ordnung. Aber dann sind es immer noch zwei. Bin Ich – Ich Bin führt nicht zu zwei. Es kann nicht einmal einen geben. Es ist nur Bin Ich – Ich Bin. Als ich es vor fünfzehn Jahren las, war da ein zweifelloses „Ja" – das ist angemessener. Beim anderen dachte ich immer „Wer Bin Ich?" Vielleicht ist die Antwort immer da – das Unbekannte. Aber die unbekannte Antwort unterscheidet sich von der Frage. Darum geht es dabei, ansonsten ist es mir egal.

Als Maharshi gefragt wurde: „Was ist dieses ‚Ich'?", sagte er: „‚Ich' ist das Ego, suche danach. Wie ist das Ego erschienen?" Und aus dem heraus passiert alles, was du siehst. Wie ich es verstanden habe, hat er mit dem „Ich" das „Ego" gemeint.

Alle haben dasselbe Buch gelesen und es anders verstanden.

Ich habe gehört, dass Ramesh es auch so erklärt. Er würde sagen, dass Ramana auf die Tatsache hingewiesen hat, dass dein Ego nicht existiert. Wenn du also nach dem „Ich" Ausschau hältst, wirst du es nicht finden und deshalb existiert es nicht. Die Person, die ich für mich selbst halte, diese Person existiert nicht.

Nein. Ramana hat es niemals so dargelegt.

Das ist, was ich gelesen habe.

So hat es der Übersetzer übersetzt. Niemand weiß es. Worauf Ramana hingewiesen hat, ist, dass das, was gesehen wird, nicht der Natur des absoluten Sehers entsprechen kann. Das ist alles! Aber nicht auf so etwas, wie nach dem Ego zu schauen.

Und du musst dich selbst verwirklichen, und du kannst nicht anders. Aber natürlich haben es die Übersetzer persönlich genommen. Sie dachten, dass sie ihre Wirklichkeit verwirklichen müssten. Nein, er hat immer gesagt: Du bist DAS und DAS muss sich selbst verwirklichen.

Die erste Art der Verwirklichung ist das „Ich-Gewahrsein", dann „Ich-Bin-Bewusstsein" und dann kommt alles andere. Aber du bist mit und ohne das alles. Trotz aller Versionen der Verwirklichung, nicht wegen ihnen. Das ist alles. Und er sagte, dass du dich nicht nicht verwirklichen kannst. Das Ego muss für niemanden verschwinden. Derjenige, der das Nicht-Ego entdeckt, ist immer noch ein Ego.

Was glaubst du, wohin ist er vorgedrungen? Hat er einen Punkt innerhalb eines Traumzustandes erreicht?

Er hat niemals etwas erreicht. Er ist einer der Wenigen, der alles Erreichen und Nicht-Erreichen transzendiert hat. Wie Maharaj. Das sind die seltenen Fälle, die die Transzendenz transzendiert haben. Ramana ist ein Beispiel für den Verzicht auf den Verzicht, für die Hingabe der Hingabe. Das ist der Hinweis darauf, dass du nicht von dem lassen kannst, was-du-bist.

Aber ist das immer noch ein Traum?

Es ist ein Hinweis darauf, dass du den Traum nicht verlassen kannst, weil du der Traum bist. Kein Weg raus. Und selbst kein Ego zu finden, ist ein Ego zu viel, das kein Ego findet. Und du hast recht: In „I Am That" spricht Maharaj so. Aber später hat er so etwas nie wieder gesagt. Es sieht so aus, als ob es eine Weiterentwicklung geben würde.

Nimm nicht alles wörtlich, was jemand gesagt hat, weil du dann glaubst, dass es jemanden gibt, der etwas wüsste. Sie alle haben in verschiedenen Situationen verschiedene Dinge gesagt. Wie viele Jahre hat er gesprochen?

Dreißig, vierzig Jahre. [Anderer Besucher:] Du würdest also sagen, dass nicht einmal das ein Ausweg ist?

Der absolute Ausweg ist, zu sein, was-du-nicht-nicht-sein-kannst, weil das nicht in etwas ist. Es gibt keinen Ausweg. Und das es keinen Ausweg gibt, ist der absolute Ausweg. Das kannst du nicht verstehen. Du kannst nicht hinter dir lassen, was-du-bist. Das ist alles.

Was war dann Ramanas Nachricht?

Sei, was-du-bist. Aber dann fragen die Leute immer: „Wie? – Wie kann ich sein, was ich bin?" Darum habe ich damit angefangen, als mich in San Diego jemand gefragt hat: „Aber wie kann ich sein, was ich bin?" „Okay, dann sei, was-du-nicht-nicht-sein-kannst." Dann gibt es für einen Moment eine Abwesenheit, eine Lücke, eine Gedankenfreiheit, in der niemand ist. Und doch bist du.

Du kannst es ebenso wenig zu einer Einladung machen wie Neti-neti. – Sei, was-du-nicht-nicht-sein-kannst. Später kommt dann: „Wie kann ich das?" Aber in dem Augenblick ist eine Lücke, eine Abwesenheit der Anwesenheit. Du kannst darauf nicht reagieren. Es durchbricht für einen kurzen Augenblick die Kette der Reaktionen.

Wenn jemand sagt: „Sei, was du bist", kommt sofort die Reaktion: „Wie?" Aber auf Neti-neti oder sei, was-du-nicht-nicht-sein-kannst, kannst du nicht reagieren. Für einen Augenblick gibt es keine Reaktion. Dann musst du dich wirklich anstrengen, darauf zu reagieren und ein anderes Konzept aufwerfen.

Es ist wie ein Koan. Und Maharaj und Ramana haben Koans gebildet. Aber wenn du einen Teil eines Koans für sich nimmst, dann machst du daraus eine Lehre. Wenn du beide zusammennimmst, werden sie zum Koan, einem Paradox. Doch die Übersetzer haben immer den ersten Teil des Koans genommen und manchmal den zweiten Teil vergessen.

Der zweite Teil ist, dass du meditieren kannst, nachforschen und dich „Wer Bin Ich?" fragen kannst und dich vielleicht nicht findest. Aber durch alles, was du getan hast, durch alles Verstehen, durch alle Einsichten und alle Erkenntnisse kannst du nicht erreichen, was-du-bist. Und das war immer da, in allem. Immer kannst du, aber du kannst nicht.

Was kann man dann erreichen?

Du kannst etwas im Traum erreichen. Und das, was du erreichen kannst, wirst du wieder verlieren. Und der Verlierer, den du verlieren kannst, wird wieder auftauchen.

Ist er in Ramanas Fall wieder aufgetaucht?

Er war niemals verschwunden. Warum sollte etwas gehen? Und wie lange muss ich sagen, dass es niemanden gibt, der verschwinden kann? Da ist Einer, aber dieser Eine kann nicht gehen.

Ramesh erzählte eine Geschichte über Ramana, darüber, dass niemand geht. Er erhielt etwa dreißig Jahre später einen Brief, dass ein Freund aus Kindertagen gestorben war und Tränen traten ihm in die Augen. Das war die kleine „Ich"-Geschichte.

Er hatte noch eine Mutter. Die Mutter war um ihn, also bitte! Du kannst nicht ohne „ich" sein, wenn deine Mutter um dich herum ist.

Aber sie war einige Jahre nicht da.

Dann kam sie zurück. Und dann kam er zurück. In dem Augenblick, in dem deine Mutter erscheint, erscheinst du. Und deine Mutter wird dir sagen, ob du ihr Sohn bist oder nicht. [Lachen] Du kannst alle um dich herum überzeugen, aber nicht deine Mutter. Sie wird dir sagen, woher du kommst. Und das kannst du nicht auflösen. Sie war da, als du aufgetaucht bist. Das glaubt sie zumindest.

Nichts muss gehen, nichts muss kommen. Du hast immer noch die Vorstellung, dass sich etwas für dich verändern muss, damit du sein kannst, was-du-bist. Trotz allem, was ich darüber sage, dass sich Veränderungen ergeben oder nicht-ergeben können, bist du, was-du-bist, was-du-nicht-nicht-sein-kannst. Das ist alles. Und Ramana und Maharaj waren die Seltenen, die darauf hingewiesen haben.

Trotz aller Ereignisse, trotz Anwesenheit und Abwesenheit, trotz allem, was sein oder nicht sein kann, bist du DAS!

Aber wie …

Darin gibt es kein „wie".

Wo hast du in den Stapeln von Büchern gefunden, was du gesagt hast?

Überall.

Verbrenn die Bücher und mach den Ashram dicht, wenn der Meister gegangen ist!

Ja. Das ist, was ich sage. Sogar Ranjit Maharaj hat gesagt: „Lest nicht die Bücher von toten Meistern, es gibt nicht einmal welche, die leben." Mir hat das gefallen. Er hat immer gern Spaß gemacht.

Ich habe Ramesh mal gefragt, wie es weitergehen sollte, wenn er einmal nicht mehr ist. Er schaute mich an und sagte: „Ist mir völlig egal."

Er musste das sagen, weil er immer Witze über Jiddu Krishnamurti gemacht hat, der gesagt hatte: „Haltet meine Lehre lebendig und rein."
[Mit Bezug auf einen Besucher:] Er hält seinen Meister immer lebendig und ich sage ihm immer – verbrenn ihn.

Ich bin an seine Verbrennungsstätte gegangen und habe ihn verbrannt.

Das ist nicht die wahre Verbrennung. Er besetzt immer noch dein Herz und deinen Geist, ob du willst oder nicht.

Ich liebe das …

Ja. Du liebst es, weil es dich im Gleichgewicht halten kann. Ich hasse es. Du hast recht, du musst alles zerstören, sogar dich selbst. Und vor allem müsst ihr eure Meister vor die Tür setzen. Das ist es, worum euch die Meister bitten. Sie wollen nicht, dass ihr euch daran erinnert, wie sie sind und was sie gesagt haben. Bringt sie einfach um! Selbst wenn sie da sind, tötet sie einfach!
Und er bittet dich: Töte, indem du das bist, was-du-bist. Er versucht dich zu töten und du solltest ihn töten – gleich jetzt, indem

du bist, was du bist. Und nicht, indem du ihn in deinem verfluchten Herz behältst. Was du in deinem sogenannten Herz mit dir herumträgst, besetzt dich, besonders das, was die Meister gesagt oder nicht gesagt haben. Und ob sie wahre Meister sind oder nicht. Aus diesem Grund zerstöre ich diese verfluchten wahren Meister immer.

Es gab keine wahren Meister! Es gab keinen Maharaj, keinen Ramana, keinen Ramesh – in Wirklichkeit. Das alles sind einfach nur Namen oder flüchtige Schatten von was? Wie Karl – nur der Name eines flüchtigen Schattens von was? Mist!

Was den Fortschritt betrifft, den du erwähnt hast: Früher schrieb Maharaj esoterische Gedichte. Wenn du die gelesen hast und dann „I Am That", besteht da ein riesiger Unterschied. Später hat Maharaj zu verhindern versucht, dass sie in Umlauf gebracht werden. Als wir dann später das Buch gelesen haben, dachten wir alle, dass es so ist, aber alles hat sich ständig verändert.

Ständige Veränderung. Sie geht nie zu Ende. Es wird niemals final sein. Es stellt sich nur auf das ein, was da ist. Egal wer herkommt – ich kann nur auf das reagieren, was hier ist. Ich fische nicht in dem, was ich früher zu irgendwem gesagt habe.

In den lebendigen Worten reagiere ich auf das, was hier ist und nicht darauf, was irgendwo geschrieben steht oder was ich vor zwanzig Jahren gesagt habe oder auf etwas, was jemand gesagt hat. Das ist ein völlig anderer Kontext. Wie das Schreiben von esoterischen Gedichten oder Liebesbriefen an die Geliebte. Vielleicht machst du später daraus: „Oh, er hat so sehr geliebt und Liebe war seine Lehre", weil er seiner Frau so schöne Liebesbriefe geschrieben hat.

Nein. Vergiss das alles. Sei einfach, was-du-nicht-nicht-sein-kannst. Du kennst mich, ich gehe immer alle Meister an. Und misstraue demjenigen, der seinen Meister verteidigt. [Lachen] Das meine ich so. Mit den ganzen Osho-Leuten hier, schlage ich immer auf Osho ein. Und wenn ihn jemand verteidigt, dann zweifelt er mehr an ihm als ich.

Es ist erstaunlich. Leute, die nur Bücher von Ramana und Osho gelesen und diese Typen niemals getroffen haben, verteidigen sie, wenn ich sage, dass sie alle Schwindler sind. [Lachen] Du verteidigst Geister der Vergangenheit. Und Geister verteidigen Geister. Und das geschieht möglicherweise aus Angst.

Alles umzubringen, was umgebracht werden kann: Die Meister umzubringen, diesen Typen hier [zeigt auf sich], dich umzubringen. Es muss vollständig sein – ein für alle Mal. Es gibt keine Möglichkeit, dass einer überleben kann.

Kein Samen des Bewusstseins sollte überleben.

Kein Samen. Der „Ich"-Gedanke braucht einen anderen. Ohne einen Meister, der es geschafft hat, kann er nicht überleben. Er versucht die anderen Meister zu verteidigen, aber er verteidigt sich selbst – Überleben. Was kann man da machen?

Ich gebe mein bestes, um beide zu zerstören, aber es liegt nicht in meiner Hand.

Worte sind eine gute Rüstung fürs Überleben …

Ja.

Ganz besonders die großen Worte.

Die großen Worte, die tiefgründigen Worte.

Die niemand infrage stellt …

… weil sie aus dem richtigen Mund kommen. [Lachen] Der richtige Mund hat es gesagt. Und hinter dem Mund platzieren sie Namen: Nisargadatta, Ramana, Ramesh. Und dann wagt sich niemand, etwas dagegen zu sagen. [Lachen] Ein großer Meister hat es gesagt – Osho.

Was du sagst, ist: Etwas wird vollständig getötet. Bist du zusammen damit erledigt?

Ich bin nicht erledigt. Schau mich an – ich muss immer irgendwo sitzen und versuchen, mich selbst zu erledigen. Und das ist immer eine unvollendete Angelegenheit. Das [zeigt auf die Besucher] ist die unerledigte Arbeit aller Gurus aller Zeitalter. Ich befinde mich hier inmitten einer unerledigten Angelegenheit.

Und ich erwarte nicht, dass diese Angelegenheit jemals aufhört. Sie wird immer unvollendet bleiben. Kein Jesus, kein Buddha, kein Mohammed, kein Ramana – alle Weisen der Menschheitsgeschichte, das alles ist eine nicht zu Ende gebrachte Angelegenheit. Das ganze Yoga-Vashishta hat niemals angefangen und wird niemals aufhören.

Es wird immer jemanden geben, der auf diese Weise mit sich selbst spricht. Sie wird niemals zu Ende sein, die Verwirklichung der Wirklichkeit. Und die Verwirklichung der Wirklichkeit ist das Selbst, das zum Selbst spricht – auf alle erdenklichen Weisen. Immer wie ein Lehrer zu einem Schüler oder von „Ich" zu „Ich". Auf jede Art, auf die du sprechen kannst. Erstaunlich!

Du kannst das Unternehmen mit dir selbst nicht anhalten. Du wirst immer mit dir beschäftigt sein. Unendlich! Es hat niemals angefangen, es wird niemals aufhören. In diesem Geschäft gibt es manchmal einen besseren Geschäftsmann, der als „Meister" bezeichnet wird. Er kann seine Worte besser verkaufen als die anderen. Ein besserer Verkäufer wird Meister genannt.

Dann gibt es Schüler. Sie sind die besseren Konsumenten. Gute Konsumenten gehen zu guten Meistern. Ein Kunde braucht einen Laden, einen Geschäftsmann, wo er etwas kaufen kann, weil er bereit ist, etwas zu kaufen. Nein, das ist eine unendliche Geschichte. Ich kann nur die Hilflosigkeit darstellen. Ich versuche mein Bestes, aber es gibt nicht die Erwartung, dass es jemals zu Ende sein wird. Keine Chance, das zu beenden, was-du-bist. Auf diese Weise verwirklichst du dich selbst. Ständig darüber zu sprechen, worüber niemand sprechen muss. Dieses Paradox kannst du nicht knacken.

Obwohl du es nicht brauchst, muss es getan werden. Es wird sowieso passieren, ob du willst oder nicht. Du kannst es hassen oder auch nicht. Meine Vorliebe ist, es zu hassen. Meine Neigung ist Hass. Ich kann nichts machen. Kein Ausweg!

Wenn ich dich anschaue, sehe ich ein Leuchten. Halluziniere ich?

Ich weiß nicht, von wo aus du schaust. Du hast recht: Alles, was ist, ist Licht. Licht ist alles, was es gibt. Und manchmal kann sich Licht auf alle möglichen Weisen darstellen. Dabei ist Licht niemals so, wie es sich zeigt. Deshalb ist das Licht, das du erfahren kannst, nicht die Natur von Licht. Aber ich weiß, wovon du sprichst.

In diesem Sinne war der Arunachala der größte Meister für mich. Der Arunachala hat mich bla-bla-bla gemacht. Er war für mich das letzte Zuhause, das ich in den Achtzigern gefunden habe, das Licht war. Dieses leuchtende Licht, die Gegenwart des Lichts des Gewahrseins, es war – überragend. Und ich wandelte als Messias des Lichts umher. Licht, Licht, Licht. Ihr alle seid Licht, strahlend. Du bist wie eine umherwandernde Sonne.

Dann ging ich zum Arunachala, zum Licht Shivas. Ich konnte in die Höhle, und dort mit der Wahrnehmung sitzen, die den gesamten Berg durchdrang. Und ja! Der gesamte Berg ist reines Licht. Der Ursprung des gesamten Universums, aller Existenz, aller kleinen Strukturen, Skulpturen und Bauwerke. Das alles kommt aus dem Licht des Arunachalas, der der Ursprung der gesamten Existenz, von allen Milchstraßen und des Kosmos ist.

Aber in dem Augenblick, in dem ich sah, dass das Licht des Arunachalas der Ursprung von allem war, war das wie – Mist. Ich kann es erfahren, deshalb kann es nur ein Traum sein. Mist! Selbst das Licht Shivas, der Ursprung aller Existenz, aller Manifestation ist nur ein Traum. Was Bin Ich? Mist! Kein Zuhause, nirgendwo. Was tun?

Vom Messias des Lichts zum Messias der Lügen.

Ja. Wenn du erkennst, dass selbst der Ursprung Lüge ist, dass selbst er nicht liefern kann, wonach du suchst, nennt man das „dein Herz ist gebrochen" – die Vorstellung, dass du jemals das Zuhause finden kannst, dass deine Rastlosigkeit jemals enden wird.

Wenn selbst dieses überragende Licht, das der Ursprung aller Erfahrung ist, nicht sein kann, was-du-bist, kannst du auch darin nicht ruhen. Dann kannst du im Körper sein, du kannst Rückenschmerzen haben, du kannst Geist sein. Und das alles ist einfach nur was? Du weißt nicht einmal, was es ist. Du musst es nicht wissen. Weil das alles nicht liefern kann, was-du-bist. Das alles kann dich nicht davon abhalten, zu sein, was-du-nicht-nicht-sein-kannst. Und es kann aus dir nicht machen, was-du-bist. Und jetzt?

Bis dahin gab es ein bisschen die Befürchtung, dass das Licht wieder verloren gehen kann. Es war so kostbar, das Licht. Dieses Gewahrseins-Licht, das Ich-Bin-Licht. Ich bin gewahr, ich kann mich im Samadhi des Lichts aufhalten, ich sehe dieses strahlende Licht und das alles. Aber selbst das ist eine Erfahrung. Selbst die reinste Erfahrung, die du haben kannst, ist nur eine Erfahrung, eine phänomenale Erfahrung oder was auch immer. Du kannst es einen Traum nennen oder nicht. Aber selbst das kann nicht liefern, was-du-bist. Also sei es, wie es ist! Was will man machen?

Nichts ist zerbrochen, weil ich niemals ein Herz hatte, das gebrochen werden kann. Das war die letzte Vorstellung von „Herz" – „Gewahrsein". Ich richtete meine ganze Aufmerksamkeit auf dieses Gewahrsein und es war mir absolut möglich, darin zu verbleiben und das zu sein. Aber selbst das ist nur – was? Leere. Sie kann nicht liefern.

Du warst die Dunkelheit, du bist die Dunkelheit und du wirst die Dunkelheit sein. Und niemand kann der Dunkelheit deiner Natur jemals Licht geben. Und das Licht, das du erfahren kannst, ist nicht einmal in der Lage, dich zu erleuchten. Für das, was-du-bist, gibt es keine Erleuchtung – es gab sie nie und wird sie niemals geben. Und jetzt?

Also kannst du im nächsten Schluck Kaffee sein, im nächsten „egal was" und das alles ist [pustet in die Luft] oder nicht. Und ich kann das nur darlegen. Egal, womit du ankommst, ich kann versuchen, es für dich zu zerstören – als ein illusionäres Zuhause. Du wirst niemals nach Hause finden. Für keinen von euch gibt es Frieden. Es gibt keinen Frieden, der sich finden lässt. Kein Verweilen in irgendetwas. Und ich kann nur darlegen … es ist egal. Was-du-bist, hat niemals Frieden benötigt. Was-du-bist, hat niemals Ruhe benötigt. Was-du-bist, muss sich selbst nicht kennen.

Wenn du also um den Körper weißt, um den Geist oder das Gewahrsein, erleuchtet oder nicht, dann liegt da für dich nichts drin. Du willst einfach Spaß, ich habe nichts dagegen. Meditiere, engagiere dich. Aber wenn du mich fragst – warum?

Sei lieber, was-du-bist. Du musst auf nichts warten. Denn alles, was kommt, wird auch wieder gehen. Und selbst das Licht Shivas ist nicht Shiva.

Was geschieht im Intervall zwischen zwei Gedanken?

Wen interessiert das? Der Verstand versucht, den Verstand zu verstehen. Der Denker versucht den Raum zu denken, wo er nicht sein kann. Das macht ihn wahnsinnig, das da was ist, was er nicht beherrscht.

Er möchte auch in der Abwesenheit sein, seine Geschichte ohne Unterbrechung fortschreiben. Reines Überlebenstraining. Deshalb möchte er sogar der Schöpfer der Abwesenheit sein, in der er nicht zu finden ist. Ununterbrochener Geist.

Meist du, dass „Bin Ich – Ich Bin" ein Weg im Traum ist, der dich daran erinnern kann, was-du-nicht-nicht-sein-kannst?

Nein. Nein. Wenn du nur im Bin Ich – Ich Bin verbleiben könntest, würdest du nach einiger Zeit nicht mehr als das existieren, was du zu sein glaubst. Es würde deine gesamte Geschichte löschen. Es hat für 24 Stunden am Tag, 7 Tage die Woche und 365 Tage im Jahr und nicht nur für zwei Stunden am Tag zu sein. Nicht nur, wenn du dich daran erinnerst.

Das ist die Schönheit an Bin Ich – Ich Bin. Es wird zu deiner Natur. Ohne jede Anstrengung, Bin Ich – Ich Bin! Du musst es nicht einmal in deinem Kopf aussprechen. Es ist einfach eine natürliche Art zu sein: Bin Ich – Ich Bin.

Das ist einfach wie eine erhabene, nonverbale …

Es ist ein Seinszustand. Es ist nicht so, wie wenn du dich selbst Bin Ich? – Ich Bin fragst. So fängt es an – versuche es. Versuche es für eine Stunde, Bin Ich? – Ich Bin! Nach einer gewissen Zeit musst du das nicht einmal mehr aussprechen, weder innerlich noch nach außen. Es wird zu so etwas wie einem Strom von Gegenwart. Es ist keine Anstrengung.

Es mag als eine Erinnerung anfangen: Bin Ich? – Ich Bin. Aber wenn du es 24 Stunden am Tag, 7 Tage die Woche machst, wird es zu etwas wie einer Anwesenheit. Einer Anstrengungslosigkeit von Anwesenheit in der Anwesenheit.

Selbst-Erinnerung?

Nein, da ist keine Erinnerung. Es ist nicht notwendig, sich das einzuprägen. Das Selbst muss sich selbst nicht erinnern. Es ist kein Gedächtnis. Es ist einfach, zu sein, was-du-bist. Es geht nicht darum, sich etwas einzuprägen. Es ist das Verweilen im Selbst. Ein Verweilen in dem, was Bin Ich – Ich Bin ist. Es ist Nisargadattas verbleiben im „Ich-Bewusstsein".

Man verbleibt durch Bin Ich – Ich Bin im „Ich-Bewusst-sein". Bleib einfach bei der ersten Frage, damit verschwinden der Fragende und der Antwortende von allein. Sogar die Frage verschwindet und die Antwort – im Selbst-Verweilen.

Das ist es, was Ramana den natürlichen Zustand nennt – in der Anwesenheit. Die Anwesenheit zu sein, ohne eine Anwesenheit zu kennen. In dieser Anwesenheit, hier-jetzt, ist „Ich-Bewusst-sein". Aber es gibt niemanden, der im „Ich-Bewusstsein" ist.

Wie wird man denjenigen los, der im „Ich-Bewusstsein" ist, der „mein Ich-Bewusstsein" sagt? Wie tilgt man den Besitz – „mein Ich-Bewusstsein"? Verbleibe einfach in der Frage-Antwort Bin Ich? – Ich Bin. Darin ist Besitz unmöglich. Du kannst nicht „mein Ich Bin" sagen. Es gibt in „Ich Bin" kein „mein". „Meine" Frage und „meine" Antwort sind verschwunden.

Mit „Wer Bin Ich?" gibt es meine Frage und meine Antwort. Das Bin Ich – Ich Bin lässt sich nicht in Besitz nehmen. Du weißt nicht, wo „Ich Bin" oder „Bin Ich" anfängt und aufhört. Wo hört „Ich Bin" auf und wo fängt es an? Du kannst es nicht zuordnen. Dafür gibt es keinen Ort. Da ist eine Orts- und Ruhelosigkeit. Du kannst es nicht festmachen, du kannst es nicht fassen.

Mit „Wer Bin Ich" erfasst du dich als das, was dahinter liegt. Dann bist du dort. Aber im Bin Ich – Ich Bin, in dieser Anwe-

senheit, gibt es keinen Platz, an den du dich stellen kannst. Darin
verlierst du dich vollkommen.

Das scheint ein Ausweg zu sein …

Es ist kein Ausweg. Du tötest lediglich die „Ich-Vorstellung".

Und dann?

Versuche es. Frage mich nicht „und dann?", es gibt kein dann! Es
erschafft kein „dann".

Es macht keinen Unterschied zu dem, was-du-bist.

Aber es bedarf niemals eines Unterschieds.

Das macht trotzdem keinen Unterschied.

Es verschafft dir keinen Vorteil und das ist der absolute Vorteil.
Weil es im „Ich Bin" niemanden gibt, der einen Vorteil braucht.
Aber jetzt fragst du: „Und dann … Was habe ich davon?" Es ist
nicht für „dich". Du wirst dadurch ausgelöscht. Niemand braucht
dich, nicht einmal du.
Immer willst du wissen, zu was das führt. Was habe ich davon?
Welche Aufgabe habe ich darin? Es ist nicht für „dich". Du wirst
ausverkauft sein. Schlussverkauf.

Aber das scheint ein großer Vorteil zu sein.

Es ist der absolute Vorteil, und jetzt? Versuch es. Zu sein, was-
du-nicht-nicht-sein-kannst, ist der absolute Vorteil, weil das niemals einen Vorteil braucht. Aber wenn du mich vom absoluten
Standpunkt aus fragst, würde ich dir nicht einmal das „Ich Bin"
empfehlen, weil du es nicht wert bist. [Lachen] Ich hasse dich.
[Lachen]
[Zeigt auf einen Besucher:] Hasst du mich?

Ich hasse mich selbst.

Das macht mehr Spaß. Du hasst jeden Augenblick. Du ver-
sprichst dir irgendetwas, und wenn du es nicht hältst, hasst du
das. Und du kannst dir nicht nichts versprechen. Es ist verrückt!

Es ist immer wie bei einem A. H. Treffen – einem Treffen der anonymen Hasser. [Lachen] Für Liebe musst du kämpfen, für Hass nicht. Liebe ist Knechtschaft, das weißt du. Liebe macht dich geradewegs zum Sklaven. Du bist ein Sklave der Liebe. Das bedeutet nicht, dass Hass frei macht.

Ich versuche immer, es zum letzten Selbstgespräch zu machen. Ich versuche wirklich, es zum letzten Gespräch zu machen, damit niemand wiederkommt. Aber schau, wie erfolgreich ich damit bin. [Lachen] Ein Misserfolg. Ich versage sogar im Versagen.

Wie kann ich gehen? Ein Meister würde sagen: „Ich bin niemals gekommen, ich kann niemals gehen, ich werde immer für euch da sein." Das ist wieder der Arzt. [Lachen] Wenn du deine Aufmerksamkeit umdrehst, werde ich für dich da sein. Ramana war wie ein Arzt. Sie fragten ihn, wo er hingeht, wenn sein Körper verbrannt wird: „Was sollen wir ohne dich tun?" Ramana sagte: „Wo soll ich hin, ich bin das, was ist, wie kann ich mich verlassen. Wo immer ihr seid, bin ich." Klingt gut!

Alle Meister sagen das.

Um euch loszuwerden. [Lachen]

Ich bin da, im Raum, wann immer du dich an mich erinnerst …

Näher als dein Augenlicht, sagen sie. Aber wer möchte in deinem Augenlicht sein? Wenn du das einfach nur hörst, werden alle diese Worte zu Phrasen. Wie ein Arzt, der einfach nur versucht, den Patienten ruhig zu stellen. Wie eine Mutter, die mit ihrem Baby spricht. Sei still, es wird alles gut. In hundert Jahren ist alles vorbei. [Lachen] Vielleicht habe ich nächste Woche keine Rückenschmerzen. – Nein! Wenn du Rückenschmerzen hast, dann für immer.

Mumbai, 11. März 2012

WWW.NOUMENON-VERLAG.DE

BÜCHER VON:

NISARGADATTA MAHARAJ
SIDDHARAMESHWAR MAHARAJ
U.G. KRISHNAMURTI
JEAN KLEIN
DANIEL HERBST
MOOJI
JEFF FOSTER
ADYASHANTI
U.A.

SIDDHARAMESHWAR MAHARAJ
MEISTER DER SELBST-VERWIRKLICHUNG / VOL. 1
€ 21,90 / 250 SEITEN / HARDCOVER
ISBN 978-3-941973-13-8

Nisargadatta sagt über seinen Meister: Jede Zeile dieses Buches hat die Kraft, die Unwissenheit des Lesers in Bezug auf sein Wahres Selbst auszulöschen!

Siddharameshwar: Die Imagination kann die Unermesslichkeit der Wirklichkeit nicht ermessen. Das bedeutet, dass das „Ich"-Konzept die Natur der Wirklichkeit nicht kennen kann. Das „Ich"-Empfinden ist immer unvollständig, begrenzt und abwärtsgerichtet. Solange es abwärtsgerichtet ist, erweitert es sich, aber wenn es emporsteigt und riskiert, das Unermessliche zu fassen, wird es automatisch aufgelöst ...

JEFF FOSTER
DAS WUNDER DES SEINS
€ 19,90 / 220 SEITEN / HARDCOVER
ISBN 978-3-941973-08-4

Das getrennte Einzelwesen fürchtet sich vor der vibrierenden, kraftvollen, lebendigen Stille, aus der sich alle Dinge ergeben, weil diese Stille das Feuer ist, das alles verzehrt – jede Identität, jede Vergangenheit und Zukunft, alle Hoffnung, Furcht und Freude und allen Schmerz. Wir haben einfach Angst davor, unsere Menschlichkeit zu verlieren und im Göttlichen zu versinken, aber darin liegt unsere Rettung: Im wahrsten Sinne des Wortes in Gott hinein zu sterben, was bedeutet, in alle Dinge hinein – denn alle Dinge sind Gott ...

NOUMENON

NISARGADATTA MAHARAJ
DER NEKTAR DER UNSTERBLICHKEIT
€ 20,90 / 250 SEITEN / HARDCOVER
ISBN 978-3-941973-11-4

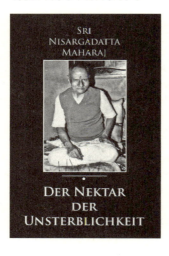

„Es gibt keine Bedingungen zu erfüllen. Es gibt nichts, was getan und nichts, was aufgegeben werden muss. Erinnern Sie sich: Weder sind Sie, was Sie wahrnehmen, noch gehört es Ihnen.

Jivatman ist derjenige, der sich mit dem Körper-Verstand als Individuum identifiziert, das getrennt von der Welt existiert. Das Atman ist nur Seiendes oder das Bewusstsein, das die Welt ist. Das Ultimative Prinzip, das um dieses Sein weiß, kann überhaupt nicht benannt werden. Man kann sich ihm weder durch Worte nähern, noch kann es dadurch bestimmt werden. Das ist der Ultimative Zustand."

DANIEL HERBST
AUS DEM EINEN – BY ITSELF
€ 17,90 / 190 SEITEN / HARDCOVER
ISBN 978-3-941973-04-6

Manche suchen Dualität,
andere Einheit.
Beide wissen nichts von der Wahrheit,
die zu allen Zeiten und überall gleich ist.
Die Wahrheit wird weder von der Dualität
noch von der Nichtdualität berührt.
[Avadhuta Gita]

Von selbst – by it self –
sich selbst autorisierend.
Das trifft es genau!
Keine fremde Autorität. Selbstermächtigung!
So arbeitet das Bewusstsein.
Ein Kind krabbelt, ein Hund bellt, du denkst.

NOUMENON

JEAN KLEINS „I AM"
NICHTS ALS GEGENWART
€ 18,90 / 190 SEITEN / HARDCOVER
ISBN 978-3-941973-12-1

Wahrheit kann nicht gedacht,
sondern nur gelebt werden!

„In dem Augenblick, in dem sich die Wahrheit selbst erfahrbar macht, nimmt unser ganzes Leben einen anderen Verlauf ... Wir sehen klar, wie wir uns selbst für etwas halten, was wir nicht sind, und wie all unsere Handlungen und Gedanken, unsere Ideen von Erfolg und Scheitern, von wirklich und unwirklich, aus dieser falschen Seinsvorstellung entstehen. Vom neuen, unpersönlichen Standpunkt aus existiert nur das Unpersönliche wirklich."

U.G. KRISHNAMURTI
DER TRÜGERISCHE SCHEIN DER ERLEUCHTUNG
€ 19,90 / 220 SEITEN / HARDCOVER
ISBN 978-3-941973-07-7

Soweit Erfahrungen reichen, besteht für mich kein Unterschied zwischen einer religiösen, einer sexuellen oder sonst einer Erfahrung. Ich bin nicht daran interessiert, Brahman, die Realität oder die Wahrheit zu erfahren.

Derjenige, der das anschaut, was Sie „Ich" nennen, ist das „Ich". Es erschafft eine illusorische Teilung von sich selbst in Subjekt und Objekt, und durch diese Trennung wird es aufrechterhalten. Sie können nicht ohne Illusion sein; Sie ersetzen eine Illusion durch die nächste. Wenn die Illusionen verschwinden, verschwinden Sie.

NOUMENON